리벤지 포르노

젠더, 섹슈얼리티 그리고 동기

리벤지 포르노

Revenge Pornography

Gender, Sexuality and
Motivations

매튜 홀, 제프 헌 지음
조은경 옮김

젠더, 섹슈얼리티 그리고 동기

현대
지성

이 책에 대하여

타인의 노골적인 성적 이미지sexually explicit image를 합의하지 않고 게재하는 행위, 이른바 리벤지 포르노가 전 지구적 현상이 되었다. 복수하기 위해, 또는 재미 삼아, 아니면 정치적 목적을 가졌든 그 의도는 중요하지 않다. 이 책에서는 피해자가 어떻게 폭력에 희생되는지에 대한 근본적이고 반복되는 문제를 젠더와 섹스의 역학과 구조, 이분화된 젠더와 성적 위치 선정과 논리, 성적 의미 사용의 측면에서 이해할 수 있도록 살펴본다.

저자들은 담화 분석 접근법을 사용해 가해자의 말과 그 언어를 면밀히 살펴 리벤지 포르노를 분석하고, 그들이 젠더와 섹슈얼리티 기반 담화를 효율적으로 이용해 피해자를 비난하는 복잡한 방식을 연구한다. 저자들은 리벤지 포르노 현상을 억제할 전략을 탐색하고, 그들의 연구를 좀 더 광범위한 사회적·정치적 맥락에 배치함으로써 폭넓은 정치적 고려와 더불어 현행 법 체계, 교육, 인식의 제고, 피해자 지원과 가해자 재교육 프로그램의 효과를 깊이 살펴볼 수 있게 한다.

이렇게 가해자의 심리 상태를 한층 깊이 있게 이해하면 젠더 폭력을 촉진하는 소셜 미디어 사용에 대한 중요한 통찰을 얻게 되고, 미래에는 좀 더 효과적인 개입을 약속할 수 있다. 무엇보다 이 책은 리벤지 포르노와 관련 문제에 관심 있는 학생, 학자, 연구자 그리고 전문가에게 매우 유익하고 흥미로운 자료가 될 것이다.

일러두기

- 따로 표시되어 있지 않은 각주는 저자 주입니다.
- 외국어 고유명사의 표기는 국립국어원 외래어 표기법을 따랐으나 일부 명칭의 경우 널리 쓰이는 표기를 고려하였습니다.
- 옮긴이 주와 편집자 주는 본문 안에, 저자 주는 페이지 하단에 넣는 것을 원칙으로 하였으나 일부 예외가 있습니다.
- [옮긴이] 이 책에서 언급하는 섹스sex, 젠더gender, 섹슈얼리티sexuality에 대해, 섹스는 통상 생물학적 의미의 성이나 직접적인 성행위, 젠더는 사회적 의미의 성, 섹슈얼리티는 섹스와 대비해 '성적인 것 전체', 즉 성적 욕망이나 심리, 이데올로기, 제도나 관습에 의해 규정되는 사회적인 요소들까지 포함한다는 의미를 가집니다. 이 책을 옮기면서 상황에 따라 섹스, 젠더, 섹슈얼리티를 그대로 표기했습니다.

목차

감사의 말

4장 '온라인에서의 상호작용'과 5장 '담론적 접근법으로 리벤지 포르노 이해하기'는 매튜 홀의 『메트로섹슈얼 남성성Metrosexual Masculinities』(2014)과 관련이 있지만 이외의 거의 모든 자료는 처음 출판되는 것이다. 이 개정판을 책으로 나올 수 있게 해준 폴그레이브 맥밀런Palgrave Macmillan 출판사의 발행인과 편집자에게 감사의 말씀을 전한다. 자료를 원문 그대로 인용할 수 있게 허락해준 다음의 개인과 기관에도 감사의 말씀을 전한다:

대니카 존슨, "리벤지 포르노에 대항하는 네 가지 방법".
에밀리 베이커, "한 이집트 여성이 '수치'를 감수하고 스스로 자신이 춤추는 영상을 게시하다: 가디어 아메드의 남자 친구는 그녀가 춤추는 장면을 찍은 동영상을 온라인에 올려 아메드에게 창피를 주려 했지만, 그녀는 남자 친구의 뜻대로 되게 두지 않았다".
『아이슬란드 모니터Iceland Monitor』, "#프리더니플FreeTheNipple을 실행하기 위해 백주대낮에 여성들이 모이다".
메리 앤 프랭크스, "입법자들을 위한 효과적인 '리벤지 포르노'법 초안".

샘 딜런 핀치, "리벤지 포르노가 정말 최악인 여섯 가지 이유(그리고 한 여성의 저항의 기록)".

『사이언티픽 아메리칸Scientific American』, 엘리자베스 스보보다, "가상 공격".

『테일러 앤 프랜시스Taylor & Francis』, 조너선 W. 페니, "리벤지 포르노 삭제하기".

조언과 정보를 제공한 크리스티안 데인백, 린 에제베리 홈그렌, 아우스타 요한스도티르, 아나디스 G. 루돌프스도티르에게 사의를 표한다. 루틀리지Routledge 출판사의 엘리자베스 랜킨, 엘리너 리디 그리고 알렉스 하워드는 원고가 나오기까지 인내심을 발휘해 기다리며 출간의 결실을 맺게 해주었고, 레베카 던과 윌 타일러는 최종 작업에 참여해주었다. 이 모든 분들께 감사드린다. 또한 건설적인 평가를 해준 루틀리지의 검토자들에게도 감사의 말씀을 전한다.

매튜는 이 책을 만들 수 있도록 이끌고 뒷받침해준 공동 저자 제프에게 감사의 뜻을 표한다. 제프의 백과사전 같은 지식은 매우 인상적이고 값어치를 매길 수 없을 정도다. 매튜는 그의 삶을 지원하고 풍성하게 꾸며주는 가족, 특히 파트너 트레이시에게도 감사의 말을 전한다. 덕분에 이 지난한 프로젝트를 성공적으로 끝낼 수 있었다.

제프 또한 즐겁고 생산적인 작업을 할 수 있었던 점에 대해 매튜에게 감사의 말을 전한다. 두 사람은 물리적으로 멀리 떨어져 있고 실제로 대면한 적도 두 번뿐이었지만 멋진 결과물을 내놓았다. 2014년 6월의 어느 날 새벽 5시 30분 아이슬란드에서 두 사람은 예상치 않게 택시에 동승하게 되었고 이는 둘의 협업으로 이어졌다. 이 과정에서 매튜는 대부분의 작업을 도맡아주었다.

고지사항과 용어

리벤지 포르노그래피는 피해자와 주변 사람들의 삶을 완전히 파괴할 수 있는 극악무도한 행위다. 심각한 경우 피해자는 스스로 목숨을 끊기도 한다. 따라서 리벤지 포르노그래피는 반드시 근절되어야 할 현상이다.

자연스럽게 그 용어와 정의에 대한 의문이 제기될 수 있다. '리벤지 포르노그래피'는 우리 시대 미디어나 담론 그리고 사회에서 매우 익숙하고 많이 사용하는 용어가 되었다. 또한 줄여서 종종 '리벤지 포르노'라고 부르기도 한다. 두 가지 용어를 모두 쓰고 있지만 좀 더 정확하게 표현하면 '동의하지 않은 포르노그래피'라고 부르는 게 타당하다. 이런 용어와 정의 문제에 대해서는 2장에서 좀 더 자세하게 다룬다.

사람들의 삶을 파탄으로 몰고 가는 이 행위 이면의 동기를 살펴보려면 가해자가 올린 전자 텍스트가 필요하다. 그래서 우리는 리벤지 포르노그래피를 유통하고 있는 몇 가지 웹사이트를 면밀히 조사했다. 이 책의 자료는 최대 규모의 리벤지 포르노 사이트로 일컬어지는 '마이엑스닷컴'에서 얻었다. 분석을 위해 자료를 사용하고 싶다고 허락을 구했지만 '마이엑스닷컴'으로부터 아무런 답변도 받지 못했다. 우리는 가해자가 올린 전자 텍스트 자료를 분석하기 위해 원문 그대로 사용했다. 그러므로 책을 읽으며 기분이 언짢아지는 부분이 있을 수 있다는 점을 독자들께 알린다.

영국 내에서 '아동 포르노그래피'는 아동 보호법Protection of Children Act 1978과 형사 사법법Criminal Justice Act 1988 160항에 의거해 불법이다(영국 공공 기소국, 2015). 상당량의 '섹스팅sexting'(성적 이미지를 담은 메시지를 주고받는 것)이 미성년자들과 관련되어 있고, 몇몇 섹스팅이 리벤지 포르노 사이트에 올라온 것으로 보고된 점을 감안해 우리는 연구에 사용하는 자료를 가급적이면 18세 이상으로 알려졌거나, 18세 이상으로 보이는 피해자들의 이미지와 텍스트로만 국한하기 위해 모든 노력을 기울였다.

또한 이 책의 목적은 오로지 독자들에게 정보 전달을 하는 데 있다. 발행자는 심리학적, 법적 또는 그 어떤 전문 분야에 관한 조언도 하지 않는다. 각 장의 내용은 전적으로 저자들의 표현이며 의견이다. 발행자나 저자는 그 어떤 물리적·심리적·정서적·재정적 또는 상업적 피해에 책임을 지지 않는다. 이 피해는 특정적·부수적·결과론적 혹은 기타 피해를 포함하나 그에 국한되지 않는다.

도입

Introduction

인터넷은 절대 잊어버리는 일이 없다. 인터넷에 업로드된 디지털 기록은 영구적이다. 그 기록은 추억의 순간을 상기하고 싶을 때 단 한 번의 클릭으로 불러낼 수 있는 축복이 되는가 하면, 우리가 잊어버리고 싶은 기억이 어떤 사악한 주체에 의해 소환될 때는 흉기가 되기도 한다. 바보 같은 포즈를 취하고 찍은 사진에서부터 가장 은밀하고 사적인 행위를 담은 사진까지 되돌리고 싶은 행동이 담긴 자료의 유포를 통제하는 일이 디지털 시대에는 흔한 일이 되었다. 우리는 잘 알지 못하는 법적·윤리적 영역에 발을 디디게 되었다. 표현하기도 쉽지 않은 이 파괴적인 힘은 '리벤지 포르노'라는 이름으로 알려져 퍼져 나가고 있다. 리벤지 포르노는 이전 파트너가 복수를 목적으로 성적 노출 사진이나 영상을 온라인에 올리는 행위를 일컫는다.

조너선 W. 페니, "리벤지 포르노 삭제하기", 2013

인터넷 오남용에 대해 조너선 페니(Penny, 2013)가 경고한 실례로 패프닝 사건The Fappening(자위를 의미하는 속어 'fapping'과 'happening'을 합친 조어 – 옮긴이 주)을 들 수 있다(Moloney & Love, 2017). 2014년 8월, 100여 명의 여성 할리우드 일급 스타들의 누드와 노골적인 성적 이미지가 이미지 기반 게시판인 포챈4chan에 올라왔다. 여기에는 제니퍼 로렌스, 킴 카다시안, 리한나, 스칼렛 요한슨, 케일리 쿠코 스위팅, 커스틴 던스트, 메건 굿, 맥케일라 마로니, 바네사 허진스, 아리아나 그란데 등 유명 배우와 가수들의 사진이 포함되어 있었는데(전체 목록은 Strang, 2014 참조), 대부분의 사진은 돈을 내야 열람할 수 있었다(Radhika, 2014).

동의를 했건 하지 않았건 상관없이 신기술을 이용해 타인의 노골적인 성적 이미지와 동영상을 만드는 것은 이제 전혀 새로운 일이 아니다. 섹스와 섹슈얼리티를 보여주고 표현하기를 원하는 사람들은 통신 기술을 가리지 않고 지속적으로 이용해왔다. 특히 포르노그래피를 제작하는 이들은 통신 기술을 좀 더 조직적인 방식으로 사용해왔다. 로젠의 『비버 스트리트: 현대 포르노그래피의 역사Beaver Street: A History of Modern Pornography』(Rosen, 2010)는 역사적으로 포르노그래피와 기술이 항상 공생 관계를 유지해왔다는 점을 지적한다.

갈수록 복잡해지는 기술은 핍 쇼peep show, 사진과 영화, '날 것'과 관련된 역사, 누드 사진, 벽에 붙이는 핀업 걸 이미지, 영화 스타와 영화 아이콘과 함께 발전해왔다. 초기 영화 제작자들은 발 빠르게 스크린에 성적 이미지를 그려냈다. 그들은 성과 관련된 주제를 노골적으로 드러내거나, 때로는 간접적으로 구현해냈다. 전화가 발명되면서 '콜걸'이라는 직업이 등장했고, 전화로 받는 성 관련 서비스, 음란 전화, 폰섹스 등이 그 뒤를 이었다.

비디오와 텔레비전 기술은 섹스 비디오, 섹스 채널 그리고 유료 섹스 TV 등을 등장시켰다. 존슨(Johnson, 1996)은 포르노그래피 산업은 항상 신기술의 성장을 가속시켰다고 지적한다. 비디오 레코더, 카메라 그리고 최근에는 인터넷과 스마트폰 같은 기술들이 포르노그래피를 만들고 소비하는 사람들에게 매력적인 수단이 되었기 때문이다. 누구나 집에서 혼자 노출 이미지나 사진을 만들 수 있으며 필름을 현상할 필요도 없다는 것은 큰 장점이다. "처음에는 비디오테이프가 TV 제작에 사용되는 필름(나중에는 키네스코프kinescope[브라운관])을 대신할 값싸고 효율적인 대안으로 부상했다. 가정용 비디오테이프를 탄생시킨 것은 소니와 베타맥스Betamax지만 포르노 산업에 의해 성장했다"(Johnson, 1996, p.222). 역으로 인터넷 같은 신기술은 집에서도 노골적인 성 표현물을 소비할 수 있게 해주었고, 포르노 산업은 새로운 관객을 얻게 되었다. "시청자들은 평판이 나쁜 가게에 갈 필요 없이 자기 집에서 원하는 필름을 편안히 볼 수 있게 되었다"(Johnson, 1996, p.222).

정보통신기술Information and Computer Technologies, ICTs, 특히 인터넷은 테크노 섹스, 하이테크 섹스, 비非연결 섹스, 모바일 전화 섹스, 가상 섹스의 가능성을 높여주었다. 새로운 형태의 섹스 행위, 섹스 스토리텔링, 섹스 장르, 섹스 토크쇼와 디지털 섹스 미디어가 삽시간에 퍼져나갔다. 사실 폭넓은 의미에서 보면 정보통신기술 자체가 섹슈얼리티 그리고 감각을 자극하는 기술(Brown, 1981)의 역사 중 일부분이다. 전화 채팅, 인터넷 데이트, 이메일 섹스, 사이버섹스, 사이버 불륜, 온라인에서 사랑에 빠지는 일 등에서 섹슈얼리티가 이루어지고 경험되는 방식을 정보통신기술이 어떻게 변화시키는지 매일 보고된다. 정보통신기술은 섹슈얼리티, 성적 소통, 성적 시민성sexual citizenship, 성폭력의 새로운 창구를 제공한다(Hearn, 2006). 정보통신기술의 속도가 빨라지고 사용이 용이해지면서 혼합 섹스, 다중 미디어 섹스, 쌍방향 섹스와 쌍방향 포르노그래피 같은 새로운 형태의 사이버 섹스의 실험 가능성도 높아지고 있다.

성적 행위의 목적으로 정보통신기술과 인터넷을 사용하는 방법은 그 밖에도 여러 가지가 있다. 다양한 방식의 성적 지식과 특징에 대한 온라인 정보와 토론 게시판이 증가하면서 정보가 넘쳐나기 때문이다. 또한 온라인에서 활동하는 성적 정보 중개인online sexual agents으로 묘사되는 이들에 의해 단순히 인터넷 정보를 사용하는 수동적인 모습에서 좀 더 능동적으로 참여하는 쌍방향 사이트가 만들어지는 쪽으로 이동하는 추세다(Döring, 2009). 무엇보다 이 모든 일을 가능케 한 인터넷은 "기술의 발전과 비용 인하로 인해 여전히 접속하는 사람의 숫자가 증가하고 있는 단 하나의 매체"가 되었다(Daneback & Ross, 2011, p.3).

현재 세계의 수많은 곳에서 온라인 기반의 정보통신기술을 성적 목적으로 이용하는 일이 일상적으로 일어난다. 그중에서도 특히 젊은 층의 사용이 두드러진다. 예를 들면 최근 캐나다, 독일, 스웨덴, 미국의 대학생 2,690명을 대상으로 온라인에서의 성적 활동에 대한 연구를 실시했다. 그중 89.8퍼센트는 인터넷을 이용해 성적 정보에 접근하고, 76.5퍼센트가 성적 유흥을 경험했고, 48.5퍼센트는 성 상품을 살펴보고, 30.8퍼센트가 사이버 섹스를 한 경험이 있다고 대답했다(Döring, Daneback, Shaughnessy,

Grov, & Byers, 2015; Cooper, Månsson, Daneback, Tikkanen, & Ross, 2003; Cooper, Scherer, Boles, & Gordon, 1999; Shaughnessy, Byers, & Walsh, 2011).

성인 인구 대표 표본을 살펴보면 성적 행위를 목적으로 인터넷을 이용하는 수치는 15퍼센트에서 33퍼센트(Cooper, Morahan-Martin, Mathy, & Maheu, 2002) 사이로 훨씬 더 낮은 것으로 나타났다. 예를 들어 스웨덴에서 실시된 연구에서는 성인의 17퍼센트가 성적 콘텐츠를 담고 있는 웹사이트를 방문한 것으로 추산한다(Findahl, 2010). 그러나 이는 성교육처럼 다른 목적으로 열람한 경우를 무시한 결과일 수 있다. '성적 콘텐츠'의 정의를 비롯해 인터넷 사용이 성적 흥분과 관계가 있는지도 모호하다. 특히 성적 목적으로 인터넷 사용을 하지 않는다고 주장하지만 실제로는 온라인에서 성적 활동을 하는 것으로 보고되는 일부 여성들처럼 과소 보고를 할 가능성도 고려하지 않았다(Daneback & Ross, 2011).

성적 활동을 축소해서 보고하는 이유는 젠더화된 금기와 성적 소재에 대한 금기, 성과 관련해 체통을 지켜야 한다는 문화적 관념, 성적으로는 물론 다른 용도로도 일상화된 정보통신기술 사용 등을 포함한 다양한 이유가 있을 수 있다. 이런 일반화된 수치는 포괄적인 인구 통계적 성향을 모호하게 만들 수도 있다. 예를 들어, 몇몇 조사에 의하면 남성이 여성보다 인터넷을 더 많이 사용하고 젊은 층이 장년층보다 더 많이 사용하며, 양성애자

들이 이성애자나 동성애자들보다 더 많이 사용하는 것으로 나타
났다.

특히 우리의 현재 관심사에 잘 맞아떨어지는 부분은 포르
노그래피 접근과 사용이 일상화되었다는 점이다. 남성은 여성
보다 온라인 또는 기타 공간에서 포르노그래피를 더 많이 접하
고 사용하는 경향을 보이는데, 젊은 층에서는 젠더 차이가 덜하
고, 나이가 들어가면서 사용이 줄어드는 추세를 보였다. 최근 영
국(Puccio & Havey, 2016)에서 실시한 조사에 의하면 온라인 포
르노그래피를 처음 접하는 연령은 11세이고, 조사 대상이었던
13~18세 사이 3,000명 중 81퍼센트가 온라인 포르노그래피를
본 적이 있다고 대답했다. 또 국가 아동 학대 예방 학회National
Society for the Prevention of Cruelty to Children, NSPCC와 잉글랜드 아
동 위원회Children's Commission for England의 의뢰로 실시된 「온라
인 포르노그래피의 주요 사용자인 젊은이*Young People as Critical Users of
Online Pornography*」(Martellozzo 외, 2016)에 대한 연구에서는 표적 집
단들과, 11세에서 16세 사이 1,001명의 청소년에 대한 온라인
설문 결과를 보여준다. 이 연구에 의하면 11세의 72퍼센트는 온
라인 포르노그래피를 보지 못했지만 15세 중 65퍼센트는 본 적
이 있었다. 이 연구는 섹스팅과 관련 활동에 대한 정보도 제공하
는데, 비교적 낮은 수치의 청소년들이 스스로(13~14퍼센트) 또는
타인이(3~4퍼센트) 그들의 나체나 부분 나체 사진을 찍었고 그것
을 다른 사람에게 보냈다고(7.5퍼센트) 대답했다(Ringrose 외, 2012,

2013).

이런 광범위한 경향은 특히 젊은이들에게 여러 영향을 미친다. 예를 들어, 2014년 영국의 공공 정책 연구소Institute of Public Policy Research, IPPR가 실시한 연구 「젊은이, 섹스 그리고 관계: 새로운 기준Young People, Sex and Relationships: The New Norms」(Parker, 2014)은 18세 청소년 500명을 대표 표본으로 선정해 이루어졌다. 이 연구에 의하면 "10명 중 7명은 일반적으로 학교에 있을 때 포르노그래피를 접하는 것으로 보이며, 주로 13세와 15세 사이에 전형적으로 경험한다." 그리고 "10명 중 8명의 젊은 여성(77퍼센트)은 '포르노그래피는 여자아이 혹은 젊은 여성이 특정한 모습을 보여야 한다는 압력을 준다.'라고 말했다. 또한 많은 이들(75퍼센트)은 '포르노그래피는 여자아이와 젊은 여성에게 특정한 방식으로 행동해야 한다는 압력을 준다.'고 대답했다"(Martellozzo 외, 2016도 보라). 확실히 (온라인) 포르노그래피는 이제 수많은 어린이, 청소년 그리고 사실상 대다수 성인의 삶에서 끊으려야 끊을 수 없는 부분이 되었다.

이와 동시에 트위터 같은 소셜 미디어 또는 웹과 정보통신기술의 다른 수단을 이용하기 시작하면서 상대적으로 쉽고 새로운 형태의 가상 학대와 폭행이 여러모로 용이해졌다(Hearn & Parkin, 2001). 유럽 연합의 기본권 기구Fundamental Rights Agency, FRA는 28개 유럽 연합국에서 폭력을 경험한 42,000명의 여성을 대상으로 인터뷰 설문을 실시했다(FRA, 2014). 이 설문은 인터넷, 이메일,

모바일 전화를 이용해 사이버 스토킹으로 간주되는 세 가지 유형의 폭행을 조사했는데, 그 유형들은 다음과 같다.

- 모욕적이거나 협박의 내용이 담긴 이메일, 문자 메시지 (SMS), 컴퓨터 인스턴트 메시지
- 인터넷에서 응답자에 대해 모욕적인 글을 올리는 행위
- 응답자의 은밀한 사진이나 동영상을 인터넷 또는 휴대전화로 공유하는 행위

스토킹으로 간주되기 위해서는 동일한 사람이 앞서 소개한 조사에서 기술된 모든 행위를 반복적으로 행해야 한다. 이런 정의에 근거해 FRA 연구자들은 유럽 연합 내 여성의 5퍼센트가 15세 이후에 한 번 또는 그 이상 사이버 스토킹을 경험했다는 사실을 알아냈다. 또한 조사가 이루어지기 전 12개월 내에 사이버 스토킹을 경험한 사람은 2퍼센트였다. 피해자[1]의 연령을 고려하면서 12개월 내 사이버 스토킹을 경험한 비율을 조사해보니 18세부터 29세까지가 4퍼센트, 60세 이상은 0.3퍼센트였다. 이미 예상되었듯이 연령과 세대에 따른 중요한 변화가 또다시 나타난다.

---

1 우리가 이용한 자료들은 '피해자'와 '생존자'를 때에 따라 번갈아가며 사용한다. 정확한 용어는 문맥에 맞춰 결정해야 한다고 본다. 많은 경우 '피해자' 보다는 '생존자' 또는 '피해자-생존자'를 사용하는 것이 더욱 적절하다(보다 일반적인 성폭력 관련 문제에 관한 주요 논점은 Kelly 외, 1996 참조).

낯선 타인의 포르노그래피stranger pornography가 온라인 도처에 퍼져 있는 상황은 특히 젊은 여성들, 더 나아가 일반적인 젊은이들에게 부정적인 영향과 압력을 광범위하게 끼칠 뿐만 아니라, 개인적이고 반복적인 온라인 폭행(면식 있는 상대로부터 받는 리벤지 포르노그래피를 포함)으로 확장될 가능성까지 내포하고 있다. 여기서 주목해야 할 점은 특히 젊은 세대에서 어떤 사람을 '알고 있다'와 '알지 못한다'에 대한 이제까지의 구분이 점점 흐릿해지고 있다는 것이다. 이와 유사하게 사생활, 익명성, 비밀도 모두에게 절대적인 개념이 아니다. 데인백과 로스(Daneback & Ross, 2011, p.7)는 과장된 일반화가 될 수 있다는 점을 감수하면서도 다음과 같이 이야기한다.

> (상대적인 맥락에서) 젊은 세대와 나이 든 세대는 인터넷에서 성 관련 활동과 연관된 익명성이라는 개념을 달리 받아들인다. (비록 그들이 자신의 사진을 공개하는 데는 주저함이 없을지라도) 젊은이들은 얼굴을 대면하고 성에 관한 세부 사항을 표현하지 않는 것을 익명성이라고 받아들이는 듯하다. 반면 나이 든 세대는 어떤 사람을 본 적이 없거나 모르는 것을 익명성으로 간주한다.

포르노그래피, 온라인 포르노그래피, 온라인 폭행은 사회적으로나 개인적으로도 실로 복잡한 방식으로 얽혀 있다. 또한 어떤 사람들에게는 이렇게 발전해가는 불안정한 연결이 심리학 용어로 '인터넷 중독'(Young, 1996), '가상 중독', '사이버 중독' 또는 사실상 '포르노그래피 중독'으로 알려진 현상 내에서 강화될 수 있다. 젊은 남성들이 '인터넷을 강박적으로 사용'하는 성향이 더 강하며 결국 그것이 우울증, 외로움, 낮은 자존감, 부모의 무관심이나 부모와의 갈등을 경험한 경우(Ayas & Horzum, 2013; Aydin & Sari, 2011; Wiederhold, 2016), 동반 중독 그리고 때때로 성심리psycho-sexual문제(Sussman, Lisha, & Griffiths, 2011) 등과 같은 심리적 성향과 어떤 식으로 연결될 수 있는지를 밝히는 연구들도 있다.

또한 다양한 형태의 온라인 학대가 사회 공간적·지정학적 측면에서 지역적이면서 동시에 세계적으로 나타날 수 있다. 일단 웹에 접속하면 전 세계 어디에서라도 전 세계적 디지털 공용 공간에 접근할 수 있다. 정보통신기술을 이용한 섹슈얼리티와 학대 현상의 '세계화'는 이제 막 시작되었지만 지역적이고 세계화된 사회적 관습을 통해 확장될 수 있다. 또한 정보통신기술은 지역적 그리고 세계적으로 형태를 바꿔가며 섹슈얼리티에 다양한 영향을 미친다. 엄밀하게 말하자면 이런 관계는 포르노 산업에 양적으로나 상업적으로 상호 이득이 되었지만, 그 결과 포르노 산업 내 몇 가지 영역은 정체되거나 쇠퇴했다. 예를 들어 향상된 인터넷 속도와 상대적 익명성 덕분에 다크 넷Dark Net(인터넷의 숨겨진 공간인 딥 웹Deep Web에 기반을 두는 사이트. - 편집자 주)에서 아동 포르노그래피를 소비하고 유포하는 활동이 더욱 확장되었다. 또 인터넷, 스마트폰 기술의 발전은 '리벤지 포르노'로 명명된 현상을 낳았다. 이로 인해 학대, 굴욕감, 사생활 침해를 겪거나 평판이 추락했다고 보고하는 사람들의 숫자도 늘고 있다 (Paliament.UK, 2015).

하시노프(Hasinoff, 2015)는 내장 카메라가 장착된 스마트폰이 등장하면서 자신의 노골적인 노출 이미지를 다른 사람에게 문자로 전달하는 '섹스팅'이 폭발적으로 증가하게 되었다고 주장한다. 스마트폰 기술은 사람들이 스마트폰으로 노출 이미지와 동영상을 주고받는 것을 편안하게 받아들이게 만들고, 사생활 보호가 이루어지고 있다는 잘못된 보안 의식을 심어준다. 사실 매치닷컴Match.com이 2012년 실시한 조사에 의하면 성인 5,000명 중 남성의 57퍼센트, 여성의 45퍼센트가 휴대전화로 노출 사진을 받은 적이 있고, 남성 중 38퍼센트, 여성 중 35퍼센트는 노출 사진을 보낸 적이 있다고 응답했다. 이런 사진과 동영상들은 그것을 접한 사람들에 의해 손쉽게 인터넷에 올라갈 수 있다. 앞서 페니(Penny, 2013)가 인용문을 통해 지적했듯 일단 그런 일이 벌어지면, '사적'이어야 할 사진이 온 세상에 공개된다. 그리고 상대방에게 복수할 목적으로 전자 텍스트를 함께 실어 리벤지 포르노 웹사이트에 올리는 행위가 바로 이 책이 주목하는 주제다.

1장 '리벤지 포르노의 지형 파악하기'에서 우리는 리벤지 포르노의 매개변수에 대해 알아본다. 1장은 네 개 절로 나뉘어 있다. 첫 번째 절에서는 '리벤지 포르노'라는 용어의 사용에 대해 알아본다. 사전적 의미, 영국 인터넷 안전 센터(UK Safer Internet Centre, 2015)를 포함한 여러 조직들이 내리는 정의, 법제적 차원에서 2015 영국 형사재판법(Paliament.UK, 2015)이 내리는 정의에 대해 살펴본다. 이 모든 것을 종합해 우리는 무엇을 리벤지 포르노로 간주할 수 있는지, 누가 이런 범죄를 저지르고 피해자는 누구인지에 대해 한층 더 포괄적인 정의를 내릴 것이다.

두 번째 절은 리벤지 포르노가 업로드되는 곳에 대해 알아본다. 클립헌터 같은 특정 포르노 사이트, 어나니머스 이미지 보드 같은 리벤지 포르노 사이트, 소셜 미디어 텀블러Tumblr 같은 곳을 예로 들 수 있다. e-미디어끼리의 다중 연결과 집중이 이루어지는 현상, 즉 리벤지 포르노가 쉽고 빠르게 유통될 수 있는 이유에 대해서도 알아본다. '섹스팅'(Hasinoff, 2015)과 리벤지 포르노의 관계, 특히 젊은 세대 사이에서 섹스팅이 증가하고 있다는 주장과 그 위험성[2]에 대해 살펴본다. 리벤지 포르노의 지정학적 영역 그리고 대다수 피해자와 가해자가 거주하는 지역을 언급한다. 리벤지 포르노의 대중성이 높아지고 있다는 점을 감안해 이런 자료를 호스팅하는 웹사이트 입장에서 리벤지 포르노가 얼마나 수익성 있는 사업인지도 알아본다.

세 번째 절은 리벤지 포르노를 만드는 주체에 대해 다룬다. 전前 남성 파트너가 가해자의 대다수를 차지한다고 알려져 있지

---

[2] 2017년 7월 잉글랜드와 웨일스 경찰 보고에 의하면 앞선 3년 이상에 걸친 수사 끝에 섹스팅에 가담한 12세 이하 아동(5세 남아도 포함되어 있음)이 400명에 육박한 것으로 드러났다.

만(McAfee, 2013) 현재 파트너, 가해자와 피해자의 (전) 친구, 피해자를 아는 사람, 전혀 모르는 사람, 인터넷 해커 등도 관련되어 있다는 것을 보여준다. 가해자가 성적 노출 이미지를 올리는 동기(예를 들어 불륜, 과시, 범죄, 신고에 대한 보복, 거절 등)에 대해서도 살펴본다. 파파라치와 유명인사들을 포함해 미디어의 특정 부분도 우리가 내린 광범위한 리벤지 포르노 정의에 포함시킨다.

1장의 마지막 절은 피해자와 리벤지 포르노의 영향에 대해 살펴본다. 피해자의 90퍼센트가 10대에서 30대 여성으로 보고되지만 이보다 더 어리거나 높은 연령대도 피해자가 된다는 점을 밝힌다. 피해자가 경험한 육체와 정신 건강 문제 사례들, 예를 들어 굴욕감, 수치심, 창피함, 개인 안전 등의 문제를 알아본다(Licheter, 2013).

2장 '대응책'은 두 개 절로 나뉘어 있다. 첫 번째 절에서는 리벤지 포르노에 대한 법적, 정부 차원의 대응을 논한다. 이미지의 소유권, 특히 사진을 찍은 인물의 소유권 문제와 그것이 가해자의 관점에 어떤 영향을 미치는지 살펴본다. 현재 리벤지 포르노 관련법이 몇 가지 존재하기는 하지만 보편적이지 않고 소수의 나라에만 국한될 뿐이다. 관련법이 있는 나라에도 수집된 데이터가 엉성하고 하나로 모아지지 않은 상태다. 리벤지 포르노와 관련해 기소 건이 발생하고 있지만 피해자가 이 문제를 법정으로 가져오거나 가해자와 호스팅 업체에 대한 조치를 취하기는 여전히 어려운 실정이다.

또 피해자에게 어떤 자료와 지원을 제공할 수 있는지 알아본다. 영국 정부가 발족한 리벤지 포르노 전화 상담 센터Revenge Porn Helpline 사이트는 관련법 무료 다운로드를 제공하고 리벤지 포르노가 미치는 영향을 제한하는 방법, 소셜 미디어 플랫폼 사용법, 온라인에 올라간 이미지를 삭제하고 위반 행위를 신고하는 법 등을 안내한다. 위민스 에이드Women's Aid, 브로큰 레인보우Broken Rainbow, 국립 스토킹 전화 상담 센터National Stalking Helpline와 같은 비영리 단체도 리벤지 포르노의 폐해를 다루는 방법을 포함해 피해자를 지원한다.

2장의 두 번째 절에서는 법적, 정부 차원의 대응에 추가적인 조치로서의 기타 다양한 대응책에 대해 살펴본다. 주로 기술적이고 정치적 차원의 대응책이다. 기술적 대응은 가해자와 온라인 과정에 초점이 맞춰져 있고 정치적 차원의 대응은 피해자에 좀 더 집중한다. 또한 『가디언』의 캠페인 프로젝트, '더 웹 위원트the web we want' 그리고 리벤지 포르노와 직접 싸우는 페미니스트를 중심으로 만들어진 웹사이트 등에 대해서도 다룬다(Johnson, 2013).

3장 '리벤지 포르노의 특징'에서는 다양한 전통과 관점에서 리벤지 포르노가 이해되는 방식을 알아본다. ① 리벤지 포르노는 상대적으로 새로운 형태의 공개적인 포르노그래피로 여겨지며, '포르노그래피화pornografication'(Attwood, 2009) 또는 '주류화mainstreamification'(Empel, 2011) 현상과 동시에 발생한다. ② 리벤지 포르노는 일종의 개인 차원의 복수로, 특히 복수를 꾀하는 사람들의 동기가 무엇이고 그것을 어떤 식으로 표현하며, 행동을 취한 이후 어떤 일이 발생하는지와 관련이 있다. 따라서 이때 복수는 고도로 발달된 전략의 연장이자 감정과 사회적 관계를 다루는 전술로 볼 수 있다(Yoshimura, 2007). 또한 우리가 1장 그리고 6~8장에 걸쳐 제시하듯 복수는 다양한 동기요인과 연관시켜 이해될 수 있는데, 여기에는 젠더와 섹슈얼리티, 젠더-섹스 역학이 포함되고 그 맥락 안에서 틀이 형성될 수 있다. ③ 리벤지 포르노는 한때 친밀한 관계였던 전 파트너가 실행하는 경향이 있으므로 여성 살해, 강간, 스토킹과 비접촉 학대와 같은 또 다른 형식의 젠더화된 폭력이자 학대로 이해될 수 있다(Blumenstein & Jasinski 2015). ④ 리벤지 포르노는 컴퓨터와 정보 기술에 의해 촉진된다. 그렇기 때문에 리벤지 포르노를 가상·온라인 사회, 섹슈얼리티와 폭력, 특히 사이버 학대의 다양한 가능성 중 하나로 볼 수 있다(Slonje, Smith, & Frisén, 2013). ⑤ 영국의 전국 단위 신문, 정부 장관들과 운동가들이 리벤지 포르노를 공론화하는 행위를 살펴본다. 이 대중적인 관점은 게시물 올리기, 성폭행, 언론의 관심, 법과 규정 그리고 추가적 게시물과 성폭행 등이 복잡하고 불안정하게 뒤얽힌 리좀적rhizomic(리좀은 뿌리줄기라는 뜻이며, 본문에서는 땅속을 종횡무진하면서 서로 뒤얽힌 그물조직, 즉 통신망을 의미한다.-옮긴이 주) 결합 사례로 볼 수 있다. ⑥ 리벤지 포르노는 젠더화되고, 젠더-섹스적gender-sexual 또는 교차적으로 젠더화된intersectionally gendered 관행, 특히 주로 남성과 남성성의 관행으로 볼 수 있다.

리벤지 포르노의 생산과 확산이 온라인 플랫폼을 통해 촉진되기 때문에 4장 '온라인에서의 상호작용'은 사람들이 사이버 공간에서 소통하는 방식에 대해 자세히 알아본다. 우리는 사람들이 서사적, 상호작용적, 소통적, 적응적 그리고 생산적 차원에서 서로 소통하고, 이메일, 소셜 미디어, 게시판과 채팅방같이 다양한 매체를 이용해 교류한다는 것을 보여준다. 사람들은 온라인에서 다양한 방식으로 서로 상호작용할 수 있고 이는 웹서핑을 할 때 자신을 드러내는 방식에 영향을 미칠 수 있다(Tyler & Feldman, 2005). 우리는 이것이 리벤지 포르노 연구에 중요한 영향을 미친다고 본다. 사람들이 리벤지 포르노를 올리는 동기가 무엇이고 그런 행동을 어떤 식으로 설명 혹은 해명하는지를 그들의 소통 방식을 통해 살펴볼 수 있기 때문이다. 사람들이 자신을 드러내는 방식에는 온라인 사기deception와, 오프라인의 정체성을 반영하는 '진짜' 정체성에 대한 논의도 포함된다. 우리는 정체성이 곧 온라인, 오프라인 매체에 상관없이 상호작용을 통해 공통으로 만들어진 것이라고 본다. 이 점을 밝히며 4장을 결론짓는다.

5장 '담론적 접근법으로 리벤지 포르노 이해하기'에서는 철학적이고 방법론적인 입장을 통한 데이터 분석에 대해 논의한다. 민족방법론적ethnomethodological 질문(Garfinkel, 1967)으로 시작하면서 우리는 사람들이 자신이 하는 경험을 타당한 것으로 이해하기 위해 사회적 생활을 안정적인 것으로 인식한다고 주장한다. 그 안정성이나 확실성 자체가 사실상 존재하지 않음에도 불구하고 말이다. 가핑클(Garfinkel, 1991)은 이런 사회적 '사실들'을 대화와 행위를 기반으로 작성한 데이터를 통해 관찰하고 연구할 수 있다고 주장했다. 우리가 분석을 다루는 장에서 사용한 방법은 담화 분석discourse analysis(Potter, 1996)으로, 이는 노출 이미지 게시물에 적힌 온라인 전자 텍스트(글)에 대한 정보를 얻는데 도움이 된다. 우리가 수집한 데이터의 배경, 분석 절차와 단계에 대해 논의하고 윤리적으로 고려할 점을 다루며 5장을 마무리한다.

6장에서는 이성애 남성이 타인의 노출 이미지를 올리는 행위를 어떻게 설명(또는 해명)하는지 알아본다. 6장 "그 여자가 내 아이를 빼앗고 내 삶을 망가뜨렸어"는 남성이 자신의 관행을 설명하기 위해 남성성, 남성적 행동, 여성성, 섹슈얼리티를 언급하는 복잡한 방식을 보여준다. 우리는 다양한 유형의 반응, 특히 이해 당사자의 합의 없이 올린 게시물을 제시한다. 친밀한 관계 통제, 다른 남성에 대한 힘의 행사, 이성애와 동성애, 재정 상태, 힘과 아버지됨 등 몇 가지 새로운 남성적 담화가 우리 분석에서 나타났다. 우리 분석에 의하면 리벤지 포르노가 과실을 범하는 행위라는 사실이 경시되고, 이른바 공평함을 이룰 수 있는 긍정적인 행동으로 인식된다는 점이 드러난다. 3장에서 제시한 전통의 맥락에서 이런 점을 어떻게 이해할 수 있을지 논의하면서 6장을 마무리한다.

7장 "그저 섹스하기 위해 당신을 원할 뿐이야"에서는 타인의 노출 이미지를 온라인에 올린 여성들이 그들의 행동을 해명하는 글을 분석한다. 이 여성들은 이미지 속 남성이 폭력적이고, 아버지 노릇도 하지 않으며, (온라인과 오프라인 모두에서) 성범죄자이고, 동성애를 하거나, 나약하고 거짓말쟁이이며 파트너에게 성적 의무를 다하지 않았으니 그런 일을 당해도 싸다고 주장한다. 우리는 이렇게 제기된 수많은 비행이, 젠더화된 관점에서 적절한 젠더와 성적 상호작용이라는 개념에 연결되어 있고, 심지어 묶여 있거나 부여되기도 한다는 점을 밝힌다. 이성애 남성과 유사하게 여성 게시자들도 리벤지 포르노를 동등한 지위를 되찾는 긍정적이고 합당한 방법으로 표현하는 경향을 보였다.

8장 '사기꾼! 거짓말쟁이! 도둑!'에서 우리는 스스로 게이 또는 레즈비언이라고 드러내거나 동성애를 지향한다고 밝히는 게시자들이 올린 텍스트를 자세히 살펴본다. 게이와 레즈비언이 각각 5개씩 올린 총 10개의 텍스트를 분석한 결과, 그들의 텍스트에는 이성애자의 게시물(예를 들어, 성적 문란함과 친밀한 관계 통제)과 유사한 부분이 있었다. 그러나 어떤 사람의 '진짜' 섹슈얼리티에 의문을 제기하는 것처럼 섹슈얼리티와 연관한 문제에서는 차이점이 있었다. 예를 들어 몇몇 이성애 게시자들은 상대를 직접적으로 모욕하기 위해 섹슈얼리티에 이의를 제기한 반면(예를 들어, "그는 게이다."), 몇몇 동성애 게시자들은 그들의 전 파트너가 동성애 집단의 일원이라는 것을 부정하기 위한 방편으로 그들의 섹슈얼리티에 의문을 제기했다(예를 들어, 프레테즈비언pretesbian, 동성애자인 척하는 이성애자 여성). 하지만 이런 차이에도 불구하고 이성애 게시자와 동성애 게시자 모두 자신을 복수할 권리를 가진 피해자로 생각하면서 게시물을 올린 이유를 해명하는 데 주력했다.

9장 '논의해 볼 점'은 앞선 장들의 핵심을 요약한다. 그리고 리벤지 포르노에 대한 일반적인 관점과 그 특징에 대해 좀 더 논의한다. 집중적으로 분석한 장에서 모은 조사 결과들을 종합하고 3장에서 강조한 몇 가지 관점을 더욱 발전시켜 맥락화했다. 우리는 리벤지 포르노가 피해자와 생존자에게 폭행을 가하는 방법에 대한 근본적이며 반복되는 문제를 젠더와 섹스의 역학과 구조, 이원적 젠더와 성적인 위치 선정과 논리, 그리고 성적 의미의 사용의 측면에서 이해할 수 있다고 본다. 우리가 주장하는 이 쟁점들은 기술에 의해 한층 더 복잡해지므로 리벤지 포르노를 동시대 사회기술적socio-technological 상황이라는 좀 더 넓은 맥락 안에 둘 필요가 있다.

마지막 10장 '향후 실현 가능한 개입'은 2장에서 제기된, 리벤지 포르노를 저지하기 위해 사회적으로 어떤 일을 하고 있으며 그 밖에 또 무엇을 할 수 있는지에 대한 논점을 기반으로 논의를 한층 더 발전시킨다. 먼저 현행 법 체계의 효율성을 살펴보는 것으로 시작한다. 법이 분명 리벤지 포르노와 젠더 폭력에 전반적인 영향력을 행사하고 있기는 하나, 온라인 젠더와 섹슈얼리티 범죄가 증가 일로에 있는 것으로 보고되고 있는 것이 현실이다. 우리는 구체적으로 이에 초점을 맞춘 법을 만들어야 한다고 주장한다. 현재 영국과 몇몇 나라에는 리벤지 포르노에 대한 단편적 법률이 존재하지만, 전 세계적 차원의 법률 제정을 이끌어내는 데까지는 너무도 멀고 지난한 과정이 남아있다. 지역적, 국가적, 국제적 수준에서 실행할 수 있는 법이 모두에게 필요하다. 1장의 소개에서 언급했듯 리벤지 포르노는 다양한 종류의 포르노그래피를 포함하며 쉽게 국경을 초월해 퍼져나갈 수 있기 때문이다(Tyler, 2016). 형법과 민법 모두에 개인과 단체에 적용될 수 있는 법을 제정해야 한다.

가해자나 호스팅 웹사이트를 기소하고 피해자가 민사 소송을 걸 수 있는 수단을 제공하는 법적 장치가 점점 강화되고 있다. 하지만 우리는 한걸음 더 나아가 이 범죄를 방지하기 위한 더욱 강력한 조치가 마련될 수 있고, 또 반드시 마련되어야 한다고 주장하는 바다. 여기에는 연인 관계를 끝낼 때의 요령과 적절하게 행동하는 방법을 국가 차원에서 성교육(성과 관계에 대한 교육) 과정에 넣는 것도 포함된다(Eckhardt 외, 2013). 이런 식의 개입은 피해자 또는 가해자가 일생 동안 지속될 수도 있는 폭력의 궤적을 피하는 데 도움이 될 수 있다.

또한 우리는 피해자 지원을 개선하는 방식에 대해서도 논의한다. 기존의 전문가 지원 서비스는 전문가와 관련 당국 간의 협조

규약을 개발하는 데 도움을 줄 수 있다. 예를 들면, 성과 관계된 올바른 관습을 공유하고 협조와 종합 네트워킹을 장려하는 방식으로 발전을 도모한다. 법으로 금하는 것은 범죄 억제책으로서 그다지 도움이 되지 않으므로 가해자 재교육도 더욱 많이 이루어져야 한다.

리벤지 포르노의 정치적 측면을 살펴보는 것으로 10장을 결론짓는다. 리벤지 포르노는 젠더–섹스–폭력gender-sexual-violation이 시각화된 문화의 요체다. 법적 제도와 기술을 이용한 대응책, 피해자 지원, 가해자 처벌과 재교육 모두 긍정적인 결과를 가져오지만, 동시에 폭넓은 정치적 그리고 젠더–섹스–페미니스트gender-sexual-feminist 정치적 행동과 행동주의를 실행해야 지속적인 변화가 일어날 수 있다. 리벤지 포르노와 다른 온라인 폭력은 앞으로도 계속될 것이므로 새로운 형태의 대응책을 추진해야 한다. 따라서 정책과 정치, 연구와 행동의 장으로서 젠더와 섹슈얼리티의 미래에 더 많은 주목과 관심을 가질 것을 촉구한다.

1장

리벤지 포르노의 지형 파악하기

Mapping the terrain

리벤지 포르노란 무엇인가?

리벤지 포르노그래피는 비교적 최근에 미디어의 주목을 받기 시작했지만 수년 전부터 존재했다. '리벤지 포르노그래피' 또는 줄여서 '리벤지 포르노'라는 용어는 2000년대에 들어와 새롭게 만들어진 것으로 보이나 실질적으로 사람들이 이러한 행위를 가담하기 시작한 지는 그보다 더 오래되었다(Rosen, 2010). 예를 들어 1980년대 포르노그래피 잡지『허슬러Hustler』는 "독자가 보낸 여성 누드 사진 경연인 비버 사냥Beaver Hunt을 시작했다. 비버 사냥에 나오는 여성의 사진에는 종종 자세한 정보가 같이 실리곤 했다. 여성의 취미, 성적 판타지, 심지어 이름이 나오기도 했다. 비버 사냥에 제출된 사진 중에는 훔친 사진도 있었지만 대부분은 전 파트너들이 응모한 것이었다"(Levendowski, 2014, p.1).

레벤도우스키Levendowski에 의하면 1980년대 내내 사진에 실린 여성들이 허락 없이 사진을 게재한 것을 문제 삼아『허슬러』를 고소했다. 1990년대에는 올림픽에 참가했던 피겨 스케이팅 선수 토냐 하딩Tonya Harding의 비디오가 유출되었다. 하딩의 전 남편 제프는 두 사람이 헤어진 후 '토냐와 제프의 결혼식 밤'이라는 이름이 붙은 비디오를 공개했다(Hillyer, 2004, p.57). 2000년 이탈리아의 연구자 솔리스 레이는 유즈넷 그룹Usenet groups[1]

---

1 유즈넷 그룹은 컴퓨터에 기반해 퍼진 전 세계적 토론 시스템으로, 초기

에 전 여자 친구의 노골적인 성적 이미지가 실린 사진을 공유하는 새로운 유형의 포르노그래피가 올라왔음을 발견했다(Tsoulis-Reay, 2013). 하지만 신문 기사 검색 서비스 넥시스Nexis로 탐색해 보면 리처드 모건Richard Morgan이 2008년 잡지 『도시어Dossier』에서 '리벤지 포르노'라는 용어를 미디어에 최초로 언급했다.

온라인에서는 그보다 1년 앞선 2007년에 처음 이 용어가 나타난 것으로 보인다. 주로 속어나 은어 표현을 등재하고 공유하는 클라우드 기반 사전 어반 딕셔너리Urban Dictionary를 통해서다. 'JonasOoohyeah'라는 이름의 사용자(가명)는 리벤지 포르노를 "사귀던 관계가 안 좋게 끝난 후, 전 여자 친구 또는 (대개는) 전 남자 친구가 직접 찍어 제작한 포르노그래피를 전 파트너를 모욕할 목적으로 또는 그저 재미 삼아 온라인에 올리는 행위"라고 정의했다. 그가 내린 정의에서 주목할 점은 포르노그래피를 아마추어가 '직접 찍어 제작'한 것으로 분류했고, '전 여자 친구 또는 (대개) 전 남자 친구'가 올리며, '관계가 안 좋게 끝난 후'에 발생하고, '전 파트너를 모욕할 목적으로 또는 그저 재미 삼아' 이런 행위를 한다고 본 점이다. 하지만 여기서는 리벤지 포르노가 동의 없이 발생한다는 점이 확실하게 드러나지 않는다.

다른 곳의 정의를 살펴보면 동의 여부가 포함되어 있다. 예

버전의 인터넷 포럼이다. 사용자들은 그룹 또는 뉴스 그룹으로 알려진 카테고리별로 메시지를 읽고 글을 올린다.

를 들어 또 다른 인터넷 사전인 딕셔너리닷컴은 리벤지 포르노를 "일반적으로 전에 사귄 파트너의 성적 행위를 암시하는 이미지가 그 사람의 동의 없이 온라인에 게재되거나 공유되는 행위"(Dictionary.com, 2015)라고 정의한다. 단언컨대 이 정의는 포르노그래피가 노골적인 성적 행위를 나타내는 이미지와 영상에 국한되지 않고 '성적 행위를 암시하는 이미지와 영상 등'을 포함하면서 의미를 보다 확장시키고 있다는 점에서 고무적이다. 더불어 잠재적으로 사이버 스토킹과 같이 좀 더 다양한 인터넷 범죄도 포착해내고 있다(Weisskirch & Delevi, 2011, p.1697 참조). '일반적으로 전에 사귄 파트너'라고 표현한 부분은 가해자의 동기를 암시하고 있다. '일반적으로'라는 표현에서 우리는 리벤지 포르노가 오로지 전 파트너에 의해서만 벌어지는 것은 아님을 감지할 수 있다. 세계의 다양한 기관에서도 리벤지 포르노에 대해 비슷한 정의를 내린다.

- 영국 안전 인터넷 센터(UK safer Internet centre, 2015): 리벤지 포르노란 노골적인 성행위를 묘사하는 이미지나 영상을 찍힌 사람의 동의 없이 온라인에 공개적으로 공유하는 행위.
- 스피치 프로젝트(Speech Project, 2016): 사이버 성 착취, 동의하지 않은 사진 또는 '리벤지 포르노': 찍힌 주체의 동의 없이 성적 행위가 노골적으로 드러난 이미지나 영상을 유포하는 행위. 가해자는 관계를 유지하는 동안 관련 이미지나 영상을 얻어

내거나 피해자의 컴퓨터, 소셜 미디어 계정이나 휴대전화를 해킹해서 입수한다.

- 영국 형사재판법(Paliament.UK, 2015): 리벤지 포르노는 일반적으로 사귀던 커플이 헤어진 뒤 커플 중 한 사람 또는 양측의 노골적 성행위가 담긴 자료를 온라인상에 배포하거나 전자 출판 형식으로 배포하는 행위를 일컫는다. 이때 이 자료는 원래 사적 용도로만 사용하기로 합의가 이뤄진 사진이 주를 이룬다.

- 미국 전국 주 의회 회의(US National Conference of State Legislatures, 2014): 나체나 노골적 성행위를 담은 사진 또는 영상을 상대방의 동의 없이 온라인에 올리는 행위. 사진 촬영이 합의하에 이루어졌다 해도 상대방의 동의 없이 게재하면 리벤지 포르노에 해당한다. 나쁘게 헤어지거나 차인 배우자 또는 전 파트너가 복수할 목적으로, 주로 이런 종류의 사진이나 영상 게재를 위해 만들어진 특정 웹사이트에 자료를 올린다.

이 글을 쓰는 시점인 2016년 9월 현재 옥스퍼드 영어 사전에는 '리벤지 포르노그래피' 또는 '리벤지 포르노'의 정의가 등재되어 있지 않다.

앞선 예시들을 토대로 리벤지 포르노의 정의를 종합할 수 있다. 리벤지 포르노란 합의가 이루어지지 않은 행위로, 포르노그래피[2]의 형식을 띠며 가해자는 주로 전 남성 파트너이고, 피해자는 여성이 압도적이다. 연인 관계가 끝난 후 복수할 목적으로 발생하지만 해킹을 통해 일어날 수도 있고, 상업적 용도의 포르노도 포함될 수 있다. 주로 오프라인에서 실행되어 온라인에서 배포된다. 동기는 복수를 하기 위해, 재미 삼아 또는 정치적 이유 등을 들 수 있다.

여기서 주목해야 할 것은 선정적이거나 노골적인 성적 이미지와 영상에 나온 사람이 반드시 피해자 본인이 아닐 수도 있다는 점이다. 2014년 텍사스주 휴스턴의 한 여성은 그녀의 머리와 다른 사람의 나체를 합성해 만든 사진을 페이스북에 올린 혐의로 전 파트너를 고소했다(Mazza, 2014). 이 사건은 어떤 사람이 실제로 성적 노출 행위를 하는 이미지나 영상을 찍지 않았어도 리벤지 포르노의 피해자가 될 수 있음을 시사한다. 따라서 피해자의 경험과 더불어 전 파트너, 현재 연인, 전 친구, 피해자를 아는 사람, 그 밖에 타인의 리벤지 포르노를 유포하는 사람, 개인 인터넷 해커와 '신상 털기 단체human flesh search groups'[3] 같은 인

---

2 여기서의 포르노그래피는 주로 개인이 자체 제작한 성적 암시 또는 노골적 성행위를 담고 있는 이미지나 영상이지만 상업적으로 제작된 자료도 포함된다.

3 신상 털기 단체들은 어떤 사람을 공개적으로 망신 주기 위해 웹을 이용해 그 사람의 신상을 노출시킨다. 이는 일종의 온라인 자경주의自警主義로 명명되어 왔다.

터넷 해킹 팀 등 리벤지 포르노를 퍼뜨리는 가해자는 물론이고, 그 가해자의 동기도 용어 정의에 편입시킬 필요가 있다(Citron & Franks, 2014; Lyons 외, 2016, p.1; Stroud, 2014; Tungate 2014). 그러므로 이 책에서 우리는 리벤지 포르노를 '어떤 인물의 진짜 또는 조작된 성적 행위가 담긴 이미지나 영상을 그 사람의 전 파트너, 현재 파트너, 타인 또는 해커가 복수를 목적으로, 재미 삼아 또는 정치적 의도를 가지고 온라인과 오프라인에 동의 없이 유포하는 행위'로 부를 것이다.

이름 붙이기의 문제점

'리벤지 포르노'라는 용어가 해당 행위나 현상을 지칭하는 말 중 가장 많이 사용되고 있기 때문에 우리는 이 책에서 리벤지 포르노라는 표현을 쓰고 있다. 하지만 먼저 이런 식의 분석이 담고 있는 위험성을 경고할 필요가 있다. '리벤지 포르노그래피' 또는 '리벤지 포르노'라는 용어는 현재 극심한 비판을 받고 있다. 프랭크스Mary Anne Franks는 이 점을 분명하게 지적한다.

'리벤지 포르노'라는 용어에는 두 가지 오해의 소지가 있다. 첫째, 가해자가 항상 '리벤지(복수)'를 위해 리벤지 포르노를 유포하지는 않는다는 것이다. 해커, 몰래 카메라 설치자, 훔친 휴대전화 속의 자료를 유포하는 가해자들은 많은 경우 돈이나 유명세를 위해, 또는 재미 삼아 사건을 저지른다. 둘째, 리벤지 '포르노'라는 용어는 어떤 이의 나체나 성적 행위 장면을 찍는 것(또는 다른 사람이 그런 사진을 찍게 허용하는 것)이 포르노라는 암시를 주기 때문에 오해의 소지가 있다. 사적이고 친밀한 관계를 맺고 있는 사람들끼리 만드는 성행위 이미지(이는 점점 일반적 관행으로 받아들여지고 있다)[4]는 포르노가 아니다. 그러나 의도하지 않은 타인도 사적인 성행위 이미지를 볼 수 있게 공개하는 행위는 사적인 이미지를 공공연한 성적 오락으로 만든다는 점에서 분명 포르노그래피 생산에 해당한다.

메리 앤 프랭크스,

"입법자들을 위한 효과적인 '리벤지 포르노'법 초안", 2016

이런 이유에서 리벤지 포르노가 아닌 '동의 없이 공개적으로 유포된 포르노그래피' 또는 좀 더 구체적으로 '상대가 동의하지 않은 포르노그래피를 복수할 목적으로 유포하는 행위'라는 표현을 사용하는 것이 옳다. 비록 복수를 할 목적이 아니거나 복수만이 아닌 다른 이유나 동기가 있더라도 말이다. 리벤지 포르노는 그 밖에 사이버 성 착취, 혐오 표현, 혐오 범죄 등의 이름으로도 불릴 수 있다.

좀 더 넓은 차원의 논쟁들을 살펴보면, 리벤지 포르노의 특

---

4   2014년 1,100명의 뉴욕 시민을 대상으로 한 조사에서 거의 절반(45퍼센트)이 섹스하는 장면을 스스로 기록한 적이 있다고 답했다(『뉴욕포스트』, "뉴욕 시민들, 성생활의 실체를 밝히다", 2014년 9월 3일).

수성을 반박하며 사실상 모든 포르노그래피가 리벤지 포르노라는 주장도 있다(Tyler, 2006). 몇몇 페미니스트와 젠더 활동가들은 '리벤지 포르노그래피'와 '포르노그래피' 두 가지 표현을 모두 반대한다. 예를 들어 아이슬란드의 여성 권리 연합Women's Right Association이 만든 온라인 폭력 방지 프로젝트의 '리벤지 포르노' 생존자들은 그와 같은 폭력 행위에 포르노라는 용어를 붙이는 것이 모멸감을 유발한다는 이유로 용어 자체를 반대한다. 용어와 명명 작업 자체가 그 위법 행위를 자세히 상술하고, 그것이 언어 사용으로 이어지면서 사회적 비하 현상을 더욱 가중시키는 효과를 불러온다고 보는 것이다. 이렇듯 '리벤지 포르노'라는 용어는 일종의 문화적 참조 사항이고, 확실한 분석 또는 정치적 분류가 아니므로 따옴표를 써서 표기했다.

리벤지 포르노 웹사이트

리벤지 포르노는 온라인과 오프라인의 다양한 지점에서 여러 가지 방식으로 나타날 수 있다. 어나니머스 이미지 보드, 엑스픽넷, 엑스 걸프렌드 픽처스, 마이엑스닷컴, 마이 퍼킹 엑스 걸프렌드 앤 리벤지 포르노 넷과 같은 기존의 리벤지 포르노 사이트는 물론, 클립헌터, 엑스비디오스, 포르노허브 같은 일반 포르노 사이트도 비전문가가 만든 개인 사진과 영상 업로드를 허용한다. 또한 '쉬즈 어 홈레커'같이 여성 위주의 리벤지 포르노 웹사이트도 있는데, 여기서는 대개 고의로 다른 사람의 결혼이나 연인 관계를 파탄냈다는 의혹을 받는 여성들의 이미지와 영상을 다룬다. 한편 페이스북이나 텀블러 같은 주류 소셜 미디어 플랫폼에서도 이 문제를 해결하려는 움직임을 보이고 있기는 하지만 합의되지 않은 노출 이미지와 영상이 올라온다. 트위터도 "트위터는 리벤지 포르노를 금지하며 피해자의 집주소를 올리는 변태적 스토커들의 활동을 저지할 것을 서약합니다."라는 입장을 표명했지만 최근까지도 리벤지 포르노가 올라오는 페이지를 호스팅했다(Hamill, 2015, *The Mirror*, 3월 12일). 그 밖에 합의가 이루어지지 않은 이미지와 영상을 올리는 웹사이트에는 (흔히 밀프MILF로 알려진) 나이든 어머니들이 등장하는 서밋유어맘, 여자 친구 또는 아내들이 등장하는 피에스보이어오브와이브즈 등이 있다.

리벤지 포르노를 만들어 유포하는 다른 매체들도 있다. 이중 몇몇은 불륜 만남 사이트 같은 맞춤형 사이트와 밀접한 관계를 맺고 있다. 현재 급격한 변화와 발전 일로에 있는 것들과는 반대로 최신 미디어가 아닌 곳에서도 리벤지 포르노가 등장했다. 전 파트너의 나체 이미지를 담은 CD를 이베이eBay 경매에 붙인 남자가 유죄 판결을 받은 사례가 있다(Miller, *Miami New Times*, 2013). 전자 매체들끼리 다중 연결되거나 결합되는 사례도 점점 늘어나고 있다. 예를 들어 휴대전화를 통한 인터넷 연결이나, 인터넷, 화상 채팅과 전화가 가능한 대화형 텔레비전, 인터넷에 접속할 수 있고 영상 유포 기능이 있는 태블릿, 인터넷상에서의 화상 커뮤니케이션 등이다. 따라서 리벤지 포르노는 빠른 속도로 손쉽게 유통될 수 있다.

엄청난 양의 리벤지 포르노가 온라인에 올라오고 있는 사이 '섹스팅'(DoSomething.org, 2015; GuardChild.com, 2015; Hasinoff, 2015) 역시 폭발적으로 증가하고 있다. 섹스팅은 문자메시지만으로도 이미지와 영상이 유통될 수 있고, 전자 기기를 통해 가해자와 피해자의 사회 관계망 내 사람들에게 직접적으로 이런 자료가 공개될 수 있음을 의미한다. 인터넷 보안회사 맥아피(McAfee, 2013)는 성인 중 50퍼센트 이상이 휴대용 전자 기기를 이용해 성적 이미지나 영상을 공유한다는 사실을 알아냈다. 또한 대략 50퍼센트가 온라인의 성적 이미지와 영상을 저장했으며, 16퍼센트는 전혀 모르는 타인과 공유했다고 말했다. 전 파트너 10명 중 한 명은 선정적 이미지를 온라인에 노출시키겠다고 협박을 한 적이 있고, 이들 중 60퍼센트가 실제 실행에 옮겼다. 리벤지 포르노를 올리는 다양한 웹사이트를 조사한 결과 피해자와 가해자 대다수가 유럽, 북아메리카, 남태평양 제도 전체 등의 선진국, 특히 미국과 영국에 거주한다. 그리고 상대적으로 적지만 아시아, 남아메리카와 아프리카 국가는 물론 아르메니아, 벨리즈, 바레인, 에콰도르, 괌, 가나, 인도, 파키스탄, 말레이시아, 태국, 남아프리카 등 지구 전역에서 리벤지 포르노가 보고된다.

그만큼 리벤지 포르노가 판을 치고 있다. 헌터 무어Hunter Moore의 악명 높은 웹사이트 이즈애니바디업의 경우 2012년 4

월 왕따 방지 기관인 불리빌BullyVille에 의해 폐쇄되기 전까지 매일 15만에서 24만 건의 순 페이지 열람unique page view이 발생했다(Dodero, 2012년 4월 4일). 매주 대략 3만 5,000건의 이미지 콘텐츠 제출이 이루어졌는데, 사이트 측은 이 중 50퍼센트가 제출 동의를 받은 것이라고 주장했다(Hill, 2012). 헌터 무어는 이 웹사이트를 불리빌에 매각한 다음에도 트위터와 텀블러에서 사용할 자료를 제출받았다. 현재 가장 큰 규모의 리벤지 포르노 사이트인 마이엑스닷컴을 보면 리벤지 포르노 사이트의 인기가 얼마나 대단한지 실감할 수 있다. 인터넷 감시와 분석 웹 조직인 알렉사(Alexa, 2016년 8월 30일, p.1)는 마이엑스닷컴의 순위를 미국 내 22,023위, 전 세계적으로는 전년보다 9,223계단 오른 41,789위라고 발표했다. 방문자 지점 상위 5위를 살펴보면 미국 36.6퍼센트, 영국 16.6퍼센트, 인도 14.2퍼센트, 캐나다 7.5퍼센트, 오스트리아 5.9퍼센트로 이 사이트가 전 세계적으로 관심의 대상이라는 것을 보여준다. 방문자 대부분이 남성이었고, 집이나 직장에서 접속했으며, 반 이상이 대학교 이상의 교육을 받은 것으로 보고된다. 통계와 분석 서비스 기관인 하이프 스탯(Hype Stat, 2016년 9월 1일, p.1)은 마이엑스닷컴이 매일 7,400명의 순 방문자와 일간 15만 3,180건의 페이지 열람(방문자당 20.70건)을 기록했다고 주장한다.

한편 리벤지 포르노는 수익성이 매우 좋을 수 있다. 이즈애니바디업 사이트를 운영하다 체포된 헌터 무어는 월간 8,000달러에서 3만 달러의 광고 수익을 올린 것으로 추정된다(Stroud, 2014). "씨마이지에프나 마이엑스닷컴 같은 리벤지 포르노 사이트에서 포르노 배우가 아닌 일반인의 사진과 동영상(거의 여성이고 대개 헤어진 전 파트너가 올린 자료들이다)을 열람하는 요금이 1년에 100달러다"(Tynan, *The Guardian*, 2016년 4월 26일). 타이넌(Tynan, 2016)에 의하면 이는 큰 그림의 일부에 불과하며 모든 성인 사이트가 리벤지 포르노를 지원하는 생태계를 조성하고 있는 것으로 보인다. 예를 들어 도메인 등록자와 웹 호스팅 서비스 기관들은 서비스의 대가로 금전적 보상을 받는다. 타이넌(Tynan, 2016, p.1)은 "최근 경찰에 체포된 사람들의 머그샷(범인 식별용 얼굴 사진)을 정기적으로 긁어모아 다시 게시한 다음 그것을 없애주는 대가로 400달러씩 부과하는 사업체가 많다."고 말한다.

수많은 웹사이트가 이렇게 사진 삭제 서비스의 대가를 요구한다. 유갓포스티드닷컴, 체인지마이레퓨테이션닷컴의 소유주인 샌디에이고의 케빈 볼라르Kevin Bollaert는 최근 신용도용과 갈취 행위에 관련된 27건의 중범죄로 유죄 판결을 받았다. 그는 피해자의 이미지와 영상을 그의 리벤지 포르노 사이트에서 지워주는 대가로 금품을 요구한 데 대해 징역 18년을 선고받았다(Collier, *The Daily Dot*, 2015년 2월 3일; Associated Press in San Diego, *The Guardian*, 2015년 4월 4일). 볼라르는 첫 번째 웹사이트에 1만 장 이상의 누드 사진을 게재하고 이를 그 여성들의 소셜 미디어 계정에 연결한 다음 다시 그의 두 번째 웹사이트로 이어지게 만들어 그곳에서 이미지들을 삭제하는 비용으로 350달러 이상을 부과하는 이른바 '성 착취sextortion' 행위를 했다(Tynan, *The Guardian*, 2016년 4월 26일).

레퓨테이션 스타즈Reputation Stars, 리무브 마이 네임Remove My Name, 온라인 디페메이션 디펜더스Online Defamation Defenders 같은 회사나 웹사이트들은 온라인에 올라온 이런 음성적 자료들을 없애는 데 일반적으로 수백에서 수천 달러의 비용을 요구한다. 가령, "레퓨테이션 리페어Reputation Repair는 불륜 사이트에서 '신속 제거'와 '향후 공격 예방' 조치를 해주는 비용으로 1,459달러를 제시한다"(Tynan, *The Guardian*, 2016년 4월 26일). 현재 사이트 추산 가치가 45만 달러인 마이엑스닷컴은 삭제 서비스 비용으로 500달러를 부과한다(Alexa, 2016). 그런가 하면 수많은 리벤지 포르노 사이트가 열람 비용을 매긴다. 리벤지 포르노 넷은 회비를 부과하는데, 이틀간 둘러볼 수 있는 회비가 1.95달러이고, 한 달에 25.95달러, 석 달에 49.95달러, 6개월은 57.50달러다. 유갓 포스티드닷컴도 한 달 광고료가 900달러다(Collier, *The Daily Dot*, 2015년 2월 3일).

누가 리벤지 포르노를 온라인에 올리는가?

리벤지 포르노 업로드의 주범은 대개 남성 전 파트너다(McAfee, 2013). 하지만 현존하는 최대 리벤지 포르노 사이트인 마이엑스닷컴의 전자 텍스트를 조사해본 결과 현재 파트너, 가해자와 피해자 양측의 (전) 친구, 피해자를 알고 있는 사람, 전혀 모르는 사람 그리고 인터넷 해커들도 문제이 자료를 올리는 것으로 밝혀졌다. 케일라 로우Kayla Law의 예를 들어보자. 로우는 혼자만 볼 생각으로 자신의 노출 사진을 찍어 자기 이메일로 보냈다. 그런데 이메일 계정이 해킹당해 사진들이 온라인에 게재되었다 (Honeywood, *The Current*, 2014). 타인의 노골적 성적 이미지를 올리는 여러 가지 이유에 대해 알아보자.

- 무신경함: "전 남자 친구인데 그냥 그 자식의 작은 거시기를 세상에 까발리려고!"
- 자랑: "내가 경험한 최고의 섹스. 더럽게 좋았다. 무슨 짓이든 해서라도 할 거다."
- 바람: "여친이 자꾸 바람 피워서."
- 사기: "이 자식은 여자를 돈벌이에 이용하는 개××."
- 보여주기: "전 파트너는 아니고 그냥 아는 사람."
- 성기 크기 불만: "거시기가 땅콩만 한 놈."
- 부도덕함: "이 여자가 내 애들을 빼앗고 내 삶을 망가뜨렸다."
- 평가: "땅콩만 한 내 남편 거시기. 여성 동지들 어떻게 생각하시는지?"
- 누군지 알아보고: "내 옛날 친구."
- 후회: "섹스가 엉망이었다. 칵테일 소시지로 자위하는 게 더

나았을 텐데."

- 추억: "그녀와 다시 자고 싶다."
- 응징: "이 남자는 나를 공격했다. 내 머리를 깨뜨리고 갈비뼈를 부러뜨려서 감옥에 갔다."
- 낭만적인 의도: "자상한 척하지만 그 남자는 항상 온라인 데이트 서비스를 통해 만난 여자랑 섹스를 한다."
- 복수: "정체를 숨긴 더러운 게이 자식이 내 사진을 올린 것에 대한 복수로."
- 서비스: "그녀의 친구들 모두 이런 걸 보고 싶어 해서."
- 공유: "그녀의 사진을 공유하겠다. 보고 그녀한테 말만 하지 말기를."
- 트롤링trolling: "프로필에 본명을 쓰는 멍청한 모델!"(사이버 공간에서 사람들의 관심을 받거나 쾌감을 위해, 또는 남의 기분을 망치기 위해 악의적으로 하는 행동을 트롤링이라고 한다. – 옮긴이 주)
- 위험한 섹스: "콘돔 없이 하는 섹스를 요구하는 인간들이 있는 앱이나 ○○○에서 닥치는 대로 남자들을 만나는 걸 너무 좋아한다."

그 밖에 친구에게 복수하기 위해 사진을 올리는 경우, 본인의 현재 파트너에게 관심을 갖는 사람의 성적 이미지를 올리는 경우, 관련 이미지나 영상을 찾아 공유하는 경우, 친구끼리 재미 삼아 노골적인 이미지를 공유하는 경우도 포함되어 있다.

대중 매체와 관련하여, 파파라치도 넓은 의미에서는 리벤지 포르노의 정의에 포함된다고 볼 수 있다. 예를 들어 케임브리지 공작 부인(영국 윌리엄 왕세손의 부인 케이트 미들턴)의 상반신 노출 사진이 미디어(Moore, *Mail Online*, 2012)를 통해 유통된 적이 있었다. 영국의 해리 왕자(*The Mirror*, 2012), 《트와일라잇Twilight》에 출연한 배우 키오와 고든Kiowa Gordon(Chen, *Gawker*, 2012), 영화 《헝거 게임Hunger Game》의 제니퍼 로렌스Jennifer Lawrence(Glenza, 2014), 싱어송라이터이자 배우, TV 스타인 털리사 콘토스타브로스Tulisa Contostavlos 등도 피해 경험이 있다. 정반대로 유명 인사들이 리벤지 포르노 문제로 기소당한 경우도 있다. 2014년 미국 미식축구 리그NFL 선수 제프리 롤Jeffrey Roehl의 전 부인은 다수의 웹사이트에 그녀의 노출 이미지를 올린 제프리 롤을 상대로 손해 배상 청구 소송을 제기했다(CBS Chicago, 2014). 미국의 래퍼 커티스 잭슨Curtis Jackson(활동명 50센트)은 라이벌 가수 릭 로스Rick Ross의 헤어진 연인 라스토니아 레비스톤Lastonia Leviston이 그녀의 전 파트너인 모리스 머레이Maurice Murray와 찍은 섹스 비디오를 온라인에 올린 혐의로 2015년 6월 재판을 받았다. 알려진 바에 의하면 전 세계적으로 320만 명이 이 동영상을 봤다(Nianias, 2015).

리벤지 포르노가 미치는 영향

리벤지 포르노는 다른 형태의 폭력이나 학대 사건과 마찬가지로 피해자의 육체적·심리적 건강과 안녕에 심각하고 강력한 악영향을 미친다. 온라인 리벤지 포르노의 추가적인 문제도 있는데, 몇몇 사례에 국한시켜서 살펴보자. 일단 무슨 일이 벌어졌는지 알지 못하는 경우가 있고, 사진이나 동영상이 어디에 올라가 있으며 어디에서 복제되는지를 모른다. 이렇게 업로드된 자료는 게시된 피해자가 보도록 하는 것을 목적으로 하기도 하지만, 친구들과 지인들에게 공개하거나 심지어 전혀 모르는 임의의 사람들에게로 확산되기를 의도하는 경우도 있기 때문이다.

2013년 사이버 시민 권리 구상Cyber Civil Rights Initiative, CCRI 과 엔드리벤지포르노닷오알지EndRevengePorn.org(Cyber Civil Rights Initiative, 2014; Franks, 2016)가 실시한 온라인 설문 조사「리벤지 포르노의 효과」에 의하면 피해자의 90퍼센트가 여성이다. (노골적인 성적 행위를 담은 사진이나 메시지를 휴대전화로 전송하는) 섹스팅(DoSomething.org, 2015; GuardChild.com, 2015; Hasinoff, 2015)의 증가로 예상할 수 있듯 일반적인 피해 연령 그룹은 10대에서 30대이지만, 11세 어린이가 포함되어 있다는 보고도 있다(Ridely, *Huffington Post UK*, 2015). 리벤지 포르노를 호스팅하는 영국의 웹사이트 30여 개를 조사한 결과(BBC, 2014a) 이들보다 좀 더 높은 연령대, 즉 중년 이상의 리벤지 포르노 피해자도 있는 것으로 보고된다.

　한편 피해자들은 여러 가지 부정적 영향을 받는다. 전 영국 문화부 장관 마리아 밀러Maria Miller는 피해자의 대다수가 여성이라는 점을 환기시킨다. "이런 범죄의 피해자와 이야기를 나눠 보면 많은 이들이 사실상 강간당한 것 같은 기분이 든다고 말했다." 노불링닷컴NoBulling.com, 위드아웃마이콘센트닷오알지 WithoutMyConsent.org, 엔드리벤지포르노닷오알지, 메리 바이런 프로젝트Mary Byron Project 같은 온라인 사이트에서도 비슷한 말이 들려온다. 피해자들은 연인이나 배우자, 가족, 친구, 동료 그리고 알지 못하는 사람들에게 모멸감, 수치심, 부끄러움을 느낀다. 그들은 성적 수치심과 성생활, 신체 이미지 문제, 학업이나 직장 생활 파탄, 개인의 안전에 관한 염려, 주변을 극도로 경계하는 편집증과 타인에 대한 신뢰 문제 등 다양한 어려움을 겪고 있다. 리벤지 포르노 관련 입법을 연구한 리히터(Lichter, 2014, p.1)에 의하면 피해자들은 "수치심을 느끼고 평판이 망가지는 것은 물론" 개인 정보가 공개되면서 발생한 정보 유출로 인해 스토킹, 희롱과 괴롭힘, 윤간 위협을 경험했다. 심지어 스스로 목숨을 끊은 피해자도 있다. 그러나 몇몇 피해자들은 "이름과 전화번호를 바꾸는 것밖에 할 수 없었다".

　'나의 전 남편은 쓰레기my_ex_is_a_dick'라는 이름을 사용하는 리벤지 포르노 피해자는 이 폐해가 얼마나 심각할 수 있는지를 지적한다.

결혼을 하고 남편과 함께 집에서 포르노를 만들었어요. 그때는 너무 어리기도 했고 좋은 아이디어라고 생각했죠. 그런데 포르노를 찍고 얼마 안 되어 남편이 바람을 피우고 있었다는 걸 알게 됐고, 헤어졌어요. 그런 동영상을 만들었다는 사실은 까맣게 잊고 살았죠. 그런데 어느 날 동료가 제전남편한테서 아주 재미있는 이메일을 받았다며(둘이 친구였거든요) 링크를 알려주는 거예요. 그 빌어먹을 개자식이 포르노 사이트에 그 동영상을 올린 거였어요. 그리고 가족을 포함해 우리가 아는 모든 사람들에게 링크를 보냈어요. 너무나 수치스러웠어요. 결국 나는 직장을 그만두고 고향으로 이사 가야 했어요. 직장에서도 괴롭힘을 당했고요(공장에서 일했는데 남자들이 많았거든요). 친구들을 만나 어울릴 수도 없었어요.

레딧Reddit(소셜 뉴스 웹사이트), 2014

24세의 피해자 아니샤Anisha는 BBC 채널의 뉴스 프로그램 《뉴스비트Newsbeat》(BBC, 2014b)에서 다음과 같이 밝혔다. 아니샤는 남자 친구가 오직 혼자서만 볼 거라며 그녀의 나체 사진을 찍자고 했을 때 그의 말을 믿었다. 하지만 헤어지고 나서 아니샤의 전 남자 친구는 몇 군데의 웹사이트에 그녀의 사진들을 올렸고 현재는 전 세계 200여 개 이상의 웹사이트에 그녀의 사진들이 올라가 있다. 낯선 사람이 그녀를 알아보고, (사실은 그녀의 전 남자 친구와 이야기를 나눈 것이었지만) 그녀와 이야기를 나눈 적이 있다며 전화 연락을 하고, 메시지와 이메일을 보내고, 페이스북에서 말을 걸고 집에 찾아오기까지 했다. 아니샤는 다른 직장을 알아보고 있다. 고용주가 간단하게 구글 검색만 해도 그녀의 사진을 볼 수 있기 때문이다. 피해자들은 학교를 옮기고 이사를 가고 치료를 받으려 노력하지만, 조롱을 당하다가 결국에는 노바스코샤의 10대 소녀 레테어Rehtaeh처럼 자살을 하는 결정을 하기도 한다(Thanh Ha & Taber, *The Globe and Mail*, 2013). 아니샤가 BBC 《뉴스비트》(BBC, 2014b)에서 지적했듯 가해자가 사진이나 영상에 피해자의 개인 정보를 같이 올리는 '신상 털기doxing'5를 할 경우 피해는 가중된다.

맥아피(McAfee, 2013) 조사 연구에 의하면 피해자 중 2퍼센트는 주민등록번호가 유출되었고, 14퍼센트는 직장 주소, 16퍼센트는 집 주소가 사진과 함께 공개되었다. 이메일 주소는 26퍼센트, SNS 정보는 49퍼센트, 피해자의 본명이 밝혀진 사례는 59퍼센트에 달한다. 직업, SNS 프로필, 거주지 등이 악명 높은 리벤지 포르노 사이트인 이즈애니바디업에 제공되었다(Stroud, 2014). 이런 정보가 올라오면 열람자들은 피해자와 가족, 친구, 직장 상사와 동료의 연락처를 크라우드소싱crowdsourcing6으로 모은 다음 이미지나 관련 링크를 보내고 피해자와 접촉한다(Goldberg, 2014).

5　어떤 사람에 대한 개인적인 또는 그 사람임을 식별할 수 있는 정보를 합의 없이 웹에 공개하는 행위.

6　온라인 커뮤니티에서 대단위 사람들에게 재정 분담을 요청해 콘텐츠를 제작하는 과정.

인생이 급변하고 파탄에 이른다고 호소하는 피해자는 물론, 자살 충동을 느낀다는 피해자와 실제 자살을 실행한 피해자의 수도 증가하는 추세다(Britton, *Macclesfield Express*, 2014년 12월 17일). 캘리포니아에 사는 10대 오드리 포트Audrie Pott는 파티에서 술에 취해 정신을 잃고 있는 동안 성폭행을 당했다. 포트의 나체 사진이 학교와 온라인에 나돌았고 결국 그녀는 스스로 목숨을 끊었다(Plank, *Huffington Post*, 2013). 한 브라질 여성은 남녀 친구와 함께 찍은 섹스 비디오가 온라인에 공개된 뒤 자살했다(Berger, *BuzzFeed News*, 2013). 캐나다에 사는 10대 소녀 아만다 토드Amanda Todd는 그녀의 나체 영상을 찍은 네덜란드 남자에게 협박당했다. 남자는 동영상을 유튜브에 올렸고 전 세계 수백만 명이 시청했다. 이후 토드는 희롱과 학대에 시달리다 스스로 목숨을 끊었다(Keneally, *Mail Online*, 2012). 실제로 가해자들 중에는 피해자의 자살을 노리는 이도 있다고 보고된다(Examiner.com, 2015).

피해자들이 고립감을 느끼는 이유 중 하나는 많은 사람들이 성적 노출 사진이나 동영상을 찍게 내버려뒀다고 피해자를 비난하기 때문이다(BBC, 2014c). 피해자들에 대한 글이 올라오거나 그들이 자신의 경험을 나눈 웹페이지를 살펴보면 이런 정서를 쉽게 발견할 수 있다. BBC《뉴스비트》(BBC, 2014b)에 자신이 겪은 일을 이야기한 아니샤에게 사람들은 다음과 같은 반응을 보였다.

그런 사진을 보내다니… 네 잘못이야. 헤어지고 나서 무슨 일이 벌어질지 알았어야지. 품행이 바르지 않고 어리석은 사람은 보호 받을 이유가 없어!

헌터 무어에 대한 『데일리 메일』(*Daily Mail*, 2014) 기사를 읽은 독자 중 몇 명은 다음과 같은 반응을 보였다.

사진이 유출된 여성들이 안됐기는 하지만 그 일을 뼈아픈 교훈으로 받아들여야 한다고 생각한다. 어떤 상황에서든 나체나 성적 행위를 하는 장면을 사진이나 동영상으로 찍게 해서는 안 된다. 일단 터지면 돌이킬 수 없으니까! 킴 카다시안처럼 도덕하고는 담을 쌓고 사는 사람이 아닌 이상 끔찍한 결과를 맞게 될 것이다.

오늘의 교훈: 누드 사진을 컴퓨터에 보관하지 말라고, 이 바보야!

이런 정서는 강간, 성폭행, 성희롱, 가정 폭력 사건이 일어났을 때 피해자가 문제를 초래했다고 생각하는 일반 대중의 인식을 반영한다. 이런 상황에서는 주로 가해자보다 피해자가 비난을 받는다(Franks, 2013; Citron & Franks, 2014). 이런 점을 고려해 엔드리벤지포르노닷오알지 같은 기관은 피해자와 가족들에게 사례를 익명으로 보고하도록 장려하는 공공 봉사 프로그램을 실행한다. 일반 대중이 이에 대해 언급하거나 관련 활동에 참여하기에 앞서 다시 한 번 생각하도록 유도한다. 미디어에 보고된 개인의 경험은 일반 대중의 인식을 바꾸는 데 도움이 되기 때문이다. 스코티시 위민스 에이드Scottish Women's Aid 같은 단체는 성교육 프로그램에 리벤지 포르노도 포함시켜야 한다고 주장한다. 그들은 건강한 관계란 어떤 것이며 관계를 끝낼 때 어떻게 하는 것이 적절한 행위인지 등의 지침이 필요하다고 믿는다. 리벤지 포르노 불법화도 사람들이 가담하지 못하게 방지하는 또 다른 방편이다. 관련 조치에 대한 자세한 사항은 마지막 장에서 논의할 것이다. 지금부터는 리벤지 포르노 범죄에 대처하기 위해 고안된 정부 대응책과 현행 관련 법규를 자세히 살펴보겠다.

2장

대응책

Responses

법적·정부 차원의 대응[1]

상업적 이득, 또래 집단 내에서의 지위 상승, 복수, 재미 삼아, 기회를 잡으려고, 힘을 얻기 위해 등 리벤지 포르노의 유포 동기는 다양하다. 하지만 법적 차원에서 볼 때 모든 리벤지 포르노의 저변에 깔린 사실은 사진이나 동영상을 찍은 사람이 그 자료를 소유한다는 것이고, 그 권리는 합법적이다. 영국 특허청(UK Intellectual Property Office, 2014)과 미국 헌법과 연방 저작권 법(United States Copyright Office, 2011)에 의하면 이미지 생산자(사진을 찍은 사람)가 저작권을 보유하며 따라서 사진이나 동영상에 찍힌 인물이 동의하지 않는다 해도 생산자는 그 이미지를 자기 뜻대로 처분할 수 있다. 미국에서 실시한 한 조사는 리벤지 포르노 피해자의 80퍼센트가 문제의 이미지를 스스로 만들었기 때문에, 자료에 대한 법적 권리도 그에 따라 부여된다고 말한다(Johnson, 2013).

마이엑스닷컴같이 이미지 삭제 서비스를 제공하는 수많은 웹사이트는 "사진을 등록한 다음 저작권 사무소에서 받은 저작권 등록 번호를 보내주세요. 저작권 등록 번호가 없다면 우리는

---

1 지금부터 소개하는 법적, 정부 차원, 기술적 그리고 정치적 대응책은 이 책을 쓸 당시에 마련된 것들이다. 지금도 모든 상황이 계속해서 변화하고 있다는 점을 독자들에게 환기시키고 싶다.

당신의 이메일을 무시할 것입니다."라고 공지한다. 과연 성적 노출 사진과 자료를 만든 커플 중에 공동 명의로 자료에 대한 저작권을 등록하려는 이가 있을지 궁금할 따름이다. 1998년 미국에서 제정된 디지털 밀레니엄 저작권법DMCA, Digital Millennium Copyright Act에 의하면 피해자는 동의 없이 관련 자료를 사용하는 웹사이트들에게 자료 '삭제' 요청을 할 수 있다. 권리 보호 그룹인 DMCA는 삭제 요청을 하려는 피해자들에게 비교적 저렴한 비용으로 관련 서비스를 제공하고 있다.

작가 소유권 주장은 다양한 온라인 매체에서 아주 쉽게 찾아볼 수 있다. 예를 들어 부인이나 여자 친구 등의 은밀한 사진을 찍는 것에 대해 이야기하는 이짓노멀닷컴 같은 웹사이트에는 "내 마누라 엉덩이야. 내 카메라로 내가 직접 찍었으니까 내가 사용하고 싶은 곳에 사용할 수 있어야 해."라는 내용의 게시물이 올라온다. 이 대목에서 결혼에서의 가부장적 소유권이 노골적으로 드러난다. 또한 리벤지 포르노 피해자가 경찰에 전 파트너를 신고해도 범죄가 성립되기 전이라면, 종종 "파트너의 행동이 악화될 경우를 대비해 가정 폭력 사건 신고 기록을 남겨두는 것이 경찰이 취할 수 있는 최대한의 조치"라는 말을 듣게 되기도 한다(BBC, 2014). 영국에는 현재 이런 범죄를 다루는 법이 있지만 수많은 다른 나라에서는 그렇지 않은 형편이다.

리벤지 포르노를 올린 가해자에게 유죄 판결을 내릴 수 있는 보편적 법률은 존재하지 않는다. 메리 앤 프랭크스는 다음과 같이 말한다(Franks, 2016: 3).

2009년 필리핀은 동의가 이루어지지 않은 포르노그래피에 대해 7년 이하의 징역에 처하는 형법을 신설한 최초의 국가가 되었다.[2] 오스트레일리아의 빅토리아주는 2013년 합의하지 않은 포르노그래피를 불법으로 규정했다. 2014년 이스라엘은 최초로 동의하지 않은 포르노그래피를 성폭행으로 분류했으며 5년 이하의 징역에 처할 수 있게 했다. 캐나다도 같은 해 이 행위를 범죄로 지정했다.[3] 독일과 일본은 현재 리벤지 포르노가 형법 위반 범죄다. 잉글랜드와 웨일즈도 2015년 2월 리벤지 포르노를 형법 위반으로 규정했고, 뉴질랜드는 2015년 7월 리벤지 포르노를 불법화했다. 북아일랜드와 스코틀랜드도 선례를 따라 각각 2016년 2월과 3월에 리벤지 포르노를 불법화했다.

하지만 다른 나라에는 리벤지 포르노 가해자들을 기소하는 법적 토대가 아예 없거나 문화적 측면 때문에 기소하기가 어려운 경우가 많다. 예를 들어, 중국에는 리벤지 포르노나 사이버폭력cyberbullying(사이버 공간에서 특정인을 집단적으로 따돌리거나 괴롭히는 행위. - 편집자 주)에 대처하는 구체적인 법률이 없다(Lyons

---

2 세계 저작권 기구World Intellectual Property Organization, "2009 사진과 비디오 관음증 방지법"(공공법 No. 9995), www.wipo.int/edocs/lexdocs/laws/en/ph/ph137en.pdf.

3 캐나다 하원, 법안 C-13.

외, 2016, p.1). 그래서 '신상 털기 검색 엔진'의 악명이 날로 커져가고 있다. 러시아의 경우 정부가 온라인 학대의 배후에 있는 것으로 보고되기도 한다. 예를 들면 2013년 제정된 동성애 선전에 관련된 법률에 의해 동성애 혐오가 간접적으로 조장되었다. 또한 학대 사건들은 증거가 상대적으로 부재한 상황이라 유죄 판결을 이끌어내기도 매우 어렵기 때문에 조사가 이루어지는 경우가 드물다. 러시아에 리벤지 포르노나 온라인 학대 사건과 관련된 구체적 법률이 없긴 하지만 이론상으로 폭력 위협 금지 표준법으로 다룰 수 있기는 하다. 그러나 경찰이 온라인 폭력을 거의 조사하지 않는 문화에서 많은 리벤지 포르노 피해자들은 리벤지 포르노 피해나 다른 온라인 학대 사건 신고를 꺼리는 실정이다.

그런데 콜롬비아에서는 약간 다른 상황이 보고되었다. 콜롬비아에서 일어난 온라인 성적 학대 사건은 대부분 불법 군사 집단에 의한 정치적 동기와 관련되어 있다. 콜롬비아의 '테이크 백 더 테크 프로젝트Take Back the Tech project'(기술을 이용해 여성에게 가해지는 폭력에 대항하도록 돕는 캠페인. ─옮긴이 주)의 담당자 올가 파즈 마르티네즈Olga Paz Martinez는 "여성 권리 운동가들, 특히 여성에게 가해지는 성폭력에 대해 이야기하는 운동가들에게 종종 온라인 폭력이 자행된다."고 말했다(Lyons 외, 2016). 운동가들은 콜롬비아 사회가 가부장적 권력과 지배에 근거한 '남자다움machismo' 문화에 깊이 뿌리박고 있는 탓에 상황이 더욱 복잡하다고 말한다. 마르티네즈는 "이런 문화에서는 리벤지 포르노에 희생된 수많은 여성들이 그들을 학대한 전 파트너에게 돌아가거나 그들의 평판과 안전을 보호받기 위해 다른 협박적 요구에 굴복한다."고 말한다. 한편 콩고 민주 공화국의 경우 여성 대상 성폭력과 온라인 학대를 심각하게 받아들이지 않거나 완전히 일축해버리기 때문에 상황이 훨씬 더 나쁘다고 한다(Lyons 외, 2016).

오스트레일리아와 스웨덴처럼 '훨씬 발전된' 국가들의 경우는 엇갈린 상황이 펼쳐지고 있다(Lyons 외, 2016). 오스트레일리아는 온라인 학대 사건을 기소할 수 있는 넓은 의미의 형법은 있지만 리벤지 포르노에 관련된 구체적인 법률이 없다. 현재 빅토리아주와 오스트레일리아 남부에는 동의 없이 은밀한 내용의 사진을 공유하는 행위를 범죄로 규정하는 법이 있다. 그리고 2016년 2월 하원 위원회는 이를 전국적으로 도입할 것을 권고했다. 스웨덴도 현재 리벤지 포르노와 관련된 구체적 법률이 없지만 명예 훼손 관련법으로 처벌을 해왔다. 그러나 스웨덴 국가 범죄 예방 위원회가 작성한 「스웨덴 범죄 연구」(Swedish National Council for Crime Prevention, 2015)에 의하면 여성이 신고한 온라인 학대 사건 중 대략 44퍼센트가 현재 또는 전 파트너에 의해 발생했는데, 그중 오직 4퍼센트만 기소되었다. 사건의 40퍼센트 이상은 가해자를 밝히거나 증거를 획득하기가 어렵다는 이유 때문이었다.

미국의 상황 역시 낙관도 비관도 하기 힘들다. 27개 주와 콜롬비아 특별구(워싱턴 D.C.)에는 동의하지 않은 포르노그래피를 금지하는 법이 있다. 텍사스, 알래스카, 뉴저지 같은 주는 넓은 범위의 개인 정보 보호법이 있어서 이 법으로 리벤지 포르노 문제를 다룰 수 있다. 하지만 주마다 형벌에 차이가 있고 법 집행 기관들이 리벤지 포르노 관련 범죄와 혐의를 효과적으로 다룰 만큼 충분히 준비되지 않은 상태라 기소는 여전히 드물다. 미국의 거의 모든 주에 온라인 학대에 반대하는 법률이 있기는 하다. 캘리포니아주는 이를 확장해 온라인 따돌림을 자행하는 대학생들에게 정학이나 퇴학 조치를 취하고 있다(Svoboda, 2014). 메리 앤 프랭크스가 미국 주별로 차별화된 조치 사항을 자세하게 소개했다(Franks, 2016, pp.4-5).

2012년 이전 미국에서 오직 뉴저지, 알래스카 그리고 텍사스에만 동의하지 않은 포르노그래피에 직접 적용할 수 있는 형법이 있었다. 2012년에서 2016년 5월 사이 32개 주(애리조나, 아칸소, 캘리포니아, 콜로라도, 코네티컷, 델라웨어, 플로리다, 조지아, 하와이, 아이다호, 일리노이, 캔자스, 루이지애나, 메인, 메릴랜드, 미시건, 미네소타, 네바다, 뉴햄프셔, 뉴멕시코, 노스캐롤라이나, 노스다코타, 오클라호마, 오리건, 펜실베이니아, 테네시, 텍사스[이전 법 보충], 유타, 버몬트, 버지니아, 워싱턴, 위스콘신)와 워싱턴 D.C.가 이 문제를 해결할 형법안을 통과시켰다. 2016년 8월 현재 미국 24개 주에 '리벤지 포르노'법이 있다. … 사이버 시민 권리 구상의 법안과 기술 관련 정책 부문 이사 메리 앤 프랭크스는 2013년 이래로 미 연방 하원의 캘리포니아 민주당 재키 스페이어 Jackie Speier 의원실과 함께 연방 형법안 작업을 해왔다. '은밀한 개인 정보 보호법Intimate Privacy Protection Act'이라는 이름이 붙은 이 법안은 양당의 지지를 받으며 2016년 7월 14일 하원에 도입되었다.

영국의 리벤지 포르노 불법화의 여정은 리벤지 포르노 사건이 증가함에 따라 국립 스토킹 전화 상담 센터, 위민스 에이드, 영국 안전 인터넷 센터를 포함한 몇몇 국가 자선 단체들과 함께 2014년 4월에 시작됐다. 2012년 1월 1일부터 2014년 7월 1일 사이 잉글랜드와 웨일즈의 8개 지역 경찰에 신고된 리벤지 포르노 혐의는 149건이었다. 2014년 11월 12일 형사 사법 및 법원 법안Criminal Justice and Courts Bill에 관련 개정안이 포함되었고, 2015년 2월 16일 왕실 승인을 받았다(Parliament. UK, 2015). 스코틀랜드에서는 학대 행위와 성폭력 법Abusive Behaviour and Sexual Harm Bill이 2015년 10월 8일부터 효력을 발휘했다. 이 새로운 법률에 의하면 문자 메시지로 보낸 이미지는 물론, 페이스북과 트위터를 포함한 소셜 네트워크에 보낸 이미지에 대해서도 법을 적용할 수 있다. 따라서 가해자는 이제 2년까지 감옥에 구금될 수 있다. 2016년 초 북아일랜드도 리벤지 포르노를 불법화하는 법안을 통과시켰다.

루크 킹Luke King은 영국에서 리벤지 포르노로 기소된 최초의 인물이다. 남부 더비셔주 치안법원은 여자 친구와 3년간 사귀고 헤어진 뒤 그녀의 노골적인 성적 이미지를 온라인에 게재한 행위에 유죄를 선고했다. 킹은 12주간 구금되었다(*Nottingham Post*, 2014년 11월 12일). 2015년 11월 서맨사 와트Samantha Watt는 전 여자 친구의 노골적인 성적 이미지를 페이스북에 올려 여성으로서는 최초로 감옥에 간 인물이 되었다. 그녀는 16주간 구금되었다(Matharu, 2015).

이스라엘 국회는 2014년 초 리벤지 포르노를 불법화했고, 이를 위반하면 5년 이하의 징역을 살도록 법을 정했다. 이스라엘 예시 아티드Yesh Atid당 소속 정치인이자 사회사업가인 MK 이펫 카리브MK Yifat Kariv는 '한 젊은 여성이 파트너와 성관계하는 영상을 찍었는데 두 사람이 헤어진 후 문제의 영상이 모바일 채팅 앱 왓츠앱WhatsApp에 올라가 수천 명에게 전송된 사건'(Y Net News, 2014)이 발생한 후, 국회에서 당시 15년 동안 정체되어 있었던 성추행 방지법의 개정을 이끌었다. 이스라엘의 선례를 따라 독일도 코블렌츠Koblenz 지역 고등법원이 전 파트너의 노골적인 성적 사진을 유포한 남성에게 유죄를 선고하면서 2014년 5월 리벤지 포르노를 불법화했다. 하지만 오직 그 여성의 노출 사진만 삭제할 수 있었다(*The Guardian*, 2014년 5월 22일). 일본의 리벤지 포르노 불법화 작업도 2013년 도쿄에 사는 한 남성이 전 여자 친구를 살해한 후 여성의 사진과 영상을 인터넷에 올린 사건 이후 급물살을 탔다(*The Japan News*, 2015).

이스라엘, 독일, 영국, 일본은 전국적으로 적용되는 국가 단위의 법을 보유하고 있지만 미국에는 아직 리벤지 포르노를 다루는 연방 차원의 법이 없다. 현재 리벤지 포르노를 다루는 여러 가지 법이 혼재되어 있거나, 나체 노출 등 포괄적으로 리벤지 포르노를 다루는 법이 알래스카, 애리조나, 캘리포니아, 콜로라도, 델라웨어, 조지아, 하와이, 아이다호, 일리노이, 메릴랜드, 뉴저지, 펜실베이니아, 텍사스, 유타, 버지니아, 위스콘신 주에서 통과되었거나 계류되어 있는 상태다(Goldberg PLLC, 2015). 뉴저지와 캘리포니아는 리벤지 포르노를 불법화한 최초의 주다.

인기가 많고 상업적 잠재력이 뛰어난 리벤지 포르노의 특성상(Ridley, *Huffington Post*, 2015년 2월 12일) 보편적 국제법 없이는 그 성장세를 막기가 매우 힘들 것으로 예상된다. 수많은 리벤지 포르노 사이트의 서버가 사이트 운영이 이루어지는 곳이 아닌 다른 나라에 있기 때문이다. 마이엑스닷컴 서비스와 웹사이트는 익명의 미국인 여러 명이 필리핀에 있는 동료들과 합작해서 운영하는 것으로 알려져 있다(Steinbaugh, 2014). 이전에는 웹 솔루션스 B.V. 네덜란드Web Solutions B.V. Netherland가 마이엑스닷컴의 플랫폼 호스팅을 했는데, 이는 네덜란드에 구체적인 리벤지 포르노 법이 없었기 때문이다. 하이프 스탯(Hype Stat, 2016, p.1)은 마이엑스닷컴이 현재는 캘리포니아주 샌프란시스코에서 호스팅을 하며 네트워크 IP 104.20.4.158로 연결된다고 주장한다. 웹사이트가 이동하고 리벤지 포르노 법률이 없는 나라에서 운영되며 세계적으로 뻗어나간다는 점을 고려할 때 이런 사이트들을 폐쇄하거나 사이트에 올라온 이미지를 없애기는 매우 어렵다. 마이엑스닷컴 같은 사이트들은 법을 지킨다고 주장하지만 가해자에게 유리하게 돌아가도록 조작이 가능하다. 앞서 언급했듯 피해자는 이미지를 삭제하기 전에 저작권 등록 번호를 받아야 한다. 그리고 삭제를 요청하면 문제의 이미지가 더욱 주목을 받게 될 수 있다.

현재 영국에서는 리벤지 포르노가 불법이고, "2년 반 동안 잉글랜드와 웨일즈 8개 지역 경찰에 기록된 관련 혐의 149건"(Kelsey, 2015)이 있음에도 불구하고 43개 지역 경찰 대다수는 리벤지 포르노 자료를 수집하지도 않았다. 피해자들이 가해자를 법의 심판대로 끌어내려 할 때 부딪히는 어려움을 고려해 대안을 찾는 이들도 있다. 예를 들어 미국의 지원 그룹인 위민 어게인스트 리벤지 포르노는 피해자에게 관련 법이 없을 경우 사생활 침해나 정신적 학대로 고소를 하거나, '셀카'로 찍은 이미지가 공개되었을 경우에는 디지털 밀레니엄 저작권법으로 고소하라고 조언한다(Women Against Revenge Porn, 2015). 사실 마이엑스닷컴은 구글, 야후와 함께 "연방 지방 법원 텍사스 동부 지구에 저작권 위반으로 고소당한 상태였다"(Steinbaugh, 2014). 구글은 리벤지 포르노 저작권 사건에 합의했지만 야후와 마이엑스닷컴 관련 건은 기각되었다. 영국에서는 피해자가 저작권 침해로 소송을 제기할 수 있다. 그러나 현재 영국의 "법은 언론의 자유를 보호하기 위해 사용자가 올린 콘텐츠에 대해 인터넷 회사는 책임이 없는 것으로 본다"(Barrett, *The Telegraph*, 2015년 4월 13일). 스코티시 위민스 에이드의 엘리 허친슨Ellie Hutchinson은 많은 여성들이 직접 "며칠, 몇 주, 몇 달, 몇 년에 걸쳐 자신의 이름과 이미지를 검색하고 있는데 이는 그들의 정신 건강, 직업, 인간관계에 심각한 영향을 미친다."고 지적한다(Hutchinson, 2014). 이렇게 일상이 지연되고 처벌이 연장되는 과정 중에 피해자를 돕는 일련의 지원 활동이 있다.

전 영국 여성평등부 장관 니키 모건Nicky Morgan은 2015년 2월 리벤지 포르노 전화 상담 센터Revenge Porno Helpline를 발족했다. 피해자는 이 웹사이트에서 영국의 법률, 리벤지 포르노가 미치는 영향을 제한하고 억제하기 위해 할 수 있는 조치, 페이스북, 트위터, 텀블러 같은 소셜 미디어 플랫폼을 이용하는 법, 구글, 야후 같은 인터넷 검색 엔진에서 이미지를 삭제하고 위반 사항을 신고하는 방법 등의 정보를 무료로 다운받을 수 있다. 피해자들을 돕는 또 다른 기관들도 있다. 그들은 이미지 삭제, 리벤지 포르노로 인한 부정적인 결과 또는 (새로운 성적 파트너와의 관계에도 영향을 미칠 수 있는) 후유증을 다루는 데 도움을 준다. 위민스 에이드, 브로큰 레인보우, 국립 스토킹 전화 상담 센터, 빅팀 서포트Victim Support, 엔드리벤지포르노, 빅팀스 오브 인터넷 크라임Victims of Internet Crime, VOIC, 디지털 신뢰 재단Digital Trust Foundation 등이 이런 활동을 한다.

피해자를 지원하는 기구들은 매우 중요하다. 그리고 최소한 이론적으로 몇몇 관할 구역에서는 민법을 이용할 수 있는 가능성도 있다. 하지만 개인 소유권과 (이의 제기가 가능한) '합의'라는 문제 때문에 현실적으로 매우 어렵다. 신문에 난 민사 소송 몇 건 중 2015년 12월 텍사스 법원 판결이 주목할 만하다(Tynan,

The Guardian, 2016년 4월 26일). 텍사스 법원은 빈두 파리야르Bindu Pariyar의 전 남편이 다양한 온라인 플랫폼에 그녀의 성적 노출 이미지를 올린 것에 대해 피해 보상금 725만 달러를 지급하라는 판결을 내렸다. 그러나 파리야르는 보상금의 상당 부분을 받을 수 없을 거라고 믿으며 상처도 돌이킬 수 없다고 말했다.

이번 섹션을 마무리하며 우리는 프랭크스가 제시한 리벤지 포르노 관련 모범 법률 권고안을 인용한다. 이는 미국의 상황에 기반해 쓰였다(Cooper, 2016도 참조).

행위자(게시자)는 식별이 가능하거나 신원 정보가 같이 드러난, 또는 은밀한 신체 부위가 노출되거나 성행위를 하는 인물의 이미지를 부지불식간에 공개할 수 있다. 그런데 행위자는 이미지에 묘사된 인물이 그 이미지를 공개하는 것에 합의하지 않았다는 본질적이고도 정당화할 수 없는 위험을 알고 있거나 그것을 의도적으로 무시했을 수 있다. [행위자는 이미지에 묘사된 인물이 그것이 당연히 공개되지 않으리라 생각했을 것이라는 사실도 알고 있거나 의도적으로 무시했을 수 있다. 신뢰 관계가 형성된 상황에서 이 섹션에 기술된 이미지 제작과 유포에 동의한 인물은 관계가 끝난 이후에도 사생활이 지켜질 것이라는 합리적인 예상을 한다. 이 섹션에서 기술한 이미지 제작, 유포 또는 그에 대한 접근에 동의하지 않은 사람은 그 이미지에 대해 사생활 보호가 이루어질 거라는 합리적인 예상을 한

다.]**4**

A. 용어 정의.

　1. '공개'는 이전, 발행, 배포 또는 재생산을 포함한다.

　2. '이미지'는 사진, 필름, 비디오테이프, 녹음, 디지털 또는 다른 복사본을 포함한다.

　3. '은밀한 신체 부위'는 가려지지 않은 성기, 음부, 항문 또는 사춘기가 지난 여성의 유두를 의미한다.

　4. '성행위'는 자위행위, 성기, 항문, 또는 구강성교를 포함하며 그에 국한되지 않는다. 사물을 이용한 성기 삽입, 또는 묘사된 인물의 신체 부위로 정액을 옮기는 행위를 포함한다.

B. 예외 조항. 이 섹션은 다음의 사항에는 적용되지 않는다.

　5. 자발적으로 공공 또는 상업적 상황에서의 노출과 관련된 이미지.

　6. 공공의 이익을 위해 공개된 이미지를 말하며, 불법 행위 신고, 법 집

4　'사생활 보호가 이루어질 거라는 합리적인 예상' 관련 부분을 […] 괄호로 묶은 이유는 그것을 포함할 때의 장단점 때문이다. 이런 표현을 포함하면 상업적 또는 공적 상황에서 자발적으로 만들어진 이미지에는 이 권고안이 적용되지 않는다는 사실을 강조한다는 장점이 있다. 예외 조항 B(5)에서 이미 다루었지만, 이 부분을 포함시키면 이 점을 더욱 강조하는 데 도움이 될 것이다. 단점은 두 가지 차원에서 생각해볼 수 있다. ① '사생활 보호가 이루어질 거라는 합리적인 예상'이라는 표현은 (사생활과 관련된) 미국 수정 헌법 제4조의 교조적 특징을 고려할 때 해결보다는 모호성을 강조할 수 있다. ② 이 표현은 해킹에 의한 피해를 포함해 공개적 또는 반⁺공개적 상황에서 발생한 성폭력과 관련된 사안에 적용시키기에는 어색한 면이 있다. 사생활을 하나의 요소로 포함시키려면 이런 문제를 확실하게 논의하면서 신중을 기해야 할 것이다.

행에서 합법적이며 일반적인 관행, 범죄 신고, 법적 절차 또는 의학 치료를 위한 노출을 포함하나 그에 국한되지 않는다.

C. 분리 가능성

7. 이 섹션의 조항은 분리 가능하다. 이 섹션의 특정 조항이나 그에 대한 적용이 무효해도, 그 무효성은 그에 영향 받지 않는 다른 조항이나 적용 사항에 영향을 미치지 않는다.

이런 종류의 규정이 세계 각지에서 특정한 사회적·문화적 상황에 따라 법적 대응과 정부 대응으로 변용될 필요가 있다.

기술적이고 정치적인 대응

법적, 정부 차원의 대응과 겹쳐지면서 추가적으로 고려해보아야 할 다양한 리벤지 포르노 대응책이 있다. 이 중 몇 가지는 기본적으로 기술적이고, 그 외에 다른 것들은 지원 체제에 좀 더 초점을 두며, 보다 공적이고 정치적인 것들도 있다. 물론 이런 다양한 갈래의 대응책들은 서로 연결되어 있고, 기술적 대응과 지원이 다소 다른 방향으로 인도되는 경향이 있기는 하지만 종종 그 자체로 정치적 형태를 띤다. 기술적 대응은 게시자·생산자 지향적이고 온라인 과정에 초점을 맞춘다. 지원 대책들은 온라인과 오프라인 양쪽에서 피해자·이미지에 나온 인물에 좀 더 집중한다. 정치적 대응책은 온라인과 오프라인에서 피해자·소비자, 가해자·생산자 양측 모두를 대상으로 이루어진다.

기술적 대응책 면에서 우리는 관련 웹사이트와 웹 게시판, 3G~5G와 같은 다양한 종류의 모바일 기술을 소유하고 운영하는 이들이 콘텐츠를 통제하는 방식에 관심을 둔다. 이들은 구체화된 뚜렷한 규칙 또는 드러나지 않은 알고리즘적 솔루션을 이용한다. 익명 소셜 채팅 앱인 이크야크YikYak는 최근 몇 년간 학대 행위 퇴치를 위해 좀 더 엄격한 규칙을 적용해왔다. 소셜 뉴스 웹사이트 레딧은 학대로 인해 새로운 사용자가 발길을 돌릴지도 모른다는 우려에 대처하기 위해 회원들이 불쾌한 콘텐츠를 관리자에게 신고할 수 있게 하고 있다.

또 다른 간단한 대처 방법은 관리자 숫자를 늘리고 전문성을 강화하는 것이다. 사람이 직접 감시하지 않아도 온라인 활동을 모니터링할 수 있는 다양한 기술이 있다. 예를 들어, 온라인 게임 중에 부정적인 행동을 탐지해서 게임을 하는 사람들에게 직접 경고 메시지를 보내도록 프로그램되어 있는 것들이 있다. 물론 이런 조치들은 온라인 사이트나 활동에만 적용되며 리벤지 포르노 자체를 방지하기 위해 고안된 것은 아니다. 이런 조치 이상의 것을 실행하려면 온·오프라인에서 정치적인 행동이 좀 더 이루어져야 한다.

지원에 역점을 두는 대응, 좀 더 명확하게 말하자면 정치적인 대응은 매우 광범위하며 친구들, 가족, 동료, 많은 지인 등과 관련된 문제의 정치화까지로도 이어질 수 있다. 이런 대응 방식은 공격을 심각하게 받아들이는 것에서부터 시작한다. 좀 더 일반적인 사이버 폭력을 경험한 이들에게 주는 즉각적인 조언은 다음과 같다.

- 대응하거나 반응하지 않는다. 학대 수위가 비교적 약한 경우에는 소위 "무슨 말인지 안 들려." 전법이 효과적일 수 있다. 문제의 인물의 소셜 미디어 프로필을 차단하거나 그저 응대하지 않는다. … 트롤링을 하는 사람은 당신이 흥분하기를 원한다. 반응하지 않으면 그들은 흥미를 잃는다.
- 담당자에게 신고한다. 인신공격이나 저속한 표현을 담은 폭력적이고 모욕적인 메시지를 경찰이나 온라인 게시판 관리자 등에게 신고한다.
- 전문가에게 상담을 받는다. 온라인 공격 때문에 자신의 가치를 심각하게 의심하는 정도에 이르렀다면 전문 치료사에게 상담을 받으라. 사이버상에서 괴롭힘을 조장하는 사람들은 당신이 이전에 경험해보지 못한 아주 자극적이고 즉각적인 반응을 이끌어내는 기술이 탁월하다. 그런 것을 다룰 때는 도움이 필요할 것이다.

엘리자베스 스보보다, "가상 공격", 2014

이런 제안은 도움이 될 수 있고 사회적 지원 요청도 필수적이지만 이런 조언 중 당국 관계자에게 신고하기 같은 부분은 리벤지 포르노를 지지하고 확산하도록 설계된 웹사이트에서는 효과가 없을 것이다. 또한 '주민참여'라는 사다리의 가장 낮은 단계인 치료therapy(Arnstein, 1969)에 의지하는 일이 특정 공격을 넓은 의미의 학대 현상으로 보는 것처럼 좀 더 일반적인 정치적 상황을 바꾸는 데 필요할지는 의문의 여지가 있다. 한편 가해자를 '호명calling out'하거나, 가해자가 이전에 올린 바로 그 자료를 패러디하는 식으로 공개에 대한 금기를 깨버리고 반격하면서 좀 더 노골적인 정치적 전략에 따라 대응하는 피해자들도 있다.

제한적인 정의의 측면에서 볼 때 엄밀하게 리벤지 포르노 사건이라고 할 수는 없지만, 케이틀린 세이다Caitlin Seida의 경우를 살펴보겠다. 케이틀린 세이다는 영화 《툼 레이더》의 라라 크로프트처럼 몸이 드러나는 옷을 입은 사진이 유포된 뒤 수많은 악플에 시달리는 악몽 같은 경험을 했다. 세이다는 라라 크로프트 의상을 입고 '실내 화보 촬영boudoir photo shoot'(침실 등 개인적인 공간에서의 모습을 연출한 노출 사진. – 편집자 주)을 연출하는 식으로 대응했다(*Daily Mail*, 2013년 10월 4일). 이후 그와 같은 온라인 폭력에 맞서 싸우는 지원 캠페인이 이어졌다. 아이필딜리셔스닷컴 ifeeldelicious.com 같은 웹사이트는 그런 상황에 대처하는 방법을 피해자들에게 제공한다(Svoboda, 2014). 리벤지 포르노에 대응하는 데 있어서 관련 교육과 기관 지원은 매우 중요하다. 여기에 추가적으로 온라인에서의 정치적 공동체 형성, 정신 건강에 관한 조언과 상담을 위한 지원과 교육이 포함된다.

이집트에서는 최근 직접적인 반격 사례가 보고되었다(Baker, 2016, p.1).

2009년 어느 날 저녁 18세의 이집트 소녀 가디어 아메드Ghadeer Ahmed는 친구들과 춤을 추고 놀며 시간을 보내고 있었다. 그녀는 드레스를 입었고 히잡은 쓰지 않고 있었다. 아메드가 춤추는 장면을 한 친구가 촬영했고, 아메드는 그 동영상을 남자 친구에게 보냈다. 그런데 두 사람이 헤어진 후 아메드의 전 남자 친구는 그녀를 모욕하기 위해 그 동영상을 온라인에 올리고 아메드의 가족에게도 보냈다. 아메드는 BBC의 《셰임 온라인Shame Online》 시리즈에 출연해 다음과 같이 말했다. "우리의 몸은 우리 것이 아닙니다. 남자 가족들의 것이지요. 또한 가족의 명예를 담는 그릇입니다. 그 동영상이 제 부모님에게 수치심을 안겨줄 거라는 생각이 들어서 두려웠어요. 친구들과 이웃이 아버지가 나를 '착한 딸'로 기르지 못했다고 비난할까 봐 걱정이 됐고요."

가디어는 여권 운동가로 활동하며 현재 이집트 사회에서 여성의 지위를 위해 투쟁하는 '걸스 레볼루션Girls' Revolution'이라는 단체를 이끌고 있다. 충분히 예상되는 바이지만, 소셜 미디어에서 활동하는 이 단체에게는 트롤들이 많이 꼬인다. 2014년에는 어떤 트롤이 가디어가 춤추는 장면을 찍은 동영상을 올려 그녀를 자극했다.

이에 가디어는 똑같은 동영상에 다음과 같은 내용의 자막을 달아 자신의 페이스북 페이지에 업로드했다. "어제 몇몇 남자들이 수치심을 주기 위해 내가 친구들과 춤추는 사적인 동영상을 온라인에 올렸습니다. 그 동영상에 나온 사람은 내가 맞습니다. 하지만 나는 내 몸에 수치심을 느끼지 않습니다. 나에게 오명을 씌우려는 자들에게 경고하는데, 페미니스트로서 나는 동양 사회에 여전히 지배적인 여성의 몸에 관한 그릇된 사회적 관념을 극복했습니다. 나는 언니의 결혼식 때 매우 짧고 노출이 있는 드레스를 입고 여러 사람들이 보는 앞에서 즐겁고 행복하게 춤을 추었고, 그때 그랬듯이 이번에도 전혀 수치심을 느끼지 않습니다. 남자들에게 묻고 싶군요. 당신들을 거슬리게 하는 게 뭐죠? 내가 매춘부라고 생각되어서인가요, 아니면 매춘부라고 생각되는 내가 당신들과 자지 않아서인가요? 내 몸은 수치심의 원천이 아닙니다. 그래서 나는 이 동영상에 대해 아무것도 후회하지 않습니다."

가디어의 게시물과 그녀가 자신의 이야기를 BBC에 공개한 일은 가부장적 문화 속에 사는 여성들이 급진적인 방식으로 그들에게 요구되는 기대와 압력에 저항한 사례다. 가디어는 "함께하면 우리에게 두려움과 수치심을 주는 문화를 바꿀 수 있어요. 우리는 함께 생존할 수 있습니다."라고 말하며 비슷한 상황에 처한 여성들이 다른 누군가에게 도움을 청할 수 있게 용기를 얻기를 바라고 있다.

한 14세 피해자는 누군가가 페이스북의 '셰임 페이지shame page'에 반복적으로 자신의 나체 사진을 게재하게 내버려둔 것에 대한 책임을 물어 페이스북을 상대로 소송을 제기했다(Topping, 2016, p.1). 이 소송으로 인해 소셜 미디어 사이트를 상대로 소송 관련 조언을 얻고자 하는 수많은 피해자들이 자극을 받았다.

페이스북 측은 신고가 들어온 후 문제의 이미지를 몇 번이나 삭제했다고 하지만 피해자는 이미지가 원천적으로 완전히 봉쇄되지 않았기 때문에 시간이 지나자 다시 나타났다고 주장했다. 소녀의 법적 대리인은 이는 사적 정보 남용이며 데이터 보호법을 준수하지 않은 직무 태만이자 과실이라고 주장했다.

그러나 페이스북은 불만 사항에 대한 신속한 대처만을 요하는 현행 EU법을 따랐으므로 어떤 콘텐츠가 반복적으로 올라오는 일에 대해 책임을 질 것이 없다는 입장을 표명했다.[5] 하지만 대법원 판사가 이를 일축했고 사건의 심리를 2017년에 진행했

---

[5] 2017년 5월 21일, 온라인 콘텐츠가 올라오는 것을 체크하는 페이스북 관리자 4,500명이 사용하는 매뉴얼 규정의 일부가 공개되었는데, 『가디언』지에 유출된 것으로 추정된다. 이 중 리벤지 포르노그래피에 대한 발췌본을 수록했다. 다음 부분을 참조하라(Hopkins, *The Guardian*, 2017년 5월 21일).

리벤지 포르노(1)
현 정책
고수위: 리벤지 포르노는 타인의 누드 또는 누드에 가까운 사진을 공개적으로 공유하거나 보여주고 싶지 않은 사람들에게 공개해 수치심이나 모욕감을 주려는 행위다.
학대의 기준:
6. 다음의 사항에 해당하는 성적인 이미지를 이용하려는 시도
• 공유된 이미지가 다음의 세 가지 조건을 충족하면 '리벤지 포르노'다.
1. 사적인 상황에서 만들어진 이미지.
2. 이미지 속 인물이 누드이거나 거의 누드인 상태 또는 성적 행위를 하고 있는 경우.
3. 다음에 근거해 동의가 없었다고 판단될 경우:
• 앙심을 품은 상황(예: 자막, 코멘트 또는 페이지 제목에 표현이 되는 상황)
• 외부 출처(예: 미디어의 보도 또는 법률 집행 기록)

5월 22일, 페이스북은 2017년 1월에 54,000건에 가까운 잠재적 리벤지 포르노그래피와 '성 착취' 사례를 가려내었고, 그로 인해 14,000개의 계정이 비활성화되었다고 보도되었다. (Hopkins & Solon, *The Guardian*, 2017년 5월 22일)

다. 토핑(Topping, 2016, p.1)은 심리의 결과와 무관하게 "리벤지 포르노 피해자들 앞에 서 있는 다른 여러 가지 장벽을 허무는 데 유명한 사건 하나만으로는 힘들 것이다."며 소셜 미디어와의 법적 공방의 어려움을 토로했다.

대니카 존슨Danica Johnson(Johnson, 2013, p.1)은 리벤지 포르노에 대항하는 방법에 대한 짧지만 매우 유용한 글을 소개했다. 존슨은 사진을 호스팅한 서비스 업체와 접촉하고, 리벤지 포르노를 불법화하고, 정신적·정서적 지원을 받으며, 무엇보다 이것은 결코 정상적이지 않은 강간 문화임을 기억하라고 강조한다.

1. 사진을 호스팅한 서비스 업체에 접촉한다.

먼저, 가능하다면 인터넷에 올라간 사진을 내린다. … 이머저Imgur같은 이미지 호스팅 웹사이트들은 소송을 피하려 한다. 이런 웹사이트는 고소당하지 않는 데는 관심이 많지만 리벤지 포르노를 올리는 괴물들을 보호하는 데는 그다지 관심이 없다.

단호하고 강력하게 대응하라. 그리고 법적 소송을 하겠다고 위협하라. 이것이 공개된 이미지 호스팅 사이트에 올라간 사진을 제거하는 가장 쉬운 방법이다.

그런데 사진이 내부적으로 올라가는 마이엑스닷컴 같은 사이트에는 어떻게 대처해야 할까? 더 노력해야 한다. 법을 바꿔야 할 필요가 있다.

2. 리벤지 포르노 불법화 작업을 실시한다.

3. 정신적·정서적 지원을 받는다.

4. 기억하라. 이것은 결코 정상적이지 않은 강간 문화다.

… 이것은 그저 강간 문화와의 전쟁에서 벌어지는 수많은 전투 중 하나일 뿐이다. 그러나 이런 착취 행태를 소리 내서 알리고, 사람들에게 왜 이것이 괜찮지 않은지 교육하고, 이 관행을 불법화하기 위해 우리 모두가 함께 노력해야 한다. 당신의 권리를 주장하라.

몇몇 신문과 기타 '뉴스' 미디어들이 광고의 수단이자 터무니없는 분노를 일으킬 목적으로 리벤지 포르노 현상을 이용한 것은 사실이다. 하지만 리벤지 포르노 반대 캠페인을 활발하게 펼쳐온 언론도 있다(Penny, 2014, p.162). 예를 들어 『가디언』의 캠페인 프로젝트, '더 웹 위 원트the web we want'는 기자에게 가한 폭언을 포함한 온라인 학대에 반대하는 활동을 벌이고 있는데, 온라인에서 가장 심한 학대를 당한 기자 10명(8명이 여성이고 2명은 흑인 남성이다)과 함께하고 있다. 좀 더 보편적으로는 국가적이고 세계적인 차원의 정치 지도력이 필요하다. 영국에서는 2016년 7월, 당을 초월해 노동당과 보수당 그리고 자유민주당 소속 정치인들이 함께 '인터넷을 되찾자Reclaim the Internet'라는 이름의 온라인 여성 혐오 퇴치 캠페인을 시작했다. 이 캠페인은 개인, 기관, 사주, 노조, 피해자, 경찰 그리고 기업의 협력과 기여를 촉구했다(Laville, Wong, & Hunt, *The Guardian*, 2016년 4월 11일).

현재 다수의 페미니스트, 페미니스트들이 주도하는 웹사이트, 캠페인, 기관이 더욱 일반적인 차원에서 리벤지 포르노와 온라인 학대에 맞서 싸우고 있다. 크래시 오버라이드 네트워크Crash Override network, 가제트Gadgette, 위민, 액션 앤 더 미디어Women, Action and the Media, WAM, 트롤버스터즈TrollBusters(Alexander, *The Guardian*, 2016 참조), 엔드리벤지포르노, 사이버 시민 권리 구상CCRI, 위드아웃마이콘센트Without My Consent, 아미 오브 쉬 Army of She, 위민 어게인스트 리벤지 포르노Women Against Revenge Porn(Johnson, 2013), 페미니스트커런트닷컴feministcurrent.com, 에브리데이페미니즘닷컴everydayfeminism.com, 아프쉬크리Aufshcrei, 솔리데리티이즈퍼화이트위민Solidarityisforwhitewomen 등이 이 범주에 속하며 그 밖에도 많다. 이들이 보유한 정보의 상당량이 그대로 온라인에 올라가 있고 계속해서 업데이트되며 발전하고 있다.

에브리데이페미니즘닷컴에서 리벤지 포르노에 대응하는 구체적이며 광범위한 페미니스트 대응이 어떤 것인지를 보여주는 일례를(Finch, 2015) 찾아볼 수 있다. 이는 리벤지 포르노 반대 운동의 구체적 사례로 시작된다.

[크리시] 체임버스Chrissy Chambers는 미국 LGBTQIA+(Lesbian, Gay, Bisexual, Transgender, Queer, Intersex, Asexual의 약자로 레즈비언, 게이, 양성애자, 트랜스젠더, 퀴어[성적 지향이 확실하지 않은 사람], 간성[남성과 여성의 성적 특징이 동시에 나타나는 상태], 무성애자 등의 성소수자들을 통칭한다. ‑편집자 주) 운동가이자 유튜브 스타다. 체임버스는 영국에서 리벤지 포르노를 올린 그녀의 전 파트너를 상대로 민사와 형사 소송을 제기한 최초의 인물로 역사를 쓰고 있

다. 체임버스의 이야기는 끔찍하지만 전혀 낯설지 않다. 체임버스가 당시 남자 친구에게 잠시 휴지기를 갖고 관계에 대해 생각해보자고 하자, 그는 만나서 이야기할 것을 제안했다. 그들은 만나서 함께 술을 마셨는데 체임버스가 심하게 취하자 전 남자 친구는 그녀를 성폭행하고 그 장면을 촬영했다. 그녀는 거의 의식이 없는 상태였고 성관계에 동의하지도 않았다.

체임버스는 촬영은 물론이고 그날 밤 일을 전혀 기억하지 못한다고 말했다. 두 사람이 헤어진 후 전 남자 친구는 영상을 인터넷에 올렸고, 이는 결국 35개 포르노 사이트로 퍼져나갔다. 그는 체임버스의 얼굴과 이름을 모두 공개했고 자기 얼굴만 흐릿하게 처리했다. 체임버스는 애틀랜타 경찰에 강간으로 전 남자 친구를 신고했다. 하지만 경찰은 기소를 하지 않기로 했다. 이것은 전혀 놀랍지도 않다. … 그래서 체임버스는 영국에서 정의를 찾겠다는 용감한 결정을 내렸다. 그녀의 전 남자 친구가 영국에서 영상을 올렸기 때문에 그녀는 관련 건으로 영국에서 고발을 할 수 있었다. …

체임버스는 기소가 가능한지 심리를 기다렸고 2015년 4월 경찰과 인터뷰를 했다. 현재 체임버스는 유튜브를 플랫폼 삼아 미 하원에 미국 내 리벤지 포르노 불법화 법안을 통과시키라는 청원을 포함한 리벤지 포르노 근절 운동을 하고 있다.

이 이야기는 리벤지 포르노에 대한 여섯 개의 선언과 그것의 확장된 논의를 알리는 서곡이다.

1. 누구나 리벤지 포르노의 피해자가 될 수 있지만, 불균형적

으로 여성 피해자가 많다.

2. 리벤지 포르노는 성폭력의 한 가지 형태다.

3. 리벤지 포르노가 강간 문화가 만든 산물이라는 점을 부정할 수 없다.

4. 피해자에게 끼치는 영향은 파괴적이고 위험하다.

5. 사람들은 돈을 더 벌기 위해 피해자를 착취하고 있다.

6. 리벤지 포르노를 게재하는 행위에 관해 법이 미치는 영향은 거의 없는 실정이고 설령 있다 해도 매우 미미하다.

마지막으로 온·오프라인 모두에서 좀 더 직접적이고, 때로는 신체를 이용해 저항을 표현하는 다양한 방식이 있다. 이 중 아마도 가장 유명한 것은 '프리더니플Free the nipple'(가슴 노출을 허하라) 캠페인일 것이다. 이 캠페인은 미국에서 시작되었고, 2014년 헌터 리처즈Hunter Richards가 각본을 쓰고 리나 에스코Lina Esco가 감독을 맡아 연출한 동명의 영화에 의해 촉발되었다. 이 영화는 여성의 공개적인 가슴 노출에 대한 사회적 금기를 좀 더 넓은 차원의 사회적 문제로 논의하는 것을 목표로 했다. 이 캠페인은 2015년 아이슬란드에서 일어난 사건으로 탄력을 받았다. 한 젊은 여성이 젠더 평등을 장려하기 위해 스스로 상의를 탈의한 사진을 온라인에 올렸다가 그로 인해 온라인 폭력을 당하게 된 사건이다. 이에 페미니스트들은 '프리더니플' 캠페인으로 대응했다. 수많은 여성이 그녀를 지지했고, 2015년 3월 26일에는 여러 학교, 대학, 아이슬란드 국립대학, 수영장과 국회 바깥에서 '프리니플스데이Free Nipples Day'(가슴 노출의 날) 행사를 개최했다.

시위 당일의 모습은 다음과 같았다.

상의 탈의를 한 여성들의 사진이 수치를 줄 목적으로 소셜 미디어에 올라오면서 인터넷에서 여성에게 수치심을 주는 데 저항하는 시위가 시작되었다. 이 캠페인은 마땅히 수치심을 느껴야 할 대상, 즉 여성들의 수치심을 자극할 목적으로 사진을 올린 자들이 부끄러움을 느끼게 하는 것이 목적이며, 여성들이 자신의 상반신 탈의 사진에 프리더니플 해시태그를 달아 트위터에 올리면서 시작되었다. 이 캠페인의 참가자들은 여성의 유두는 성적 대상화되지 말아야 하며 남성과 마찬가지로 여성도 얼마든지 상의를 탈의할 수 있어야 한다고 선언한다.

「아이슬란드 모니터」,

"#FreeTheNipple을 실행하기 위해 백주대낮에 여성들이 모이다", 2015

이어진 2016년 6월 13일 공공 행사에서는 1,100명 이상의 사람들이 참석을 약속했다. 흥미롭게도 캠페인 활동에 관한 사진과 정보는 아이슬란드 국립 박물관 내 여성역사관의 '여성의 장소A Women's Place'에 전시되어 있다. 여성의 장소는 1915년부터 2015년까지의 아이슬란드 여성의 직업 생활을 소개하는 곳이다.

이런 활동은 신체를 이용해 성차별주의와 억압에 반대하는 다른 페미니스트들의 운동과 연결될 수 있다. 나체이든 나체가 아니든 그들은 자신의 몸을 이용해 억압에 저항한다. 어떤 면에서 이 운동은 페미니스트 단체 페멘Femen의 토플리스 시위나 '슬럿 워크Slut Walks(잡년행진)'[6] 같은 최근의 페미니스트 저항 운동과도 연결될 수 있다. 신체를 이용한 다양한 캠페인들로 인해 온라인에서 열띤 토론이 벌어지게 되었다. 정치적 목적을 위해 여성이 가슴을 드러내는 것에 대한 페미니스트들 사이의 정치적 찬성과 반대를 논의하는 토론도 이에 포함된다. 이들의 논쟁에는 성차별주의, 포르노그래피 그리고 리벤지 포르노에 대한 시선을 역전한 페미니스트의 사례, 여성을 단순 육체나 신체 일부분으로 한정하고 이를 재생산하는 (리벤지) 포르노에 대한 비판, 그런 비판이 변화를 일으키는 데 과연 효율적인지에 대한 의문, '리벤지 포르노그래피'라는 용어 사용 반대, 더 큰 문제를 무시하고 상대적으로 덜 중요하다고 여겨지는 문제에 초점을 맞춘다는 의견 등이 있다. 아이슬란드 국립대학 젠더연구학과 조교수인 기다 마그렛 페터스도티르Gyða Margrét Pétursdóttir는 아이슬란

6　캐나다에서 시작한 여성운동. 2011년 캐나다의 한 대학에서 열린 안전 포럼에서 경찰관 마이클 생귀네티가 "(성폭행) 피해를 당하지 않기 위해 여자들은 헤픈 여자처럼 입지 말아야 한다."라고 한 말에서 촉발되었다. 여성들은 피해자에 책임을 전가하는 데 반발하고, 자신이 입고 싶은 옷을 입을 권리를 주장하며 '슬럿'처럼 입고 행진을 벌였다. 이는 여성의 자기결정권을 강조하는 운동으로 발전했으며 국내에서는 '잡년행진'이라는 이름하에 진행되었다. –편집자 주

드에서 일어난 캠페인에 대해 다음과 같이 논평했다.

> 이 사건으로 [여성이] 자신의 몸에 대한 주권을 더욱 강화시킬 수 있을지, 아니면 여성들에게 대변혁을 일으키기보다는 그 주권이 타인에게 있다는 생각을 더욱 강화하여 여성에 대한 전통적 관념을 다시 확인시켜주게 될지 의문스럽다.

에이글로 스발라 아르나스도티르Eygló Svala Arnarsdóttir,

"'가슴 노출의 날'의 성공이 아이슬란드에서 반박당하다", 2015

아나디스 루돌프스도티르Annadís G. Rúdólfsdóttir와 아우스타 요한스도티르Ásta Jóhannsdóttir가 2015년 아이슬란드에서 벌어진 활동에 대해 훨씬 더 자세한 기술과 분석을 내놨다(논문 출판 예정). 이들은 네 개의 영역에 걸쳐 이 활동을, 주로 페미니스트적인 시점에서 해설했다.

1) 혁명: 가부장제로부터 몸 되찾기
2) #FreetheNipple에 대한 페미니스트의 대응: 이것은 혁명인가?
3) 가부장제의 역습
4) 가부장제에 대항해 연대하다

루돌프스도티르와 요한스도티르는 분석 결과를 포스트 페미니스트(1980년대 이후의 페미니즘 세대)와 디지털 시대의 젊은 여성성femininity과 페미니즘에 대한 좀 더 넓은 논의에 위치시키면서 "소셜 미디어와 (전적으로 소셜 미디어로부터 파생되고 선별적 텍스트로 구성된 뉴스를 전달하는) 주류 미디어 사이의 복잡한 관계"에 대해서도 논한다.

역사적으로 그리고 현대에도 다양한 곳에서 여성이 나체로 저항하는 수많은 사례가 등장한다. 이에 대해 상황에 따라 비슷하거나 다른 문제가 제기될 수 있다. 예를 들어 남아프리카 공화국의 대학에서는 2015년 3월 #로즈머스트폴RhodesMustFall 운동[7]에 이어 #네이키드프로테스트NakedProtests(나체 저항)라는 캠페인이 벌어졌다. 이 캠페인은 인종, 인종주의, 제국주의와 노예제도를 둘러싼 중요한 의문을 제기했다.

나체가 되기로 선택한 이 젊은 여성들은 아프리카 대륙 전역에 걸쳐 일어났던 역사적 저항 운동을 상기시켰다. 1800년 후반에서 1900년 초 아프리카의 여성들은 식민 지배자들에 대항해 때때로 나체 시위를 벌였다. 식

---

7 '로즈 머스트 폴'은 학생 주도 캠페인으로 2015년 3월에 시작되었다. 처음에는 케이프타운대학에 세워져 있는 세실 존 로즈Cecil John Rhodes(영국의 유명한 제국주의자로 남아프리카 케이프주 식민지 총독을 지냈다. 광산과 철도·전신 사업 등으로 엄청난 부를 긁어모았으며, 다이아몬드 회사 드비어스의 창립자이기도 하다. – 편집자 주)의 동상을 없애는 것으로 시작되었는데 점차 학생회비와 대학 민주화와 자치 독립 등 다른 여러 가지 문제를 다루는 더 큰 규모의 저항 운동으로 발전했다.

민지 여성들은 엉덩이와 가슴을 드러냄으로써 힘을 가진 남성들이 식민지 여성들을 그들만의 방식으로 보게끔 했다.

시손케 음시망Sisonke Msimang,

"남아프리카의 토플리스 시위자들이 그들만의 방식으로 수치에 저항하다", 2016

티지스트 슈와레가 허센Tigist Shewarega Hussen은 정보통신기술과 소셜 미디어가 공공 공간과 신체 공간bodily space 사용을 주장하는 데 어떻게 사용되었는지를 알아보기 위해 남아프리카공화국에서 벌어진 레이프머스트폴RapeMustFall, 네이키드프로테스트, RU레퍼런스리스트 무브먼트RUReferenceList Movement를 깊이 있게 분석했다(논문 출판 예정). 이런 저항 시위는 보다 일반적인 차원에서 여성들이 강간 문화와 폭력적인 남성의 행위로부터 안전을 확보할 수 있게 하고, 강간과 폭력에 대한 책임 부담이 여성에게 있다는 입장을 무력화했다(Rentschler, 2014 참조).

이런 종류의 성난 시위를 리벤지 포르노의 영역으로 끌어들이는 모습을 상상하기는 아마도 쉽지 않을 것이다. 그러나 여성들, 일부 남성들 그리고 그 밖의 젠더들이 자신의 신체를 이용하고 노출하며 가상의 힘에 도전함으로써, 현재 진행 중인 복잡한 리벤지 포르노(반대)에 대한 정치학이 발전할 가능성이 높다. 이것은 한층 더 확장된 젠더, 섹슈얼리티, 페미니즘, 신체 그리고 상징에 관한 정치학의 일부이자 하나의 사례이며, 특히 여성과 신체의 결합을 인식하고 붕괴시키는 사례이기도 하다. 기술의 발전으로 이런 것들을 재고하고 다시 실행할 수 있도록 지원할 수 있게 되었다. 또한 (가상화된) 신체와 상징이 행사할 수 있는 힘을 여성이나 다른 젠더의 성적 대상화된 인물과 연관짓지 않으면서 인식시킬 수 있다. 마지막 10장 '향후 실현 가능한 개입'에서 우리는 2장에서 제기된 이 문제를 좀 더 상세히 이야기하고 가능한 개입과 대응책에 대해 알아볼 것이다.

3장

리벤지 포르노의 특징

Situating revenge porn

도입

리벤지 포르노는 다양한 관습과 관점에서 이해될 수 있다. 3장
에서는 포르노그래피, 개인 간 복수, 폭력과 학대, 정보통신기술,
공론화와 젠더-섹스 관행으로서의 리벤지 포르노에 대해 살펴
본다. 리벤지 포르노 피해자의 대다수가 여성이므로 이 현상은
젠더에 근거한 폭력의 형태로 볼 수 있으며, 정보통신기술을 통
해 발생하는 남성들의 관행이자 남성성의 한 예로도 볼 수 있다.
먼저 리벤지 포르노가 어떻게 또 다른 형태의 포르노그래피로
보일 수 있는지 살펴보는 것에서부터 시작하겠다.

포르노그래피

먼저, 리벤지 포르노는 포르노그래피로 볼 수 있다. 좀 더 정확히
말하면 리벤지 포르노는 새로운 형태 또는 새로운 장르의 포르
노그래피로, 일반에 공개된다는 점이 핵심이다. 리벤지 포르노는
(온라인) 포르노그래피 폭발의 한 축을 차지하며(Dines, 2010; Hearn,
2006; Hughs, 2002; Jeffreys, 2013), 포르노그래피가 좀 더 일반화
된 포르노그래피화 현상pornografication · pornographisation(Attwood,
2009) 또는 주류화mainstreamification(Empel, 2011) 현상이다. 이런
점에서 리벤지 포르노는 다양한 기술적 행동 유도성affordance(어
떤 형태나 이미지가 행위를 유도하는 힘. - 옮긴이 주)의 영향을 부분적

으로 받으면서 복잡하게 발전해온 포르노그래피의 아주 긴 역사의 맥락에서 이해될 수 있다(Rahman & Jackson, 2010). 기술의 발명으로 인해 비디오 포르노그래피로 옮겨가게 된 현상들을 비교해보자. 비디오로 리벤지 포르노를 보는 방식은 포르노그래피와 성애물erotica의 구분, 포르노그래피의 윤리학, 포르노그래피가 행동에 미치는 영향(Itzin, 1993; Segal & McIntosh, 1993 참조), 좀 더 일반적인 포르노그래피와 매춘, 성매매와의 관계, 포르노그래피의 기호학 그리고 포르노그래피를 표현하는 표기 규칙textual conventions(Boyle, 2010; Paasanen, 2011)과 같이 몇 가지 깊이 뿌리박혀 있던 논쟁을 다시 수면 위로 떠올린다.

이 시대의 포르노그래피는 "아주 빨리 태고의 그림자에서 벗어나 오늘날의 헤드라인을 장식했다(Hoff, 1989, p.17)." 우리는 현대의 포르노그래피가 이전 시대의 포르노그래피를 반영한다고 추정하곤 한다. 주장컨대, 포르노그래피는 섹스에서 더 넓은 의미의 섹슈얼리티, 섹슈얼리티 관련 담화의 유포와 그 유포를 통한 제도화, 정체성으로서의 섹슈얼리티로 이동하는 과정의 일부라고 볼 수 있다. 공개적인 의식에서 개인적이고 은밀한 관계에 이르기까지, 여성은 종속적이고 남성은 힘을 가진 지배자의 모습으로 위치하는 경향을 보인다. 호프(Hoff, 1989, p.1)는 언론의 자유와 성적 해방이라는 형태의 자유주의가 포르노를 주류로 이끄는 현상(Attwood, 2009), 즉 포르노그래피의 주류화(Empel, 2011) 그리고 서구 사회의 성적 대상화 문화의 주요 요인 중 하나라고 주장한다(Dines, 2010; Durham, 2009; Levin & Kilbourne, 2009; Paasanen, Nikunen, & Saarenmaa, 2007).

　이런 용어들은 서구 사회들이 점점 더 (성적으로) 달라지고 있음을 보여준다. 동시대 문화에 성적 표현과 성적 담화가 넘쳐나고 포르노그래피의 영향력과 침투력이 점점 강해지고 있기 때문이다. 서구 사회에서 일어나는 섹스의 주류화와 섹스를 일상적으로 볼 수 있게 되는 현상의 증가는 수많은 형태로 목격된다. 애트우드(Attwood, 2009, pp.xiii-xv)가 이런 사례들을 나열했는데, 몇 가지를 소개하면 이렇다. 포르노 배우가 책을 쓰고 생활잡지에 조언을 하고 남성 잡지에 스타로 나온다. 뮤직 비디오와 광고는 물론 예술 작품, 영화, 텔레비전 그리고 언론에도 포르노가 이전보다 더 많이 나온다. 남성 클럽에서 랩 댄스lap dance(누드 댄서가 관객의 무릎에 앉아 추는 선정적인 춤. - 옮긴이 주)와 봉춤pole dance이 엄청나게 증가했다. 성인용품의 인기는 그 성장세를 보면 확인할 수 있고, 란제리 같은 속옷과 섹스 관련 장난감, 앤 서머스Ann Summers 같은 성인용품점이 좀 더 대중적으로 자리 잡고 있다. 브라질리언 왁싱과 다른 형태의 음부 제모 수요도 증가하는 추세며, 개인이 직접 성적 이미지를 만들어 모바일 기기로 유통시키는 섹스팅(Hasinoff, 2015)도 계속해서 늘어나고 있다. 또한 클럽헌터, 엑스비디오스, 포르노헙 같은 포르노 사이트를 통해 동영상을 올릴 수도 있다. 사실상 이런 수많은 활동이 이제는 '부끄럽지 않은' 행위가 되었다. 예를 들어 봉춤은 이제 주류 기업들이 장려하는 오락이나 운동이 되었다(Ringrose, Grill, Livingston, & Harvey, 2012).

포르노그래피는 주류를 이루는 인기 TV 오락물에서도 전방위로 자리 잡아가고 있다.

> 포르노그래피 그리고 그와 관련된 현상은 TV와 TV 시청에서 '시각적 바탕 화면'처럼 배경으로 일상화된 면이 있다. 간간히 시청하더라도 여기에 해당된다. 이런 점에서 프로그램을 '디자인'할 때 특정 연령대만을 위한 프로그램을 만들거나 진짜 또는 가상의 시청자 범주를 분류하는 것이 가장 중요한 쟁점이 되지 않는다. 젊은이들을 겨냥했거나 젊은이들이 많이 보는 프로그램에 포르노그래피를 직접 집어넣지 않는다고 해도 기본적으로 배경이나 '바탕 화면'으로서의 포르노그래피화가 진행될 수 있다. 어쩌면 (포르노그래피가) 불완전하기 때문에 이런 과정이 더욱 강력하게 작동하는 것일 수도 있다.

> 제프 헌과 마르윳 위르키넨 Jeff Hearn & Marjut Jyrkinen,
>
> "포르노 영화에 대해 이야기하다", 2007

애트우드(Attwood, 2009) 엠펠(Empel, 2011), 디네스(Dines, 2010) 더럼(Durham, 2009), 레빈과 킬번(Levin & Kilbourne, 2009) 그리고 파사넨(Paasanen, 2007)과 같은 학자들은 공공의 영역과 개인의 영역 사이를 구분하는 경계가 검열의 방식에서 '정보가 제공되는' 소비자 문화로 이동하고 있다는 점을 지적한다. 섹스가 종종 중간에 자리 잡으면서 이 두 영역은 서로 침투성이 강해지고 관계는 더욱 가변적이 된다. 성적인 목적으로 기술을 사용하는 것은 인쇄기가 발명된 순간부터 이어진 오래된 관행이다. 현대에 이르러서는 인터넷과 그에 접근할 수 있는 기술을 이용해 전 세계 대부분의 장소에서 빠른 속도로 포르노를 접할 수 있게 되었을 뿐이다(Attwood, 2009). 선반 맨 위 칸을 차지한 포르노 잡지와 섹스 영화로 성을 소비하는 시대는 지나갔다. 지금은 누구나 집에서 편안하게 포르노를 소비한다. 새로운 기술의 발전으로 집에서 그리고 공개적으로 상대적인 익명성을 누리며 포르노를 보고 만들 수 있게 된 바람에 온라인 포르노그래피가 폭발적으로 증가하게 되었다(Dines, 2010; Hearn, 2006; Hughes, 2002).

최근 몇몇 학자들(Johnsson & Hammaren, 2007; Weitzer, 2011)은 쌍방이 동의한다면 모든 포르노그래피가 유해하지는 않다고 주장했다(Gordon-Messer, Bauermeister, Grodzinski, & Zimmerman, 2013). 그렇기에 섹스 산업 안팎에서는 포르노를 지지하는 논평들이 꾸준히 나오고 있다(Segal & McIntosh, 1993). 주장컨대 이런 폭발 현상 속에서 섹스팅, 사이버섹스 그리고 리벤지 포르노같이 새로운 형태의 포르노그래피가 출현했다. 섹스팅 같은 전자 포르노그래피는 양자 합의가 이루어졌다고 간주할 수도 있지만, 섹스팅 관련 인터뷰와 표적 집단 연구를 보면 이 행위가 강압적이며 동료 집단의 압력, 학대, 따돌림 심지어 폭력과 관련되는 경우가 많다는 사실을 알 수 있다. 링로즈 등의 학자들은 이러한 현상이

성인 여성과 소녀들에게 압도적으로 영향을 미친다는 점도 알아냈다. 이들은 종종 나체 이미지를 보내라는 압력을 받고, 관계가 끝난 후 리벤지 포르노의 피해자가 된다(Ringrose 외, 2012).

흥미롭게도 포르노그래피 '찬성'과 '반대'에 대한 학계 논쟁 중 몇 가지는 어느 정도까지 이런 연구들로 대체되기도 했는데, 이 연구들은 포르노그래피의 가변적인 사회적 이용과 사회적 관행, 포르노그래피 보여주기와 호출invocation 등을 직간접적으로 다룬다(Thomson, 1999). 이 책에서 우리는 리벤지 포르노를 동시대의 사회 문제이자 의도적으로 피해를 유발하는 사회적 관행으로 인식한다. 이런 행동의 동기 중 하나는 개인 차원에서 벌어지는 복수다.

개인적 복수

리벤지 포르노는 분명 복수, 구체적으로는 개인이 행하는 복수의 영역에 집어넣을 수 있다. 사실 복수는 전혀 새로운 개념이 아니다. 역사적으로 학자들은 개인적인 복수를 이해하려 시도해 왔다. 좀 더 구체적으로는 왜 사람들이 복수하길 원하며, 그것을 어떤 식으로 표현하고, 복수를 실행한 다음에는 무슨 일이 벌어지는지 등을 연구했다. 복수는 실망, 상실감, 징벌, 수치심, 갈등과 반목 같은 감정과 사회적 관계를 다루고 대처하는 데 이용되는 정교하게 발전된 전략이자 전술의 연장선으로 받아들여져왔다(Yoshimura, 2007). 복수는 물질적으로 나타날 수 있고 상징적일 수도 있다. 복수는 어떤 사람이 스스로 상정한 '정의just'를 이루고 물리적인 부산물 또는 그 이상의 것을 뽑아내는 직접적인 행위가 되거나, 아니면 어떤 특정한 말이나 표현으로서 좀 더 피상적이고 상징적으로 이루어지는 행위가 될 수 있다. 복수를 실행하면 그에 따른 저항이 올 수 있으며 '눈에는 눈'이라는 표현처럼 복수에는 복수로 끝도 없이 무한정 이어질 수 있다.

몇몇 학자들(예를 들어, Berkowitza & Cornell, 2005; Bies & Tripp, 1996)은 복수가 두 가지 목적을 이룬다고 주장한다. 첫째, 복수는 종종 "트라우마와 상실에 대한 반응이고 통제권이 자신에게 있다는 환상"이다. 둘째, 복수는 "상처 입거나 모욕당하는 행위를 동반하는 자기 파괴적 충동으로부터 피해자를 보호하는 '안전밸브'" 역할을 한다(Berkowitza & Cornell, 2005, p.316). 다시 말하면 피해를 표면화시켜 상처 입고 손상된 내면의 자존심과 정의가 복구되는 느낌을 받도록 도움을 준다는 의미다. 그러나 누군가의 이전 파트너의 노골적인 성적 노출 이미지를 공개하는 식의 복수는 순전한 앙심을 품은 행위로 받아들여질 수 있다(Johansson & Hammaren, 2007, p.67). 따라서 리벤지 포르노를 올리는 사람들은 그들의 행위를 해명해야 한다는 압박을 받는다(Salter, 2013). 즉, 리벤지 포르노 게시자들은 피해자가 그런 성적 노출을 한 것을 비난하면서 "그들을 떠난 파트너를 벌주려고 성적인 관습에서의 이중 잣대를 제도화"한다(Salter, 2013, p.1).

남성의 온라인 포르노 소비를 연구한 위스넌트(Whisnant, 2010)의 분석에서도 비슷한 점을 찾을 수 있다. 그는 남성 포르노 소비자들은 그들의 취향이 아무리 폭력적이라도 (또는 폭력으로 치닫는다 해도) 그들보다 더 '심한' 이들이 있다는 것을 지속적으로 상기시킨다는 점을 지적한다. 성적 노출을 했다고 피해자들을 비난할 때, 리벤지 포르노 생산자들은 도덕적 우위에 서서 피해자의 행위가 다른 사람의 노골적인 성적 이미지를 동의 없이 일반에 공개하는 자신의 행위보다 더 나쁘거나 최소한 똑같이 나쁘다고 넌지시 드러낸다. 게다가 가해자들은 그들의 행동이 기껏해야 피해자들에게'만' 창피를 주지, 온라인 세상의 다른 곳에서는 남자들이 여자들에게 그보다 훨씬 더 나쁜 일을 자행할 수 있다고 주장한다. '정의'라는 미명하에 아는 여성에게 가하는 폭력을 정당화하려는 남성의 행위도 이와 동일하다(Hearn, 1998).

이런 것을 즐기는 소비자들은 자신이 피해 여성을 해친 것은 아니기 때문에 시간이 지나면 책임 의식을 버릴 수 있게 된다. 그저 그 이미지를 소비하고, 그것을 보며 자위행위를 하고, 다른 사람들에게 이미지를 공유할 뿐이다(Whisnant, 2010, p.122). 마이엑스닷컴에 있는 엄청난 양의 자료를 고려할 때 이런 소비 관행이 일반적이다 보니 리벤지 포르노 제작자와 소비자 모두 책임감이 흐려지는 것 같다. 그들은 그들 자신을 괴물이라고 생각하지 않고, 이런 이미지를 올리는 다른 남자들, 그리고 범죄로 여겨지는 일을 스스로 저지른 여자들을 괴물로 여긴다(Whisnant,

2010, p.127). 위스넌트가 지적한 대로(Whisnant, 2010, pp.126-129) 이런 "감춰진 뒷이야기"는 남성이 어떻게 그들의 '진짜' 정체성을 '도덕적'으로 관리하면서 다른 한편으로 리벤지 포르노를 만들고 소비하는지 말해준다. 하지만 이런 활동을 어떤 식의 틀에 넣어 짜맞출지와는 상관없이, 복수는 이전에 저지른 비행에 대한 응징으로 이루어지므로 복수하려는 자는 종종 자신이 피해자라고 느끼는 감정만큼, 또는 그 이상으로 복수를 하려 한다. 그래서 이는 종종 폭력과 학대로 이어진다.

폭력과 학대

리벤지 포르노는 특히 친밀한 관계를 맺었던 전 파트너가 행하는 폭력과 학대의 형태로 볼 수 있다. 폭력과 학대는 육체적(치기, 밀기, 발로 차기, 물어뜯기, 물건 던지기), 정신적(소리 지르기, 행동을 통제하기, 위협하기), 성적(강간, 성폭행, 동의하지 않은 성적 행위, 성적 행위를 동의하게끔 압력 가하기)인 형태로 발생할 수 있다. 가까운 파트너로부터 폭력과 학대를 받는 대상의 대다수는 여성이다. 2014년에 발표된 세계보건기구WHO 자료에 따르면 여성의 35퍼센트가 생의 한 시점에 파트너의 폭력이나 파트너가 아닌 사람이 행한 성폭력을 경험한다. 전 세계 여성 중 3분의 1이 파트너로부터 성 학대를 경험했으며 전 세계적으로 살해된 여성 중 38퍼센트가 파트너에 의해 죽임을 당했다. 리벤지 포르노 피해자의 90퍼센트가 여성(Cyber Civil Rights Initiative, 2014; EndRevengePorn.org, 2014; Franks, 2016)이라는 점을 고려할 때 리벤지 포르노는 젠더에 기반한 폭력, 여성에게 가해지는 폭력 그리고 남성이 여성에게 가하는 폭력이라는 방대한 영역의 일부로 이해될 수 있다(Hagemann-White 외, 2008; Hanmer & Itzin, 2000; Start, 2009). 여기서는 잘못되었다고 여겨지는 행위에 대해 균형을 맞추려는 동기보다는 피해를 입히려는 의도를 좀 더 강조한다. 따라서 리벤지 포르노를 통해 행사되고 그 안에서 재생되는 힘과 통제에 방점을 찍는다. 그러면 리벤지 포르노를 여성 살해, 강간, 스토킹 그리고 접촉하지 않고 저지르는 폭력을 망라한 또 다른 형태의 젠더 기반 폭력이자 학대로 이해할 수 있다(가까운 파트너가 벌이는 폭력과 여성 살해femicide에 대한 자세한 사항은 Blumenstein & Jasinski, 2015를 참조). 또한 리벤지 포르노는 직접적으로 몸에 가하는 것이 아닌 폭력과 학대의 영역에도 포함될 수 있다. 그것은 정서적 폭력, 대리 폭력, 접촉 없이 이루어지는 괴롭힘과 성적 학대처럼, 육체에 직접적으로 가하는 형태는 아니지만 희생자에게 분명 육체적으로 부정적인 영향을 미칠 수 있다.[1]

---

[1] 란드린과 클로노프(Landrine & Klonoff, 1997)는 억압적인 (이들의 경우, 성차별적인) 행동과 그에 노출되는 것이 억압적인 행동에 대한 희생자의 주관적 평가보다 부정적인 징후를 더 잘 예측한다고 주장한다. 크리거와 시드니(Krieger & Sidney, 1996)가 미국에서 4,000명의 젊은 흑인과 백인

정보통신기술

리벤지 포르노는 특정 지역이나 공동체 내에서 휴대전화를 이용해 타인과 노골적인 성적 이미지를 공유하는 행위지만 다양한 온라인 플랫폼에 접근할 수 있는 정보통신기술에 의해 압도적으로 촉진되었다. 그런 점에서 리벤지 포르노는 가상·온라인 사회성, 섹슈얼리티와 폭력, 특히 사이버 학대의 다양한 가능성 중 하나다. 사이버 학대는 일반적으로 피해자가 자신을 방어하지 못하는 온라인에서, 다른 사람을 해치려는 의도적인 행위를 품은 자의 행동으로 인해 종종 반복적으로 발생한다(Slonje, Smith, & Frisen, 2013). 사이버 학대의 핵심은 가해자가 익명인 상태로 있을 수 있어서 힘의 불균형이 점점 더 악화된다는 데 있고, 사이버 폭력, 사이버 스토킹, 온라인 협박, '플레이밍flaming(무차별적 악성 메시지)', '해피 슬래핑happy slapping(장난삼아 사람을 공격하는 내용의 동영상)', 스토킹, 트롤링과 같이 여러 가지 형태를 띨 수 있다(Hearn & Parkin, 2001). 리벤지 포르노는 이런 사이버 학대와 겹치거나 비슷한 점이 있다. 가장 두드러진 점은 공격적인 내용

을 대상으로 실시한 조사에 의하면 차별을 피할 수 없는 현실로 받아들이거나 차별을 경험했다는 사실을 거부한 흑인 노동자 계급 성인들은 혈압이 최고치를 기록했고 불공평한 처우에 도전한 이들의 혈압은 그보다 낮았다. "미묘한 차별의 축적"은 조사 대상자들의 자신감과 자존감에 영향을 줄 수 있다(Benokraitis, 1998, pp. 8-10).

의 글과 함께 노출 이미지나 비디오를 올리는 행위인데 이는 다른 사람에게 피해를 끼치거나 수치심을 주려는 의도를 품고 있다. 리벤지 포르노는 모욕적인 내용이 이메일, 인터넷 게시판에서의 '단체로 돌아가면서 한 사람을 공격하기', 블로그 그리고 신문 기사 댓글란에서 이루어지는 개인 공격을 수반할 수 있다(Svoboda, 2014, p.48).

리벤지 포르노는 여러 형태의 사이버 학대와 유사성을 띠기도 한다. 예를 들어 악의에 찬 소문이나 사진(이것들은 조작 가능하다)[2]을 퍼뜨려 누군가의 평판을 의도적으로 망가뜨리는 행위, 반복적으로 메시지와 사진(종종 하이퍼링크를 통해 리벤지 포르노 사이트로 연결된다)을 유포하거나 직접 보내서 목표로 정한 인물을 위협하거나 공포감을 유도하는 사이버 스토킹, 수치심을 줄 의도로 누군가를 속여서 그들의 사생활을 폭로하는 아우팅outing과 협잡, 반복적으로 폭력적이고 무례하며 모욕적인 메시지나 사진을 피해자 또는 피해자의 지인들에게 보내는 학대 행위, 그리고 여러 사람에게 공격당하는 사람을 촬영해 그것을 유튜브 같은 플랫폼에 올리는 해피 슬래핑이 있다(Lacey, 2007).

정보통신기술에는 여러 가지 독특한 특징이 있다. 거리

---

2 '패프닝'에 연루된 여성 유명인사 100여 명의 사적인 나체 사진이 유출되었는데 이들 중 몇 명은 그 사진이 성행위를 하는 타인의 신체와 자신의 얼굴을 합성해 만든 조작이라고 주장했다(Sanghani, 2014).

가 떨어져 있고 물리적으로 분리된 것들을 시·공간적으로 압축시키고, 실시간으로 경험할 수 있는 즉시성을 띠며, 비동기성 asynchronicity(앞에서 행해진 연산이 완료되었다는 신호에 맞추어 그때그때 연산이 시작되는 방식), 이미지의 재현성, 가상 신체 창조, '진짜'와 '재현'의 불분명성 등을 띤다. 좀 더 구체적으로 말하면 컴퓨터화된 통신 네트워크의 행동 유도성은 더 넓은 광대역, 무선 이동성, 전 지구화된 연결성, 개인화(Wellman, 2001), 온라인과 오프라인 그리고 고문서codex와 인터넷 사이의 확고한 경계가 불투명해지고 심지어 없어지는 현상(Gilbert, 2013)을 포함한다.

리벤지 포르노는 이러한 특징을 수많은 방식으로 정교하게 이용하며 제약 없고 정의되지 않은 가능성과 효과를 낳는다. 이로 인해 더욱 더 복잡한 문제가 제기된다. 예를 들어 리벤지 포르노가 어떻게 실재하면서 동시에 가상현실이 될 수 있는지는 하나의 형태나 가능성으로 단순화시킬 수 없다. 리벤지 포르노는 다중매체적일 수 있고, 눈에 보이고 읽을 수 있는 리벤지 포르노 텍스트를 넘어 사회적 관행의 범위라는 맥락을 통해서만 이해될 수도 있다. 예를 들면 어떤 리벤지 포르노 게시물은 은연중에건 드러내놓고건 이전에 제기되었던 다른 주제나 오프라인 또는 사생활에서 벌어졌던 사회적 사건, 부정적이거나 긍정적인 단일 주체, 양측 또는 그 이상의 관계자를 참조할 수 있는데, 관련되지 않은 사람이나 열람자들은 이것을 해석할 수 없다.

특정 리벤지 포르노 사례는 그 리벤지 포르노 자체를 초월해 연쇄적으로 일어난 어떤 경우event, 사건occurence, 시간과 공간의 일부가 될 수도 있다. 게다가 리벤지 포르노는 '프로듀저 produser(제작자+사용자)', '프로슈머prosumer(제작자+소비기)' 그리고 다른 변종들이 만들어낸 쌍방향 인터랙티브 웹(Whisnant, 2010 참조, 포르노그래피 제작과 소비에 관해서는 아래에서 논의된다)의 과정적 특징으로도 볼 수 있다. 개인이 직접 제작하는 포르노그래피, 셀카, 유명인 셀카, 나체 셀카, 리얼리티 미디어, 온라인 라이브 쇼, 소셜 릴레이 술 마시기 게임인 넥노미네이트neknominate 등이 그 예시다. 또한 온라인 리벤지 포르노는 새롭고 완성되지 않은 온라인 폭력, 학대, 성폭력 그리고 사실상 섹슈얼리티의 본보기로 이해될 수 있다.

좀 더 넓은 맥락에서, 흔히 정의되는 리벤지 포르노는 그리 오래되지 않은 '오토픽션autofiction' 현상과 비교할 수 있고, 연관성이 있다고 볼 수 있다. 오토픽션은 1977년 프랑스 작가 세르주 드브로브스키Serge Doubrovsky가 만들어낸 용어로 '팩션 faction'(역사적 사실에 작가의 상상력이 결합된 작품. – 편집자 주) 장르와 비슷한 점이 있다. 이 장르의 몇 가지 사례를 보면 작가는 일상의 삶, 친구, 파트너, 가족과 지인 등에 대해 '모든 것을 말한다.' 그리고 때로는 그것을 소설 또는 다른 작문 형태로 칭하며, 때로는 개인이 극적인 결과를 맞이하기도 한다. 이런 작가들 중 가장 유명한 이는 아마도 여섯 편의 자서전적 팩션 소설을 쓴 노르웨이 작가 칼 오베 크나우스고르Karl Ove Knausgård일 것이다. 이런 형태의 글은 다른 이들에 대한 책임에 의거하지 않고 모든 것을 말하는 수단이 될 수 있어 사회적 리벤지 포르노의 형태를 띠는 경우가 있다.

공론화

최근 많이 알려진 몇몇 언론 매체와 정부 관계자에 쏟아진 관심과 흥미에 초점을 맞추어보면 또 다른 분석적, 정치적 방향으로 접근할 수 있다. 특히 영국의 전국 단위 신문, 정부 장관들과 운동가들 중 리벤지 포르노 문제로 세간의 주목을 받고 관심을 끈 경우를 살펴볼 수 있다. 이런 식으로 공론화(Brown, 1981)가 되면 종종 법적, 규제적 조치를 취하라는 요구가 발생한다. 이런 관점에서, '도덕적 공황moral panic'(Cohen, 1972)은 피해 입은 사람들을 해치고 훼손하려는 의도와 그와 복합된 피해 경험을 경시하지 않는다는 면에서 유용할 수 있다. 이런 매스미디어의 관심은 최근 유명 할리우드 스타인《헝거 게임》의 제니퍼 로렌스 같은 여성 연예인들의 나체 사진이 해킹되어 온라인에 올라온 사건을 통해 자세하게 표현되었다(Glenza, 2014).

이런 일반적인 관점은 게시물, 성폭행, 언론의 관심, 법과 규정 그리고 추가 게시물과 성폭행 등의 복잡하고 불안정한 리좀적rhizomic 결합 사례로 보일 수도 있다. 그런 지배적 성향의 상술詳述은 섹슈얼리티와 폭력의 더 넓은 범위의 틀에 따라 국가적·사회적 맥락에서 색다른 형태를 띨 수 있다. 이런 공론화 네트워크는 아마 넓은 의미에서, 그리고 좀 더 긴 안목에서 리벤지 포르노를 더욱 장려하거나 억제한 것이다. 미국의 경우 최소 12개 주가 리벤지 포르노에 적용할 수 있는 명확한 법을 가지고 있다. 영국에서는 데이비드 캐머런 총리를 포함한 정부 장관들이 리벤지 포르노에 대해 법적 통제를 좀 더 강화할 것을 서약했다(Holehouse, 2014). 이렇듯 리벤지 포르노라는 주제와 콘텐츠는 공공 영역의 다양한 분야에서 순환된다.

젠더-섹스 관행

마지막으로, 근본적으로 리벤지 포르노는 젠더, 젠더화, 성적 그리고 젠더-섹스적gender-sexual 관행으로 볼 수 있다. 이런 관점에서 리벤지 포르노는 가부장제라고도 불리는 젠더-섹스적 사회 질서와 사회 구조로 인해 생겨나는 구조화된 행동으로 해석될 수 있으며, 젠더, 섹슈얼리티 또는 젠더/섹슈얼리티를 수행하는 방법으로 해석될 수 있다. 둘 중 하나 또는 둘 모두에서 리벤지 포르노는 젠더-섹스 매트릭스에 기반한 일부분으로 대부분 이성애적이며 그로 인해 젠더 범주화가 (재)생산되고 효과를 발하게끔 자리 잡는다. 젠더를 섹슈얼리티보다 우위에 둘 경우와 그 반대의 경우에 중복 현상이 발생하고 두 가지 중 우선순위를 매기지 못할 수 있는데, 이는 이 두 범주가 실제로 그리고 잠재적으로 불안정하다는 의미다. 이것은 특정 버전의 퀴어(동성애) 이론이나 퀴어 페미니즘에 분명하게 나타난다. 미셸 푸코나 주디스 버틀러Judith Butler(미국의 철학자이자 후기구조주의 페미니즘의 대표적인 학자로, 퀴어 이론의 선구자이기도 하다. - 편집자 주)에게서 이론적으로 영감을 받았건, 직접적인 체제 전복적 정치 행동에 의해 추진되었건 마찬가지다.

젠더적 특성이 나타나거나, 젠더교차적 특성이 나타나거나intersectionally-gendered, 젠더-섹스적 관행이라고 말하기는 해도 리벤지 포르노는 주로 남성과 남성성의 관행practices of men and masculinities(Connell, 1995), 또는 남성적 행동manhood acts(Schwalbe, 2013)과 비슷한 개념으로 가장 빈번하게 비춰진다. 따라서 리벤지 포르노는 가부장적이고, 성차별주의적이며, 패권적이고 지배적인 형태이면서 또한 범죄에 연루되고, 종속적이며, 소외되고, 양면적이며, 저항적이고 가부장제에 반대하는 형태가 될 수 있다. 이는 절대 그와 같은 관행에 대한 고정 관념을 형성하려는 게 아니라, 남성의 리벤지 포르노 관행을 살펴보고 그 내부와 주변에서 이용된 담화들을 남성과 남성성의 다양한 레퍼토리의 일부로서 살펴보려는 것이다. 이는 다른 토론에서보다 덜 참신하고, 덜 독창적으로 보일 수 있다. 이런 관점에서 리벤지 포르노는 구체적이고 급격하게 변화하는 정보통신기술의 행동 유도성이 아니라 젠더-섹스적 입장, 현재의 젠더-섹스 질서 안에서의 위치 선정과 가능성에 대한 담론이 된다.

이 현상을 연구하는 다양한 접근 방식이 있다. 예를 들면 자신이나 타인의 수치스러운 행동과 수치심을 주는 행동의 심리적 역학을 설명하는 연구(Bradshaw, 1995; Kaufman, 1996), 여성을 과시적 소비로 보는 관점(Hunter, 2011), 친밀하거나 이전에 친밀했던 사회적 관계의 일부라는 관점(Delphy, 1976) 등이 있다. 그러나 앞선 여섯 가지 시각만으로도 현재의 목적을 설명하기에 충분하다. 사실 이 책에서 우리는 리벤지 포르노를 이런 시각의 결합체(온라인에서 벌어지는 젠더적 특성을 지닌, 폭력적이고 학대적인 포르노그래피를 이용한 복수 행위)로 보면서, 좀 더 구체적으로는 남성과 여성의 관행 그리고 남성성과 여성성에 대한 분석에 초점을 맞춘다. 이는 분석 위주로 살펴볼 6~9장에서 좀 더 자세하게 논의할 것이다.

4장

온라인에서의 상호작용

Online interactions

인터넷 사용

정부, 기업, 학계 그리고 민간단체가 운영하는 개별 네트워크나 인터넷을 이용한 전 지구적 상호 연결의 성장, 대중성, 속도는 실로 엄청나다. 2000년 이후 인터넷의 성장은 무려 900.4퍼센트라는 어마어마한 기록을 세웠다. 전 세계 인구의 49.2퍼센트 또는 35억 명 이상이 규칙적으로 인터넷을 이용한다(Internet World Stats, 2016). 당연한 이치지만 이용자 중 다수가 유럽, 북미와 오세아니아의 발전된 지역에 거주하고 있다. 하지만 중동의 이용 인구도 상승 중이고, 남미도 인구의 반 이상이 규칙적으로 온라인에 접속한다(Internet World Stats, 2016).

3G 모바일 광대역을 이용하면 거의 즉각적이고 보편적으로 인터넷에 접근할 수 있다. 또한 엄청나게 빠른 광대역과 4G도 증가하면서(OFCOM, 2016), 다양한 온라인 자료에 더욱 빠른 속도로 접근할 수 있게 됐다. 인터넷은 여러 가지 목적으로 사용된다. 이메일을 주고받고, 정보 검색을 하고, 은행 업무를 보고, 영화를 보고, 소셜 미디어 활동을 하고, 뉴스를 읽고, 쇼핑을 하고, 휴가를 위한 예약을 하거나 음악을 듣는 등 대중적으로 다양하게 사용되고 있다. 다음은 영국 방송 통신 규제 위원회Office of Communications(OFCOM, 2016, p.197)가 내놓은 「영국 통신 시장 보고서The Communications Market Report: United Kingdom」에서 발췌한 내용이다.

영국의 성인 사용자들은 현재 평균 일주일에 하루(25시간)를 온라인에 접속한다. 42퍼센트가 하루에 10번 이상 온라인 접속을 하거나 앱을 체크한다고 대답했고 10명 중 1명(11퍼센트)은 매일 50회 이상 인터넷에 접속한다고 말했다.

사용자 중 대다수가 16~24세 연령대에 속하지만, 좀 더 발전된 지역에서는 55세 이상의 인구 중 절반 이상이 규칙적으로 인터넷을 사용하는 것으로 조사되었다(OFCOM, 2016). 스마트폰, 노트북, 태블릿 등의 휴대용 전자 기기가 대중화된 만큼 언제 어디에서나 인터넷 접속이 가능하기 때문일 것이다.

사이버 공간에서 일어나는 상호작용의 유형

로릴라드(Laurillard, 2002)는 다양한 방식으로 열람자들이 상호작용을 하도록 디자인된 인터넷 플랫폼들을 조사했다. 그녀는 전자 매체를 이용한 열람자들의 상호작용을 다섯 가지 단계로 구분했다. 가장 기본적인 상호작용 형태는 '서사narrative' 단계로, 이 단계의 열람자들은 수동적으로 정보를 받는다. 두 번째 단계는 '상호작용interactive'으로, 열람자는 적극적으로 웹사이트를 탐색하며 무엇을 볼지 결정한다. 하지만 온라인 콘텐츠를 바꾸지는 못한다. 리벤지 포르노 사이트 방문자들은 수많은 피해자들에 대한 사진, 동영상, 부가 설명을 탐색하고, 광고를 보거나 하이퍼링크를 통해 외부 웹사이트를 방문한다. 그 다음 단계는 '의사소통communicative'으로, 열람자가 토론에 참여하거나 그들이 접하게 되는 자료와 상호 소통을 이끄는 온라인 매체가 이 단계에 포함된다. 예를 들어 사람들은 인터넷 게시판에서 뉴스 기사, 동영상, 리벤지 포르노 자료 등에 대한 댓글을 다는 식으로 소통할 수 있다. 리벤지 포르노 사이트에서 일반적으로 행해지는 방식이며, 열람자는 이 방식을 이용해 익명으로 피해자, 가해자, 구체적으로 거명되거나 거명되지 않은 타인을 학대하거나 모욕한다. 네 번째는 '조정adaptive' 단계로, 여기서 열람자는 관리자와 소통할 수 있다. 마이엑스닷컴에서는 관리자 '케이시'가 가장 먼저 피해자에 대한 평을 달았는데, 이는 아마도 열람자들의 반응을 촉진하고 복수의 효과를 극대화시키기 위한 것으로 짐작된다. 주로 피해자를 대상으로 편향된 평이 게시되지만 피해자가 시각적으로 보기 좋고 성적 매력이 있다고 여겨질 경우 가해자에 대한 논평도 달린다. 마지막 단계는 인지적 단계인 '생산productive'이다. 이 단계에는 열람자가 제공된 정보를 이해했음을 실제 결과물로 입증할 수 있게 하는 미디어가 포함된다. 직접 이야기를 쓰거나 옷을 만들어 보는 사례 등이 있다. 하지만 아직까지 이 최종 단계가 이루어지고 있는 리벤지 포르노 사이트는 없다.

사이버 공간에서 의사소통하기

사람들은 다양한 방식으로 온라인 자료를 공유하고 컴퓨터를 매개로 서로 소통한다. 이런 상호 소통은 정체성(Tyler& Feldman, 2005), 즉 웹에서 타인에게 자신을 제시하는 방식에 영향을 미친다. 이는 리벤지 포르노 연구에서 중요한 역할을 한다. 누가 리벤지 포르노를 폭로하고(진짜 이전 파트너인가 아니면 사기꾼인가?), 그 동기가 무엇인지, 예를 들어 순전히 복수를 하기 위해서인지 아니면 재미 삼아 하는 것인지 등을 알 수 있기 때문이다. 온라인 정체성을 만드는 작업에 초점을 맞추면서 우리는 자기표현, 신분 사칭, 온라인 자아의 공동 창조에 대해 살펴볼 것이다.

자기표현

고프만(Goffman, 1959, p.9)은 "개인이 어떤 역할을 할 때, 그는 관찰자들이 그들 앞에 조성된 인상을 진지하게 받아들여주기를 암묵적으로 요청한다."고 말했다. 사람들이 매일 상호작용을 하며 스스로 만든 자신의 이미지를 관리하는 것이 연기와 비슷하다는 의미다. 연기는 주어진 시간 동안 특정 맥락에서 관객에게 최고의 인상을 심어주는 것을 목표로 한다. 따라서 상황에 따라 연기는 달라진다. 예를 들어 어떤 사람이 친구들과 파티를 할 때는 까불까불하거나 성적 매력을 발산하길 원하면서도 일자리를 얻기 위해 인터뷰를 할 때는 스스로를 업무 수행 시 꼼꼼하고 성취도가 높은 개인이자 팀원으로 부각시킬 수 있다. 이런 연기는 언어 신호와 비언어 신호로 구성된다. 언어 신호에는 억양, 휴지休止, 모두冒頭 발언, 인사, 단어 삽입 보충insertion repair(말하는 도중 단어를 삽입해서 앞의 내용을 보충하는 행위. - 편집자 주) 등이 포함될 수 있다(Wilkinson & Weatherall, 2011). 그리고 비언어 신호에는 미소, 찡그림같이 기본적인 얼굴 표정에서부터 신체 움직임, 자세, 복장 센스, 헤어스타일은 물론 시선의 경로, 냄새, 경련과 같이 좀 더 미세한 신호가 포함된다(Goffman, 1959).

사이버 공간과 같은 환경에서는 이런 신호들을 자유롭게 사용할 수 없기 때문에 의사소통에 차이가 있다. 예를 들어 페이스북의 사진 또는 장소가 없는 간단한 상태 업데이트에는 시각 신호와 언어 신호가 없다. 대신 '페이스북 친구들'은 게시물의 내용에서 단어 선택, 문법, 대문자 사용 여부, 방언, 이모티콘, 텍스트의 위치 선정과 방향 등의 추가적인 정보를 얻을 수 있다. 이는 가상 환경의 공간적 특성이 종종 물리적 환경과 상당히 다르다는 의미다(Bargh & McKenna, 2004; McKenna & Bargh, 2000 for reviews). 예를 들어 토론 게시판에서는 태그, 아바타 또는 가명을 사용하여 익명의 상태로 있을 수 있다. 이때 이 자아는 오프라인의 자아와 완전히 다를 수 있다. 익명인 채로 남는 또 다른 방식은 일반적인 웹 브라우저나 검색 엔진에 노출되지 않는 딥 웹 Deep Web에서 소통하는 것이다. 웹 이용자들은 토르TOR, The Onion

Router를 이용해 익명으로 웹서핑을 할 수 있다. 토르는 다른 웹사이트의 추적과, 사용자의 신원이 '트래픽 분석'을 통해 드러나는 것을 피하게 해주는 가상 터널 통신망이다. 트래픽 분석은 데이터 페이로드payload(전송되는 데이터)와 헤더header(데이터 출력시 첫머리에 있는 정보)를 사용해 사용자를 식별한다. 그 결과 온라인 소통에서의 익명성은 기만적(그리고 범죄) 행동을 조장하거나 개인의 진짜 정체성 또는 욕망하는 정체성을 드러내거나 만들어내게 할 잠재력이 있다. 이런 정체성은 오프라인의 삶에서는 금기시되거나 실현하기 어려운 것들로, 장애를 가진 이들에 대한 성적 욕구와 선호를 예로 들 수 있다(Shildrick, 2007; Tyler & Feldman, 2005). 그러나 온라인에서 자아를 드러낼 때는 우리가 밝히기 원하는 것과 숨기기 원하는 것이 섞여 있는 경우가 많다. 이에 대한 터클(Turkle, 2013, p.154)의 지적을 살펴보자.

삶의 일정 부분을 가상의 공간(예를 들어 컴퓨터 게임인 세컨드 라이프Second Life 나 소셜 네트워크 사이트)에서 산다면, 진실과 가상의 진실, 즉 '이곳에서의 진실' 사이에 골치 아픈 관계가 생겨난다. 아바타 역할을 하는 게임에서 우리는 결국 가장 노골적인 방식으로 우리 자신이 된다. 페이스북 같은 소셜 네트워크 사이트에서 우리는 자신을 선보인다고 생각하지만 결국에는 우리가 되고 싶어 하는 상상 속의 다른 누군가가 된다.

그렇다면 의도적으로 또는 의도치 않게 거짓말을 하거나 상상의 자아를 만들어내는 사람들, 또는 자신의 '진짜' 오프라인 정체성을 간단하게 밝히는 사람들은 어떤 맥락에서 그런 선택을 했을까?

온라인 사기

전 세계적으로 경찰은 신분, 저작권과 금융사기, 해킹, 스토킹, 왕따, 어린이와 성인에 대한 성적 학대와 같은 사이버 범죄만을 다루는 인터넷 전담반을 따로 꾸리고 있다. "온라인에서 그루밍 성범죄(가해자가 피해자와 친밀한 관계를 형성하면서 심리적으로 길들인 뒤 성폭력을 가하는 것. – 편집자 주)를 당한 소녀, '직감적으로 잘못되었다고 느끼다'"(BBC, 2016년 8월 19일) 같은 표제나 "악독한 인터넷 트롤, 판매용으로 파티 의상을 온라인에 올린 글래스고 출신의 '성전환' 여성을 '그것', '드레스를 입은 남자'라고 낙인찍다"(Stewart, *The Daily Record*, 2016년 9월 7일)와 같은 사기꾼, 해커, '사이버 폭력' 그리고 '트롤'에 대한 기사 제목은 너무도 흔히 보인다. 안타깝게도 이런 형태의 불법 사기는 치명적인 결과를 낳을 수 있다. 예를 들어 라트비아에 근거지를 둔 소셜 네트워크 사이트로 사용자들이 서로 질문을 할 수 있는 애스크닷프엠Ask.fm은 신랄한 비판을 받고 있다. 익명으로 가해진 온라인 폭력으로 인해 최소한 7명의 10대들이 자살을 한 사건이 있었기 때문이다(NoBullying.com, 2016).

한편 이력서를 올리는 링크드인LinkedIn(Guillory & Hancock,

2012)과 온라인 데이트 주선 사이트처럼 인터넷 컴퓨터로 관리하는 다양한 소통 채널에서 법적으로 문제 없는 데다 일상적인 수준의 사기 사건들이 발생한다는 보고가 있다. 온라인 데이트 산업은 기하급수적으로 성장했다. 2,658퍼센트의 성장률을 보이고 있는 러브스트럭Lovestruck 같은 기업을 비롯해 전 세계적으로 20억 달러 가치를 지닌 업계로 발전했다(Gibbs, *The Guardian*, 2013년 11월 17일).

회원이 선호하는 파트너 유형을 포함해 자신의 프로필을 작성하면(사진은 선택 사항이다) 데이트 주선 웹사이트는 제공된 정보에 근거해 적합한 상대의 프로필을 보낸다. 그러면 회원은 그 사람의 프로필을 검토하고 데이트 웹사이트를 통해 연락할지를 결정한다. 쌍방 간에 소통이 되면 오프라인에서 연락을 주고받을 수 있다. 그러나 사용자 중에는 비현실적이거나 진짜가 아닌 이미지를 제출하는 사람들이 있다(Epstein, 2007; Gibbs, Ellison & Heino, 2006; Schmitt, 2002; Toma, Hancock & Ellison, 2008; Wiszniewski & Coyne, 2002).

엡스타인(Epstein, 2007), 비즈니위스키와 코인(Wiszniewski & Coyne, 2002)은 온라인에서의 신분은 '가면'을 만들어낼 잠재성이 더 크기 때문에 믿을 수 없다고 주장한다. 개인과 집단들이 다른 이들이 수신하는 정보의 흐름을 통제하는 위치에 있기 때문에 가능한 일이다(Hollingshead, 2001). '진짜' 정보에 접근을 승인하거나 거부한다는 것은 온라인에서의 정체성이 게임 세계에서처럼 완전히 조작될 수 있거나 '진짜', 과장, 공상 그리고 의도적인 기만이 혼합된 결과물일 수 있음을 의미한다. 이런 신원 만들기는 온라인 데이트 주선업체뿐 아니라 소셜 미디어, 전문가들, 이력서 그리고 이용자가 사진이 들어간 신원 증명 프로필을 만들어야 하는 기타 인터넷 사이트에서도 이뤄지고 있다고 보고되었다(McKenna, Green, & Gleason, 2002).

또한 리벤지 포르노 웹사이트에서는 온라인 사기가 벌어질 가능성도 있다. 리벤지 포르노 피해자라고 주장하는 한 미국 여성은 페이스북을 상대로 1억 2,300만 달러의 배상을 요구하는 소송을 제기했다(Mazza, 2014). 그녀는 이전 파트너가 그녀의 이름으로 가짜 페이스북 페이지를 만들어 다른 사람의 몸에 그녀의 얼굴이 합성된 성적 노출 이미지를 올렸다고 주장했다. 여성의 변호인은 그녀가 페이스북에 문제의 이미지를 내려달라고 요청했지만 페이스북이 대응을 하지 못했다고 말했다. 이후 페이스북은 사람들을 물리적으로 해치겠다고 위협하는 행위, 사이버 폭력, 수치심과 모욕감 주기, 자살이나 섭식 장애 등의 자해 행위에 관한 게시물 삭제에 대한 자세한 지침을 분명하게 밝혔다(Elise, 2015).

이런 사례는 피해자가 노출 이미지를 찍는 것을 허락하지 않은 경우에도 가해자가 익명으로 리벤지 포르노를 만들어 올리고 이용하기가 얼마나 쉬운지를 보여준다. 가해자는 태그나 아바타 또는 가명을 사용해 익명으로 남아 있을 수 있다. 그러면 오프라인의 자신은 리벤지 포르노 사이트, 포르노 웹사이트, 소셜 미디어 그리고 기타 노출 이미지를 올릴 수 있는 웹사이트와 전혀 관련 없는 것처럼 보인 수 있다. 앞서 언급했듯 이는 딥 웹에서 토르, 어나니마우스Anonymouse, 프록스프리ProxFree, 하이드미HideMe 등과 같은 플랫폼을 통한 소통으로 촉진될 수 있다. 그러나 복수하기 위해 타인의 노출 이미지를 올리는 사람들 모두가 다 익명을 사용하지는 않는다. 태그, 아바타 또는 가명을 쓰며 숨는다고 해도 사진에 찍힌 인물, 그 사람의 가족, 친구, 동료 그리고 지인들이 누가 그 일을 저질렀는지 알아낼 수 있기 때문이다. (문제가 되는 이미지에 대해 알고 있다면) 피해자는 누가 그 이미지를 만들어 온라인에 올렸는지 알아낼 가능성이 높으며 사진에 가령 "이게 바로 내 전 여친."이라는 식의 문구가 있을 경우 특히 더 쉬워진다. 물론 그렇다고 해서 이미지를 올리는 사람이 반드시 전 파트너라고 장담할 수는 없다. 그 이유는 1장에서 언급했듯 해커들이 리벤지 포르노를 올릴 수도 있기 때문이다.

자신을 드러내기

맥키나, 그린 그리고 글리슨(McKenna, Green, & Gleason, 2002, p.30)의 주장을 살펴보자.

수많은 개인들이 가족 그리고 친구들과의 관계 유지를 위해, 그리고 비교적 위협적이지 않은 환경에서 가깝고 의미 있는 새로운 관계를 형성하기 위한 수단으로 인터넷을 이용한다. 인터넷은 부끄러움을 많이 타거나, 사회 불안 장애를 겪거나, 사회성이 부족해서[우리가 강조하는 부분] 직접 대면해 관계를 맺기 어려워하는 사람들에게 도움이 될 수 있다.

이때 비교적 위협적이지 않은 환경은 다양한 유형의 공동체, 특히 이단이나 성적 환상을 즐기는 집단같이 사회적 금기를 다루는 공동체의 발전에 중요한 요소가 된다. 이런 공동체들은 어쩌면 그저 성, 섹슈얼리티, 질병, 장애, 정치와 종교적 신념 등 사회적으로 그리고 개인적으로 다루기 예민한 주제에 대해 이야기하고 싶은 사람들의 모임일 수도 있다. 이처럼 인식론적이고 연합적인, 또는 관행과 신조를 실행하는 공동체들은 자신들의 경험담을 공유함으로써 강화되고 촉진되는 경향이 있다(Greer, 2012; Hall, Grogan, & Gough, 2015; Thelwall & Vaughn, 2004; Wenger, 1998). 그린필드와 서브라만얌(Greenfield & Subrahmanyam, 2003), 코일과 맥워넬(Coyle & MacWhannell, 2002)은 그런 공동체들이 집단 정체성을 형성하는 방법을 자세히 들여다보면 앞서 언급한 경험의 언어를 발견할 수 있다고 주장한다.

온라인에서 공유되는 경험은 똑같은 공간, 상징, 시간 그리고 정서적 및 사회적인 연대에 의존하게 된다. 이런 특징 중 다수는 우울증, 불안, 비만, 암(Tanis, 2010) 그리고 자살(Horne & Wiggins, 2009), 섭식 장애(Winzelburg, 1997), 성적 학대(Moursand, 1997)의 영향을 받은 사람들에 관한 건강 관련 포럼에서 다뤄졌다. 이런 공동체들은 공유된 경험, 이야기, 지식, 의미 그리고 사회적 위치를 같은 온라인 공간에서 구성원 자격을 갖춘 사람들에게 공개한다. 리벤지 포르노에 대한 반응의 대다수가 사진에 찍힌 인물을 겨냥한 성적이고 이미지를 근거로 한 학대인 반면, 몇몇 사람들은 공유된 의미, 이야기, 경험 등을 밝히기도 한다.

온라인 공동체는 구성원들에게 다양한 혜택을 제공할 수 있으며 이는 다른 회원들과 더 끈끈하고 깊은 관계를 발전시키는 데 도움이 된다(McKenna 외, 2002). 그리어(Greer, 2012)와 바(Ba, 2001)는 구성원들이 높아진 자존감, 존경 그리고 공동체 내의 지위로 인해 이점을 누리는 부분이 있다고 한다. 예를 들어 리벤지 포르노 가해자들은 종종 피해자에게 가한 성적 행위를 자랑한다. 뒤에 나올 분석의 장에서 이런 사례들을 구체적으로 제시할 것이다. 이때 수단적, 정보적 그리고 정서적 지원이 제공될 수 있다. 수단적 지원은 물리적인 특성 때문에 아무래도 일어날 가능성이 낮다. 그러나 정보 지원은 리벤지 포르노와 관련된 법적 문제에 대한 실질적인 정보, 사진이 올라간 사람들과 접촉할 수 있는 정보, 다른 리벤지 포르노 웹사이트 등을 공유하는 것이기 때문에 매우 중요하다. 타니스(Tanis, 2010)가 지적하듯 이런 유형의 지식 기반 지원을 통해 다른 사람들도 현 상황을 통제하는 데 추가적인 도움을 얻고, 불확실성을 줄이며, 의사 결정을 용이하게 할 수 있다.

한편 정서적 지원은 공감과 연민, 위로와 약속을 함으로써 이해의 감정을 공유한다. 어떤 문제에 대해 이야기할 때 그 문제에 대해 판단하지 않고 그저 들어주는 사람이 있다는 사실을 아는 것만으로도 정서적 지원이 된다. 이런 형태의 사회적 지원은 불안과 스트레스를 줄여주는 장점이 있지만 상대의 유약한 부분을 노출시킨다는 단점도 있다. 의도가 좋다 해도 잘못된 조언이나 정보를 주면 심각한 결과를 낳을 수 있다. 실제로 앞서 지적한 대로 트롤들은 고의로 다른 사람들을 불쾌하게 만들면서 쾌감을 느낀다(Stewart, *The Daily Record*, 2016년 9월 7일). 리벤지 포르노 열람자들도 게시자를 불쾌하게 만들 의도로 댓글을 달 수도 있다.

합작하여 정체성 만들어내기

이번 섹션에서는 사람들이 대화에서 특정 정체성을 지향하는 모습에 대해 다룰 것이다. 이 특정 정체성은 상대방이 누군지, 소통이 이루어지는 맥락, 그리고 그들이 의도하는 바에 따라 다른 모습을 띤다. 어떤 사람이 직속 상사와 대화하는 상황을 가정해 보자. 이 사람은 더 나은 근무 환경과 월급 인상을 얻어낼 목적으로 조직에 헌신하는 성실한 직원이라는 이미지를 상사에게 심어주려 할 것이다. 반면 직속 상사는 돈에 쪼들려서 도저히 직원의 요청을 들어줄 수 없는 상사 이미지를 만들려 애쓸 것이다.

또 다른 상황을 예로 들어보자. 길거리에서 모금 활동을 하는 사람들에게 붙잡힐 경우, 어떤 사람은 너무 바빠서 이야기할 겨를도 없다거나 이미 고정적으로 여러 자선 재단에 기부를 하고 있다는 이미지를 만들려 할 것이다. 다른 사람들과 동일시되는 것은 거부하지만 자신이 진짜 정체성에 따른 사회적 금기 때문에 이를 공개적으로 표현하기 불편해하는 사람도 있을 것이다. 이 책에서 우리는 리벤지 포르노 게시자의 정체성과 그들의 기반 활동과 특징이 어떤 식으로 관리되는지에 주목하고 있다. 좀 더 구체적으로 표현하면 리벤지 포르노 게시자와 열람자 사이에 소통이 이루어지는 동안 이 정체성이 어떻게 합작되는지 알아본다. 분석의 장에서 소개할 이런 사회적 '사실'들은 말과 행위를 분석한 데이터를 통해 관찰되고 연구될 수 있다. 인터넷의 도래로 인한 온라인에서의 전자 텍스트 형태의 소통도 여기에 포함된다.

온라인 사생활

온라인 소통의 부정적 측면을 고려할 때 온라인 사생활을 염려하는 사람들의 숫자가 엄청나다는 보고는 전혀 놀랍지 않다 (Jiang, Heng, & Choi, 2013; Madden & Smith, 2010). 뷰캐넌, 페인, 조인슨 그리고 레입스(Buchanan, Paine, Joinson & Reips, 2007)는 사생활의 몇 가지 다차원적 정의에 주목한다. 정보 사생활informational privacy은 자신의 정보를 어떤 방식으로, 언제 그리고 어디까지 타인에게 공개할지 결정하는 권리와 관계가 있다. 접근성 사생활 accessibility privacy은 자신의 정보를 어떤 방식으로, 언제 그리고 어디까지 타인이 접근할 수 있게 할지 결정하는 권리와 관계가 있다. 접근성 사생활은 정보 획득이나 정보 획득 시도를 할 때 그 사람에게 접근해야 한다는 점에서 정보 사생활과 겹친다. 접근성 사생활은 또한 물리적 영역의 사생활physical dimension of privacy과도 겹친다. 물리적 영역의 사생활은 어떤 사람이 물리적으로 다른 사람에게 어디까지 접근할 수 있는지를 의미한다. 따라서 접근성 사생활은 물리적 접근이 문제가 되는 지점(스팸 메일을 이용한 침입, 컴퓨터 바이러스, 개인 정보 접근하기)에서 물리적 영역의 사생활과 겹친다. 마지막 영역은 **표현의 사생활**expressive privacy이다. 이는 어떤 사람이 타인, 예를 들면 트롤의 간섭, 압박 그리고 강요로부터 정체성과 관련된 행동을 계속하거나 조정할 기회를 제공한다. 물론 이런 영역의 중점은 타인이 접근하고 사용할 수 있는 정보를 통제하는 개인의 능력에 있다. 따라서 사생활의 수준은 개인 가치에 따라 사람마다 다르다.

분명 리벤지 포르노는 이 네 가지 단계 모두에서 피해자의 사생활을 침해한다. 합의 없이 어떤 사람의 노출 이미지를 올리는 것은 피해자가 그의 몸을 볼 사람을 결정할 권리를 침해한다. 리벤지 포르노 이미지에는 종종 피해자의 실명, 집, 직장, 이메일 주소 같은 개인 정보가 같이 노출된다. 가족, 친구, 동료에 대한 자세한 사항, 피해자가 이용하는 소셜 미디어 사이트 등도 등장한다. 이는 모두 가능한 한 많은 사람들에게 피해자를 욕보이려는 목적에 따른 결과다. 사적 정보를 공개하면 사람들이 피해자를 알아보고, 집을 찾아가거나 전화, 문자 메시지, 이메일, 페이스북을 통해 피해자와 접촉할 수 있다(BBC *Newsbeat*, 2014). 그러면 피해자는 정체성 관련 행동을 계속하거나 조정할 기회를 잃게 된다.

확실한 것은 가해자는 자신의 온라인 사생활의 수준을 결정할 수 있다는 사실이다. 가해자는 익명으로 자료를 올릴 수단을 지니고 토르 같은 플랫폼을 통해 자신에 대한 정보 중 어떤 것을 타인에게 제공할지도 결정할 수 있다. 또한 (피해자를 아는 사람들, 경찰에게) 접근을 허용할 경우 사람들이 어떻게 그 정보에 접근하게 할지도 결정할 수 있다. 가해자들은 리벤지 포르노가 몇몇 국가에서는 불법이라는 점을 고려해 가해자 자신의 잘못은 없는 것처럼 보일 정도의 정보만을 제공한다. 물론 피해자는 누구의 책임인지 알 것이다. 이런 정보는 가해자의 온라인 텍스트를 연구하면 보인다. 5장에서는 온라인 텍스트를 분석하는 광범위한 접근법에 대해 자세히 살펴보겠다.

5장

담론적 접근법으로 리벤지 포르노 이해하기

A discursive approach to revenge porn

민속방법론

이 책의 초점이 가해자가 올리는 노골적인 성 표현물에 딸려 오는 전자 텍스트(글)이므로 이번 장에서는 담화 분석discourse analysis이라는 렌즈를 통해 이 현상을 깊이 있게 살펴보기로 하겠다. 특히 우리는 조너선 포터(Potter, 1996)가 저서 『현실 재현: 담론, 수사 그리고 사회 구조Representing Reality: Discourse, Rhetoric and Social Construction』에서 소개한 접근법을 주로 사용한다. 우리 책 6, 7, 8장에서 사용되는 이 접근 방식은 해럴드 가핑클 (Garfinkel, 1967)의 『민속방법론 연구Studies in Ethnomethodology』에서 파생되었다. 가핑클의 1차 목표는 일상생활에서 사람들의 상호작용을 이해하기 위해 그들이 이용하는 사회 질서를 연구하는 방법론을 개발하는 것이었다. 가핑클의 연구는 에드문트 후설 Edmund Husserl의 구성적 현상학constitutive phenomenology의 영향을 받았다.

현상학은 인간 행동의 보편적 본질을 찾고자 했던 후설의 초기 사실적 현상학realist phenomenology 연구에서 시작해 구성적 현상학과 그것이 반영한 현상학적 방법론을 발전시키기 위해서 크게 4단계로 발전했다. 3단계인 실존적 현상학existential phenomenology은 하이데거, 사르트르, 메를로–퐁티Merleau-Ponty에 의해 발전되었는데 이들은 구체적인 행동, 갈등, 욕망, 유한성, 압제와 죽음에 대해 다루었다. 후기 단계인 해석학적 현상학

hermeneutical phenomenology은 1960년대에 시작되었으며 생태, 민족성, 젠더 등은 물론, 텍스트 해석을 연구했다.

광범위하게 말해 현상학은 현실이 특성, 우리의 존재, 지식, 가치 그리고 윤리에서 철학적 관심을 분리해내고, 사람들이 일상의 삶과 상호작용의 경험에서 얻은 의미를 어떻게 집단적으로 구성하는지를 이해하는 데에 초점을 맞춘다. 이런 것들은 사람들이 합작해서 만들어내는 집단적 의미다. 예를 들면, 노골적인 성적 이미지와 영상을 찍는 것은 물론, 젠더 그리고 친밀한 관계에서 기대되는 적절한 행동이라는 개념도 사람들에 의해 집단적으로 만들어진다는 의미이다. 이는 변화할 수 있고 위치location에 의해서도 영향을 받는다. 이런 의미들은 사람들이 상호작용하는 중에 공동으로 만들어지기 때문에 상호 주관적이다. 사람들은 이야기하는 상대, 이야기의 주제, 이야기하는 때와 장소에 따라 다르게 상호작용을 한다. 우리도 리벤지 포르노에 대해 미디어나 관련 활동 운동가들과 논의할 때와 동료들과 이야기할 때 완전히 다른 모습을 띨 것이다. 의미는 사람들의 행동과 말에 근거한다. 현상학적 관점에서 말은 그 말을 하는 사람의 내적 귀인歸因에 자리 잡은 의미를 나타내는 중립적 매개체로 작용하기보다는, 묘사하고 명령하고 설명하는 역할을 한다.

사람들이 사회라는 세상을 경험할 때도 다른 사람들과의 활동으로 얻어지는 소통을 통해 질서 있고 알기 쉬운 방식으로 이 경험을 인식한다. 따라서 사람들은 경험을 수동적으로 수신하지 않으며 오히려 그들이 살아가고 활동하는 세상을 해석한다. 사회적 현상을 해석하는 방법은 여러 가지가 있지만 사람들은 여전히 다른 사람의 행동을 보고 그들이 세상을 정의하는 방식을 이해할 수 있다. 본질적으로 사람들은 타인의 행동을 읽어서 그들이 어떻게 특정 상황을 이해하고 읽은 바대로 행동하는지 알아낸다. 그래서 자신과 다른 사람의 행동에서 어떤 식의 정돈된 질서를 만들어낼 수 있다.

사회학과 현상학을 결합한 알프레드 슈츠(Schütz, 1967)는 자연 과학 연구를 모방하고자 했던 실증주의적 사회 연구의 전통적 형태를 재작업해내는 데 관심을 가졌다. 슈츠가 의문을 제기했던 특징은 연구 대상으로부터의 분리를 개의치 않고 즐기는 연구자의 능력이었다. 그는 사회 연구자의 존재론적 지위는 연구되고 해석되고 있는 사회적 세상의 일부라고 주장했다. 따라서 사회적 상호작용 같은 측면에 중점을 두는 사회 연구자는 사람들이 사회적 세상을 경험하는 데 이용하는 상식과 관련된 지속적이고 적절하며 의미 있는 해석을 발전시켜야 한다. 슈츠는 사람들이 지속적인 전형화typification 과정을 통해 상호작용을 하므로 사회 연구가는 자신의 해석에 그런 방법들을 연관시켜야 한다고 주장했다. 즉, 사람들이 경험하는 일상에서의 사회적 행동, 상호작용 그리고 행동을 알아내서 분류하고 그것을 일정한 유형이나 행동 또는 상호작용의 범주로 배정하는 것이다. 이런 슈츠의 작업은 가핑클의 연구에 매우 강한 영향을 미쳤다.

가핑클(Garfinkel, 1967)의 연구는 저서 『민속방법론 연구』에 정리되어 있다. 가핑클은 사람들 사이에서 벌어지는 질서 정연하고 이해 가능한 상호작용에 의해 일상적으로 만들어지는 사회적 과정과 행동을 이해할 수 있게 하는 방법론적 도구를 개발했다. 그는 1960년대에 살았던 아그네스라는 인물을 사례로 들었다. 당시 19세의 아그네스는 UCLA의 젠더 정체성 클리닉Gender Identity Clinic에서 자신이 남성에서 여성으로 성전환했다고 소개했다. 아그네스는 육체적·사회적으로는 여성적인 여성이지만 남성의 성기를 가지고 있었다. 그녀는 질을 갖기 위해 성기 재건 수술을 받고 싶어 했다. 아그네스는 남자 아이로 자랐지만 사춘기를 거치며 여성화되기 시작했고 여성이라는 정체성에 편안함을 느꼈다. 클리닉의 의사들은 아그네스를 고환 여성화 증상을 가진 간성intersex으로 분류했다. 인터뷰와 평가가 이루어지는 동안 아그네스를 성기 절제술이 필요한 여성으로 간주하는 의료진과 아그네스의 합작이 이루어졌다. 가핑클은 이 합작 과정을 강력한 사례로 삼아 젠더와 성적 기준이 협업에 의해 어떻게 발전하고, 상호작용이 일어나는 동안 어떤 식으로 유지되었는지를 보여줄 수 있었다. 이런 기준이 존재한다는 사실은 아그네스가 자신이 필요로 하는 젠더를 성취해낼 때 다음과 같은 것들이 필요했음을 의미했다(1967, p.134).

기술과 능력을 획득하고 이용하며, 여성의 외모와 행동을 효과적으로 표현하고, 적절한 감정과 목적을 동원해 스스로 성인 여성에게 주어지는 권리와 의무를 확보하고 보증하는 것.

아그네스를 대상으로 한 가핑클의 연구 목적은 '정상적인' 성을 가진 사람들이 당연시하는 특징을 밝히는 것이었다. 가핑클은 사람들이 다양한 상황과 맥락에서 객관적이고 사실적이며 상황을 초월한 것처럼 행동하면서도 특정 성별에 속하는 구성원 자격을 취득하는 방식, 즉 여성 또는 남성으로 '통하게끔passing' 관리하는 방식을 이해하고 싶어 했다. 그런 이유로 가핑클은 '자연스럽고 정상적인 성별을 가진 사람'을 구성하는 특징 목록을 만들어낼 수 있었다(Garfinkel, 1967, p.122). 요약하면 가핑클의 주장은 다음과 같다.

1. 사회에는 여성/남성이라는 오직 두 개의 성별만 있다.
2. 이런 이분법은 그것을 따라야 한다는 정서로부터 시작된다.
3. 모든 사람은 관례대로 여성 또는 남성으로서의 자신을 강화한다.
4. 여성/남성만이 오직 진정한 사회 구성원이다.
5. 질이나 음경 같은 증표가 정체성을 밝히는 과정에 필수적인 반면 품성, 행동, 관계 등은 얄팍하고 일시적이다.
6. 사람들은 삶 이전, 현재, 이후에도 서로를 여성/남성으로 인식한다.

7. 오직 두 개의 성이 있는 것이 자연스러워 보인다.

이에 따라 가핑클은 "정상적인 섹슈얼리티가 입증 가능한 말과 행동을 통해 어떤 방식으로 이루어지는지"를 관찰할 수 있는 방법론을 개발할 수 있었다(Garfinkel, 1967, p.180). 그러므로 민속방법론적 연구는 사회 구성원이 이해하는 사회 현상의 '명백한 구체성concreteness'을 보고한다. 이때 '구체성' 자체는 실제로는 존재하지 않지만 사회적 삶에서의 의미와 존재를 유지하기 위해 이용된다(Garfinkel, 1991, pp.10-19). 가핑클이 주장한 이러한 사회적 '사실fact'은 말과 행동에 관한 데이터를 통해 관찰되고 연구될 수 있다. 분석의 장에서 우리는 게시자들이 젠더와 섹슈얼리티 기준을 이용해 다른 사람들의 비규범적 행동에 대해 규범적으로 대처(복수)하는 모습을 보여줄 것이다. 예를 들면 성기 크기를 근거로 어떤 사람의 젠더에 의문을 제기한다든가, 누군가의 성적 선호도와 욕구에 기반해 그 사람의 섹슈얼리티에 의문을 품는 것 등이 포함될 수 있다. 우리는 분석의 장에서 온라인에 올라온 글들을 통해 이런 점이 어떻게 언급되는지 이성애 남성과 여성, 동성애 남성과 여성에 초점을 맞추어 알아볼 것이다.

물론 가핑클의 작업도 많은 비판을 받았다(Bologh, 1992; Denzin, 1990; Goldthorpe, 1973). 예를 들어 민속방법론은 우리가 존재로서 무엇을 구성하는지가 아니라 어떤 방식으로 이 세상을 구성하는지에 관심을 두기 때문에 정치, 사회 문제에 관해서 우리에게 말해줄 수 있는 것들이 거의 없다. 이런 점에서 비록 사람들의 상호작용이 사회적 현실을 만들어내기는 하지만 그 상호작용의 결과 중 어떤 것은 참여자 중 일부에게는 의도한 바가 아닐 수 있으며, 또한 그 상호작용의 내용 중 일정 부분은 그것을 만들어낸 주체와 무관한 상태로 남을 수도 있다는 쟁점이 제기된다.

골드소프(Goldthorpe, 1973, p.456)에 의하면 "법, 규칙, 관습적 관행, 에티켓 등은 아무도 그것들을 염두에 두지 않더라도 충분히 '이해할 수 있는 것들이다.'" 따라서 사람들의 상호작용과 상관없이 객관적인 내용이 존재한다. 한편 이는 상호작용을 통해 생성되어도 여전히 유효하며 사회 연구자가 연구할 만한 소재다. 게다가 골드소프(Goldthorpe, 1973, p.457)는 물리적인 세상과 객관적인 내용은 사람들이 상호작용을 통해 합작해서 만들어내는 상호 주관적 세상과 지속적으로 소통하고 영향을 줄 수 있다고 주장한다. 그래서 골드소프와 다른 학자들은 사회 연구에 존재론적 다원주의를 지속적으로 요구한다. 이 주장이 설득력 있기는 하지만, 사회적 행동 방법론의 유용성을 완전히 일축할 수는 없다. 사람들 사이의 질서 있고 이해할 수 있는 상호작용에 따라 규칙적으로 만들어지는 사회적 과정과 행동을 이해할 수 있게 해주기 때문이다. 후자의 쟁점 때문에 심리학적 질의에서 민속방법론이 계속해서 영향력을 유지하고 있다(Kessler & McKenna, 1978; West & Zimmerman, 2009).

언어에 초점을 맞춘 담화 분석의 예를 몇 가지 들자면 대화 분석conversation analysis, 비판 담론 분석critical discourse analysis, 담론 심리학discursive psychology, 의사소통의 민족지학ethnography of communication, 푸코Foucault식 연구, 구성원 범주화 분석 membership categorisation analysis 등이 있다. 논리적으로 어떤 방법을 선택할지는 연구자의 데이터와 분석 초점에 따라 달라진다. 예를 들어 거시적인 사회 문제를 연구한다면 대화 분석(Jefferson, 1984, 1991; Sacks, 1967, 1972a, 1972b, 1979; Schegloff, 1997, 1998, 2007)이나 담론 심리학(Edwards & Potter, 1992)은 부적절할 것이다. 참여자가 대화를 하면서 거시적인 문제를 언급하지 않는 한, 관련 문제에 대한 의견을 표명할 수 없기 때문이다. 이 경우에는 비판 담론 분석(Fairclough, 2001)이나 푸코식 분석(Foucault, 1978, 1980)이 적절할 것이다. 반대로 사회 상호작용의 미시적 부분에 초점을 맞춘 연구를 한다면 대화 분석, 담화 분석, 담론 심리학 또는 구성원 범주화 분석이 좋을 것이다.

이 방식들은 같은 인식론적 관점을 갖지만 어떤 방법이 적절한지는 연구자의 초점과 자료의 질에 따라 크게 달라질 것이다. 대화 분석과 담론 심리학은 편안한 또는 정형화된 대화 상황에서 (연구자가 유도해서 만들어내는 것이 아닌) 자연스럽게 발생하는 데이터 중 미시적 차원에서 구두로 표현된/표현되지 않은 세부 사항을 제퍼슨(Jefferson, 1991)의 받아쓰기 형식을 이용해 글로 기록하는 데에 의존한다. 가해자들이 만든 전자 텍스트처럼 데이터에 시간 측정이 가능한 휴지, 들숨과 날숨, 대화 내용이 수정되거나 겹쳐지는 부분이 없다면, 마찬가지로 담화 분석(Potter, 1995)이 더 적절하다. 우리는 구성원 범주화 분석과 같이 다른 방법을 사용하기도 하지만 게시자가 하는 해명에 초점을 맞출 때는 대부분을 포터의『현실 재현: 담론, 수사 그리고 사회 구조』가 보여준 담화 분석 접근 방식을 따른다.

담화 분석

담화 분석은 "다양한 세상, 사회, 사건 그리고 내적 심리 세계가 하나의 담화 속에서 어떤 식으로 만들어지는지" 알아내는 것을 목표로 한다. 따라서 "참여자와 창조물 그리고 그 창조물들이 어떻게 완성되고 약화되는지를 다룬다"(Potter, 1996, p.146). 달리 말하면 온라인 채팅을 포함한 대화를 통해 상호작용이 일어나면서 다양한 세상의 모습이 만들어진다. 그때 관련된 대화의 주제(예: 복수), 대화를 나누는 상대(예: 알려진[알려지지 않은] 어떤 사람), 맥락(예: 바람을 피웠다), 장소(예: 소셜 미디어) 그리고 시간(예: 현재) 등에 의해 세상의 모습이 좌우된다. 다양한 세상은 그 세상이 참고하는 세상의 일정한 상을 반영하며, 사실에 비춰 안정적인 모습으로 제시된다. 하지만 이런 세상의 모습은 언제나 다툼의 여지가 있다. 어떤 것은 다른 것에 비해 훨씬 더 쉽게 손상되거나 약해지기도 한다. 예를 들어 법정에서 경찰관의 증언은 피고인의 증언보다 더 신뢰가 갈 것이다. 이렇게 기술, 증언을 하고 책임을 물을 경우, 사람들은 자신의 입장은 강화하면서 자신의 주장을 약화시키려는 다른 사람들의 시도를 최소화해야 한다. '이해관계의 딜레마dilemma of stake'(Edwards & Potter, 1992)를 알면 이 점을 이해할 수 있다.

> 이해관계의 딜레마는 어떤 사람(또는 집단)이 말하거나 행동하는 모든 것이 이해관계나 이익의 산물로 치부되어버릴 수 있다는 것이다. 그런 이해관계를 참고하는 것은 어떤 행동의 중요성을 무시하거나 그 본질을 재작업하는 주된 방법이다.
>
> 조너선 포터, 『현실 재현: 담론, 수사 그리고 사회 구조』, 1996

따라서 경찰관이 피고인에게 책임을 묻는 것은 누가 그 범죄를 저질렀는지에 상관없이 그저 유죄 선고를 내리기 위한 조치로 치부될 수도 있다. 선술집 폭파 혐의로 1975년 랭커스터 형사법원에서 유죄판결 후 무기징역 선고를 받은 버밍엄 6인 사건Birmingham Six이 대표적인 사례다. 관련 당국은 구속 기간 동안 사실 여부에 상관없이 자백을 얻어내기 위해 용의자 6인에게 음식을 제공하지 않고 잠도 재우지 않으며 오랜 시간 쉼 없이 심문했다. 이 6인은 1991년에 무죄방면 되었다(Blom-Cooper, 1997). 사람들이 서로의 서술과 증언 등을 자기 자신에게 유리하게 한다고 치부함으로써 논란의 여지가 생겨난 것이다.

다른 사람의 잠재적 도전을 최소화하고 자신의 주장을 강화하기 위해 증언을 구성하는 방법은 무수히 많다. 이런 방법의 핵심은 대상이나 이야기되는 사건에 대한 범주화다. 범주화 작업에는 일정한 특징이 있다(Potter, 1996, p.111). 대상이나 사건은 범주화된 후 긍정적 또는 부정적으로 제시되며, 사회적 기준에 호소해 지지를 얻을 수 있다. 그런 기준에는 범주의 특성과 관련된 활동이 포함된다(Sacks, 1996). 예를 들어 서구 사회에서는 이성애 관계가 대부분의 남성과 여성에게 표준으로 받아들여진다. 따라서 어떤 사람을 동성애자로 범주화하면 모욕으로 여겨질 수 있다. 이것은 매일의 상호작용에서 (때로 암묵적으로) 표현되는 사회적 행동의 규칙으로, 말할 때 순서를 정한다든가 다른 사람의 성적 노출 자료를 공적 공간에 올리기로 결정한 이유를 말하는 것 등 대화에서의 기준도 여기에 포함된다. 이런 대화의 일반적인 특징은 분석에서 확연하게 드러난다. 이런 특징을 관찰하기 위해 분석가들은 온·오프라인에서 편안하거나 규격화된 담화를 녹음하는 방식으로 자연스럽게 발생하는 대화를 수집한다. 오프라인에서 녹음된 대화를 글로 옮길 때 정체성이나 사실 바로잡기 등 초점을 맞추고자 하는 요소에 따라 자료의 자세한 사항이 결정되기도 한다(Jefferson, 1984).

이런 방식의 텍스트 분석이 '진실', 또는 누군가의 진정한 동기를 찾는다는 의미는 아니다. 그보다는 참여자들이 자신의 증언을 어떤 식으로 돋보이게 부각시키고, 그 증언을 통해 성취해내고자 하는 것이 무엇인지를 찾는 데 주력하는 과정이다. 이는 '진실'에 대한 탐색이 텍스트를 과대 분석하는 결과를 낳을 수 있음을 의미한다. 왜냐하면 분석가가 참여자의 의도를 심리학적으로 설명하려는 것은 물론, 분석가 자신이 가지고 있는 사회적 기준에 관련된 지식과 예상에 영향을 받을 수 있기 때문이다. 그래서 에드워즈와 포터(Edwards & Potter, 1992)는 실제 세상의 현상에 대해 분석가가 주도한 해석을 피하려면 분석가는 반드시 참여자가 관여한 상호작용을 읽어야 한다고 주장한다. 이것이 담화 분석과 비판 담화 분석(Fairclough, 2001) 그리고 푸코식 분석(Foucault, 1978, 1980) 같은 다른 담화 방법론과의 주요 차이점 중 한 가지다. 이와 같은 담론적 방법론들이 해석적 논의가 되는 순간이 있다. 그런 순간들은 미시적 분석에서 나오는 것들과, 권력, 이데올로기, 설득의 작용 같은 거시적 쟁점들을 연결하려는 시도에서 나타난다. 담화 분석(Potter, 1996)이 주장하는 바에 따르면 그런 거시적 구조(그리고 주장되는 진실truth claim)는 상호작용을 하는 참여자들이 그것을 언급 가능하게 할 때만 언급될 수 있다. 그렇지 않으면 그것은 단순히 분석가의 해설일 뿐이다. 우리는 이런 담화 분석의 특징을 사용해 분석의 장에 수록된 데이터를 자세히 살펴볼 것이다.

구성원 범주화 분석

담화 분석과 유사하게 구성원 범주화 분석(1967, 1972a, 1972b, 1979, 1992 그리고 이후 Hester & Eglin, 1997; Jayyusi, 1984; Sharrock, 1974; Schegloff, 1997, 1998, 2007 외 다수에 의해 확장됨)도 민속방법론적 측면을 강조해 사람들이 상호작용하는 동안 어떤 식으로 합작하여 의미가 창조되는지에 초점을 맞춘다. 특히 정체성 범주의 의미가 사람들의 대화 속에서 어떤 식으로 부각되고 사용되며 타협을 이루는지 보여줄 수 있다. 구성원 범주화 분석은 "대화 내에서 그리고 대화가 이루어지는 동안 구성원들이 활동을 성취하기 위해 사용하는 범주의 관점에서 일반 상식을 구성"하는 데 초점을 맞춘다(Francis & Hester, 2004, p.21). 간단히 말해 '헤픈 년', '창녀', '가정폭력범', '멍청이', '그 자식', '아버지' 등과 같은 정체성 범주는 문화적으로 풍부한 일반 사회 상식을 담고 있어서 "추론할 거리가 풍부하다". 이런 범주들은 그렇게 범주화된 이들의 정체성에 대해 우리에게 무언가를 말해줄 수 있다. 예를 들어 '아버지father'는 남성이고, 일반적으로 18세 이상이며, 생물학적 자녀 또는 입양한 자녀가 있는 사람을 지칭할 수 있다. 교회 지도자라면 교회의 회중을 그의 자녀들로 간주할 수 있다.

이러한 사회적 지식은 범주 자체에서 사용할 수 있을 뿐 아니라 사람들이 지속적으로 다른 사람들, 그들의 현실, 사회적 질서, 다른 사람들과의 사회적 관계를 식별하고 판단하는 방법을 알아보는 중에 관찰될 수 있다(Jayyusi, 1984). 대화에서 이런 면을 관찰할 수 있다는 것은 대화를 '문화가 작동하는 것culture-in-action'으로 다룰 수 있다는 의미다(Hester & Eglin, 1997). 미국의 사회학자 색스Harvey Sacks는 범주에는 규칙과 절차가 있다는 점을 지적했다. 예를 들어 범주는 사람들을 묘사하고(남편·아내), 그들의 행위(사랑을 주고 지지하기), 특징(보호하고 나누기) 등을 표현하는 데 사용되는 분류 또는 사회 유형이다. 범주는 구성원 범주화 장치Membership Categorisation Device, MCD를 이용해 만들 수 있다(Hester & Elgin, 1997; Jayyusi, 1984; McHoul & Watson, 1984).

> 구성원 범주화 장치는 최소 하나의 범주를 포함한 구성원 범주의 모음인데 이는 최소 한 명의 구성원을 포함한 인구에 적용될 수 있으며, 몇 가지 적용 법칙을 이용해 최소한 한 명의 인구 구성원과 하나의 범주화 장치를 짝짓는 데 사용된다.
>
> 하비 색스, "아이들 이야기의 분석가능성에 관하여", 1974

구성원 범주화 장치는 두 가지로 구성되어 있다. 첫 번째는 하나 또는 그 이상의 범주들의 모음이다. 범주들의 모음(MCD)은 서로 잘 결합되고, 공통적으로 관련된 특정 의미를 가진다. 예를 들어 남편, 아내, 자녀(들)는 서로 연관되어 있고 '핵가족'이라는 집합을 형성하기 때문에 잘 결합된다. MCD의 두 번째 특징은 그 안의 범주들이 일정한 '적용 법칙'을 포함하고 있다는 점이다. 이런 법칙들은 범주 구성원과 비非범주 구성원 모두에게 적용될 수 있다(Sacks, 1992, p.238). 예를 들어, '경제성 법칙 economy rule'은 인구의 특정 구성원을 지칭하는 데 하나의 범주로 충분하다는 의미다. 그 구성원을 다수의 기타 범주를 사용해 묘사할 수 있다 해도 말이다. 우리는 '저자', '학자', '강연자', '연사' 등으로 언급될 수 있다. 하지만 다른 사람들에게 의미를 전달하는 데는 이런 범주들 중 하나만 있어도 된다. 물론 선택된 관련 범주는 그 사람이 언급되는 맥락에 따라 달라진다.

범주는 또한 '중복 구성duplicatively organised'되어 하나의 완전한 단위를 만들어낼 수 있다. 예를 들어 대학교와 관련해서는 연구자, 강사, 학생, 행정과 지원부서 직원 등이 있다(Sacks, 1992, p.240). 범주들은 '표준화된 상관관계의 쌍standardised relational pairs'(예: 남편·부인)을 형성할 수 있다. 이 쌍을 구성하는 구성원은 서로에 대한 권리, 의무, 책임(예: 보살핌과 지원)이 있다(Jayyusi, 1984). 범주들은 종종 서열에 의거해 구성될 수 있다. 가령 대학이라는 맥락에서 (지식과 학술적 기량에 기반해) 강사는 학생보다 더 높은 위치에 있다고 간주될 수 있다.

색스가 밝힌 마지막 법칙은 '지속성 법칙consistency rule'이다. 하나의 범주가 어떤 특정 인구(예: 남편·아내)에 사용되면 그 인구의 다른 모든 구성원도 똑같이 범주화될 수 있다. 그들 모두가 같은 특징(사랑과 지원)을 가지고 있다고 추정되기 때문이다

(Sacks, 1992, pp.238-239). 색스는 이 지속성 법칙에는 두 가지 '청자의 격률hearer's maxims'이 담겨 있다고 주장한다. 그는 이것을 자주 인용되는 어린이 동화책을 이용한 실례를 들어 설명했다. '아기가 울자 엄마가 아기를 들어 안았다.'(Sacks, 1992, p.236)라는 문장이 있다. 이 문장에서 색스는 문장에 확실하게 드러나지 않아도 우리는 문장의 아기를 문장에 등장하는 엄마의 아기로 알아듣는다고 주장한다. 그 이유는 "두 개의 범주가 사용되고, 이 둘이 같은 집합으로 묶일 수 있을 때, 둘은 같은 집합의 일부로 간주되기 때문이다. 당신도 이런 식으로 알아듣는다"(Sacks, 1992, p.239). 그런데 아기·엄마 관계는 두 번째 '청자의 격률'도 담고 있다. 이는 특정한 활동과 서술predicate을 특정한 현존 구성원 범주에 연결한다.

> 범주 기반 활동이 어떤 범주의 구성원에 의해 이루어졌다고 주장할 때, 만약 그 범주가 모호하더라도(즉, 그 범주가 최소 두 개의 다른 장치의 구성원이더라도) 그 장치들 중 적어도 하나에 대해 이루어졌다고 주장하는 활동이 주어진 범주에 기반한 활동이라면, 그때 청자는 적어도 그 기반한 장치에서 비롯된 범주는 유지되고 있다고 알아듣는다.
>
> 하비 색스, "아이들 이야기의 분석 가능성에 관하여", 1974

다시 말하면 범주와 현존 구성원은 특정한 행위, 즉 '범주에 기반한 활동'의 행위자로 추정되며 '자연스러운 서술'이라는 구체적인 특징을 갖는다. 예를 들어, 아기는 울고 엄마는 우는 아기를 안아준다는 것이 사회적 규약이다. 샤록(Sharrock, 1974, p.49)은 범주 기반 활동과 서술의 중요성을 다음과 같이 설명한다.

> 말뭉치(언어 연구를 위해 텍스트를 컴퓨터가 읽을 수 있는 형태로 모아놓은 언어 자료. - 옮긴이 주)에 이름을 배정하는 행위는 추가 묘사가 이루어지는 방식을 설정한다. 그때 그 이름은 단순히 기술적descriptive이지 않다. 일단 배정이 되면 기술을 위한 도구가 되기 때문이다. 즉, 이름은 사건에 맞춰 변경되지 않으며, 어떤 사건이 일어나든지 간에 그것에 대해 기술할 때 언급된다.

따라서 샤록의 말은 일단 하나의 범주가 그 범주에 배정된 구체적인 특징을 가진다면, 그런 특징은 바뀌지 않고 오히려 범주를 사용할 때 언급된다(예: 아이가 울자 엄마가 아기를 안아줬다)는 뜻이다. 또한 이런 범주 기반 활동과 서술은 구성원들이 매일 마주치는 사회적 세상을 이해하는 데 중요한 의미를 갖는다. 사람들로 하여금 다른 사람의 행동을 가치 평가하게 만들기 때문이다(Wowk, 1984, p.76). "표준, 기준, 판단, 영향 등이 범주화, 묘사, 추론과 같이 다양한 실용적인 문제와 함께 묶이기 때문에" 이런 도덕 평가는 중요하다(Jayyusi, 1984, p.181). 이런 도덕적 가치는 지속적으로 사용되기 때문에 시간이 흐르면서 각인되는 경향을 띠고, '자연스럽게' 보이기 때문에 구성원의 행위에 영향을 미치는 데 도움을 준다. 즉, 도덕적 가치는 규범적 행동을 구성하며, 동일한 또는 다른 범주에서 다른 사람의 행위와 특징을 판단하는 데 사용된다. 기준을 위반하면 분리 현상이 일어난다. 그러면 다른 범주 구성원들은 어떤 특정 인물이 '에이저'이고 '마르'며 심지어 '결함이 있다'고 비난하며 위반한 행동에 대한 도덕적 판단을 내리게 된다(Schegloff, 2007, p.469). 궁극적으로 이 특정 인물은 위반 행위를 멈추거나 재범주화될 것이다(Speer, 2005, pp. 119-120). 우리는 이런 정체성 범주의 특징과 담화 분석 도구를 이용해 리벤지 포르노 가해자들이 올린 이전 파트너의 성적 노출 이미지와 텍스트를 분석할 것이다.

마이엑스닷컴

2013년 웹 솔루션스 B.V. 네덜란드에 의해 설립된 마이엑스닷컴 서비스와 웹사이트는 국가 구분 없이 익명으로 이전 파트너나 아는 사람의 이미지, 동영상 그리고 텍스트를 복수할 목적으로 또는 그저 재미 삼아 업로드하고 공유하는 기술을 제공한다. 포르노와 연관된 다른 사이트들과 마찬가지로 여기에서 더욱 노골적인 포르노 사이트(예: 슬럿 룰렛, 배러 댄 틴더, 리얼리티 킹즈), 섹스 데이트 사이트(예: 크레이그스리스트, 픽북, 인스타뱅), 유명 게임의 섹스 버전(예: 콜 오브 부티, 미스 팩호어, 그랜드 퍽 오토) 그리고 생방송 섹스 사이트로 연결될 수 있다.

다른 온라인 리벤지 포르노 사이트와 달리 마이엑스닷컴에서는 게시자와 열람자 둘 다 컴퓨터를 이용한 소통 채널, 즉 댓글과 상세 검색 기술을 이용해 접하는 자료에 관여할 수 있다. 메인 페이지를 보면 방문자는 이미지 올리기, 여성·남성 등의 특정 섹션 탐색하기, 생방송 섹스 보기, 섹스를 위한 상대 만나기, '포르노뉴드'를 통해 포르노그래피와 연관된 다른 웹사이트 찾기를 할 수 있다. 또 특정 인물을 클릭하면 그 인물의 동영상과 사진을 볼 수 있는 페이지로 연결된다. 열람자는 거기서 게시자가 올린 텍스트 또는 서로의 게시물에 응답하거나, 자신이 보고 있는 인물의 성적 노출 이미지에 대해 언급할 수 있다. 그 밖에 '왓츠 핫'과 같이 특정 포르노 비디오로 연결되거나 마이엑스닷컴에서 '가장 평점이 높은' 또는 '가장 조회수가 많은' 게시물로 연결되는 기능도 있다.

마이엑스닷컴은 자사 웹사이트에 사람들이 타인의 성적 노출 이미지, 동영상, 텍스트를 익명으로 올릴 수 있기는 하지만 미성년자 게시물 또는 육체적 학대를 담은 게시물 등 불법으로 간주되는 것은 없애거나 조정한다고 주장한다. 하지만 마이엑스닷컴의 주장은 모순적이다. 리벤지 포르노가 피해자에게 미치는 영향을 아는 상황에서 그들의 사용자 콘텐츠 지침에 따라 부적절한 행위를 허용하지 않는다고 진술하고 있을 뿐이다. 다음을 살펴보자.

웹사이트 사용 조건은 다음과 같습니다.

- 당 웹사이트를 이용해 모욕적이고, 부정확하며, 폭력적이고, 해로우며, 위협적이고, 음란하며, 역겹고, 혐오스럽고, 차별적인 또는 다른 어떤 불법적인 자료를 제출하거나, 공개하거나, 전시하거나, 유포하거나 기타 방식으로 다른 사용자와 소통할 수 없습니다.
- 당 웹사이트를 이용해 다른 사람을 괴롭히거나 그 사람의 사생활을 침해할 수 없습니다(개인 정보 유포를 포함).
- 당 웹사이트에서 다른 사람을 '스토킹'하거나 기타 방식으로 괴롭힐 수 없습니다.

또한 마이엑스닷컴은 사용자가 다른 곳에서도 "유해하고, 위협적이며, 폭력적이고, 괴롭히고, 불법적이며, 다른 사람의 사생활을 침해하는 그 어떤 활동 또는 제3자가 무례하다고 느낄 만한 행위 또는 제3자(또는 기업)의 권리를 침해하는 어떤 방식에도 관여하지 말아야 한다."고 선언한다(MyEx.com, 2014년 8월 8일). 또 불만 사항이나 자료 제거 요청을 받으면 48시간 내에 해당 게시물이 제거된다고 고지하는데, 48시간이면 게시물을 복사해 다른 웹사이트에 올리기 충분한 시간이다. 한 피해자의 자료가 비교적 짧은 시간 내 200개의 사이트에 업로드되었다고 알려진 바 있다.

누군가 자료를 제거하려 하면 마이엑스닷컴은 요청자에게 "사진을 등록한 다음 저작권청에서 받은 저작권 등록 번호를 보내십시오. 저작권 등록 번호가 없다면 우리는 귀하의 이메일을 무시할 것입니다."라는 지침을 보낸다. 저작권법은 해당 사진이나 동영상을 찍은 사람에게 저작권이 있다고 명기하기 때문에 대부분의 피해자들이 웹사이트에서 관련 자료를 지우는 것은 거의 불가능하다(Gov.UK, 2014). 따라서 리벤지 포르노는 단순한 학대가 아닌 조직적인 틀 안에서 통제되는 조직적이며 강요된 학대라는 것을 알 수 있다.

자료와 분석

마이엑스닷컴의 데이터베이스는 매일 확장되고 있으며 현재 수천 명의 성적 노출 이미지, 동영상 그리고 텍스트를 보유하고 있다. 남성이 올린 여성의 게시물, 여성이 올린 남성의 게시물, 여성이 올린 여성의 게시물과 남성이 올린 남성의 게시물이 있다. 2016년 3월 28일에 우리가 분석을 실행한 결과, 10,576개의 게시물(90퍼센트)이 여성, 1,173개(10퍼센트)가 남성에 대한 것이었다. 이미지는 익명으로 올릴 수 있지만, 젠더 성향과 색인 작업을 통해 게시자의 젠더를 파악할 수 있었다(Antaki & Widdicombe, 1998 참조). 예를 들어 '놈', '녀석', '사내', '남자' 등 남성을 언급하는 단어나, '아내', '부인', '여자 친구'처럼 여성 파트너와의 관계에 대한 언급 그리고 전형적인 이성애 남성의 남성적 지표("네 마누라의 그 놈.")와 동성애 남성의 남성적 지표("그는 항문 섹스를 한다. 내가 그 남자랑 해봐서 안다.") 등을 통해 남성 색인 작업을 했다. 여성 색인 작업은 '여자', '매춘부', '암컷', '여성' 등의 여성 언급 단어나, 게시물에 올라온 남자와의 관계에서 자신의 위치를 나타내는 표현("전 남친", "다른 여자들이랑 섹스한다", "전 남편") 그리고 전형적인 이성애 여성을 나타내는 지표("나를 임신시켰다.")와 레즈비언 여성 지표("이 여자는 우리 레즈비언 공동체에서 '프레테즈비언'이라고 부르는 부류다.") 언급을 통해 이루어졌다. 이러한 정체성은 "이름을 드러내지" 않아도 이성애 '여성/남성', 게이, 레즈비언으로 구분해 처리할 수 있다(Antaki & Widdicombe, 1998, p. 4).

우리의 데이터 수집 절차의 전반적인 목적은 (미시적 텍스트 담론 분석을 위해) 복수를 목적으로 이전 파트너의 성적 노출 이미지, 동영상, 텍스트를 일반에 공개한 행위에 대한 해명에서 젠더와 섹슈얼리티를 언급하는 각기 다른 방식을 알아내는 것이다. 이런 맥락에서 우리는 다음의 작업 틀과 단계에 따라 게시물을 검토했다.

1. 제목과 본문(텍스트)을 연구해 관련 텍스트 밝혀내기
2. 명확한 포함과 배제 기준에 따라 텍스트 선정하기
3. 베이커(Baker, 1997)의 3단계 과정(6, 7, 8장)에 따라 담론적으로 데이터 분석하기

도표 5.1 젠더 포함·배제 기준

포함·배제 기준	게시물 수	남성	여성
영어로 쓰인 것[a]	10,813	9,731	1,082
합의하지 않은 게시물[b]	10,272	9,245	1,026
친밀한 관계였던 전 파트너에 관한 것	4,930	4,437	493
기타[c]	5,342	4,808	534
이성	4,903	4,418	529
동성	24	19	5

a 미국 9,285개, 영국 796개, 캐나다 496개, 호주 214개, 뉴질랜드 22개 게시물 수를 더한 것에 근거한 근사치.

b 예를 들어 내 아내·파트너, 성생활이 자유분방한 사람, 포르노 배우에 대한 평점 매기기를 포함한다.

c 예를 들어 해커, 친구, 이전에 사귀었지만 복수가 목적이 아닌 사람, 섹스팅, 가볍게 아는 사이를 포함한다. 복수가 아닌 단순 자랑, 누구인지 알아본 경우, 거절 당한 경우는 제외한다.

포함과 배제 기준은 다음과 같다.

a. 영어로 쓰인 게시물

b. 합의 없이 올린 게시물

c. 전에 사귄 친밀한 파트너가 바람을 피웠다고 주장하는 게 시물

d. 이성애·게이·레즈비언을 지향하는 사람들의 게시물(도표 5.1)

우리는 엔비보Nvivo 소프트웨어 프로그램을 이용해 확실하게 복수를 하고자 하는 나머지 남성(4,437개)과 여성(493개)의 사례

를 코드화해 다양한 유형의 젠더 폭력과 학대를 묘사하는 핵심 단어와 어구 목록을 만들었다(GOV.UK, 2013 참조). 그 목록은 다음과 같다.

- **육체적**(예: 상처를 입히거나 고통·불쾌감을 주는 완력 행사, 때리기, 꼬집기, 머리카락 잡아당기기, 팔 비틀기, 목 조르기, 화상 입히기, 칼로 찌르기, 펀치 날리기, 밀기, 따귀 때리기, 밀치기, 발로 차기, 질식시키기, 물어뜯기)
- **성적**(예: 강간, 모욕적이거나 고통스러운 성적 행위 억지로 시키기, 불쾌한 성적 표현 언급, 성적 애정 표현하지 않기, 어떤 사람의 섹슈얼리티나 사생활 부정하기, 굴욕감 주기, 어떤 사람의 섹슈얼리티를 비판하거나 통제하려 들기, 강제 매춘, 성적으로 문란하다거나 성적으로 부정행위를 저질렀다고 증명되지 않은 주장하기, 고의로 성병이나 에이즈 전염시키기)
- **감정적**(예: 욕하기, 무시하기, 가족이나 친구와의 만남 거부하기, 질투, 어떤 사람에게 굴욕감을 주거나 놀리기)
- **심리적**(예: 폭력을 행사하거나 버리겠다는 협박, 스토킹·학대, 어떤 사람의 활동을 부적절하게 통제하기)
- **영적**(예: 어떤 사람이 원하는 영적·종교적 활동을 하지 못하게 하기, 어떤 사람의 영적·종교적 전통이나 신념, 믿음이나 관습을 폄하하고 조롱하기)
- **문화적**(예: '명예'를 빙자한 행위 또는 기타 범죄로 육체적 해를 끼치

거나, 기피하거나, 불구로 만들거나, 살해하기)

- **언어적**(예: 어떤 사람의 과거 실수 상기시키기, 불신의 표현, 소리 지르기, 거짓말, 모욕하기)

- **금전적**(예: 어떤 사람의 돈, 자산, 재산을 불법적으로 또는 부적절하게 사용하기, 사기 행각, 돈 뜯어내기, 거짓말이나 속임수로 돈 유용하기, 돈을 통제하거나 주지 않기)

- **방치**(예: 혼자서는 할 수 없는 일 도와주지 않기, 도움이 필요한 사람과 함께 있지 않기)

여기에서 우리는 3장에서 다룬 다양한 전통과 관점, 즉 복수를 위한 포르노그래피, 개인 간 복수, 폭력, 학대, 컴퓨터와 정보 기술, 공론화, 그리고 젠더-섹스 관행들을 부호화했다. 부호의 숫자는 도표 5.2에서 순서대로 정리했다.

확실히 종종 대립되는 이야기가 몇 가지씩 담겨 있는 게시물도 많았다. 모든 게시물을 제시할 수는 없으므로 게시자가 이런 담화를 드러낸 견본을 뽑았다(반드시 다 같은 게시물에 수록되어 있는 것은 아니다). 이를 위해 우리는 게시자들이 해명과 묘사를 하는 방식, 리벤지 포르노에 담겨 있는 이해관계를 관리하는 법 등 자료를 올린 동기에 대해 우리에게 말해주는 것을 자세히 살펴보았다. 즉, 텍스트의 개별적인 부분은 물론이고 순차적인 전체 분석도 실행했다는 의미다. 참여자의 담화에서 여러 가지 요소를 추적할 수 있다. 이런 요소들을 참여자가 담화 속에서 그에 의미를 부여하고 지향할 때 개별적으로 논의했다. 대문자로 표기된 것들이 몇 가지 있는데(영문 표기상 대문자인데 번역문에서는 밑줄로 강조했다.-편집자 주), 이는 전자 테스트 쇼틍에서 일종의 '소리 기르기'(Robb, 2014)에 해당된다. 또한 게시자는 자신의 주장을 강화(Jefferson, 1991)하는 데 도움이 되도록 세 개의 요소를 쭉 나열한다. 그리고 주장을 정당화하고 뒷받침(Edwards, 2000)하기 위해 구사하는 비非극단적 일반화non-extreme generalisation와 극단적 표현extreme-case formulation(Pomerantz, 1986), 정체성 만들어 내기와 기반 활동 그리고 서술들(Sacks, 1992)도 있다.

도표 5.2 중심 담화

중심 담화	이성애 남성	이성애 여성	게이	레즈비언
육체적 폭행	0	37	0	0
관계 통제	17	201	0	2
성적 대상화	1,220	83	1	0
부정행위[a]	4,417	477	19	5
매춘	554	35	0	1
섹슈얼리티[b]	611	99	4	3
섹스 관행[c]	378	104	6	0
돈[d]	217	110	0	0
부모 노릇[e]	58	64	0	0
섹스팅	90	49	1	0
위생[f]	2,573	149	0	1

[a] 이것은 메타담화다. 그래서 우리는 오로지 6장의 A6 사례같이 게시자가 그들 자신의 부정행위를 동기로 언급했을 때의 표본만 사용한다.

b 피해자의 섹슈얼리티에 의문을 제기하는 이성애와 동성애 게시물.

c 피해자가 변태적인 성행위에 관심을 갖는다고 묘사된 게시물.

d 가해자가 자신이 또는 피해자가 돈을 조금씩 빼돌린다고 제보한 게시물. 예를 들면 자녀 양육비, 훔친 물건을 되파는 행위.

e 가해자가 자신 또는 피해자를 형편없는 부모라고 말하는 게시물. 예를 들어 아이를 볼 기회를 박탈당하거나 양육비를 주지 않는 것.

f 성병이 있거나 위생 상태가 불량하다고 제보된 사람들을 말한다. 안전하지 않은 섹스 파트너를 여럿 두고 있다고 언급된 사람들도 깨끗하지 않을 수 있지만 이들은 포함시키지 않았다. 우리는 이런 사람들은 성적 불륜의 범주로 분류하는 것이 좀 더 적절하다고 보았다.

윤리적 고려 사항

온라인 연구를 실시할 때 오프라인 상황에서라면 반영되지 않을 여러 가지 윤리적 고려 사항이 제기될 수 있다. 영국 심리학 학회(British Psychological Society, 2013, p.1)는 다음과 같이 밝히고 있다.

> 인터넷 기반 연구IMR는 현행 윤리 원칙을 고수하면서 특정한, 때때로 불분명한 문제들을 제기할 수 있다. … 여기에는 공적·사적 영역 구분, 온라인 데이터의 기밀성과 보안성, 적절한 동의를 얻는 절차, 자료 철회 권리와 임무 수행 보고를 보장하는 절차, 연구 통제 수준, 과학적 가치와 잠재적 유해성에 대한 영향이 포함된다.

이런 점을 감안해 주요 저자가 일했던 이전 대학으로부터 윤리적 승인을 얻었다.

인터넷에서 데이터를 수집하면 일반적으로 '공적' 공간 과 '사적' 공간으로 간주되는 것에 대한 윤리 문제가 제기된다 (Hookway, 2008; Rodham & Gavin, 2006; Walther & Boyd, 2002). 한 가 지 분명한 문제는 미리 고지하고 동의를 얻을 수 있는지의 여부 다. 학자들(Hookway, 2008; Rodham & Gavin, 2006; Walther & Boyd, 2002)은 개방된 온라인 웹사이트라도 반드시 동의를 얻기 위한 모든 노력을 해야 한다고 주장한다. 이미지, 텍스트, 동영상이 익 명으로 업로드되는 점을 감안하면 모든 게시자들의 동의를 얻 기는 엄청난 탐정 수사를 하지 않고는 거의 불가능하며 피해자 에게 동의를 얻기도 마찬가지다. 마이엑스닷컴과 유사 사이트에 자신의 이미지가 올라간 사람들에게 사생활 문제는 여전히 민 감하고 해결해야 할 과제로 존재한다. 그래서 우리는 영국 심리 학 학회(British Psychological Society, 2013) 지침에 맞춰 오로지 글 (텍스트)만 사용하고 데이터는 가능한 한 익명화했다(예를 들어, 개 인 신상 자료를 생략하고 [신원 생략]으로 표기하고, 텍스트 안에 있는 개 인 정보, 특정 지역 방언이나 지역을 유추할 수 있는 단어도 삭제했다). 법 적인 이유에서 삭제한 개인 정보도 있다. 참고하는 데 사용될 수 있는 시각 자료는 자료에 나온 사람의 존엄성이 손상되는 것을 막기 위해 분석과 해석에 제한을 받는다 해도 익명화했다. 익명 화 작업 문제는 특히 중요하다. 리벤지 포르노의 힘과 관행이 부 분적으로는 동의 없이 이미지와 텍스트를 사용하는 데서 파생되기 때문이다. 피해 과정의 관점에서 볼 때 이 힘과 관행은 때로는 아주 오랜 시간 동안 익명화되지 않은 특정 인물들을 따라다닌다.

6장

이성애 남성 사례
:"그 여자가 내 아이를 빼앗고 내 삶을 망가뜨렸어"

'She took my kids, ruined my life'
: heterosexual men's accounts

도입

6장은 이성애 남성이 (일반적으로 이전) 파트너의 노골적 성적 이미지를 공개하게 된 이유를 두서없이 해명하는 방식에 초점을 맞춘다. 특히, 남성들이 자신들의 행위를 해명하면서 남성성, 남자다운 행동, 여성성 그리고 섹슈얼리티를 언급하는 복잡한 방식을 보여준다. 마이엑스닷컴에 올라간 사진과 동영상의 90퍼센트가량이 여성을 담고 있으며 대부분 남성 이전 파트너가 해당 자료를 올렸다. 게시자는 익명으로 남을 수 있지만 데이터 색인 작업을 통해 수많은 게시자가 남성임을 확인할 수 있었다. 여성 그리고 다른 남성들과의 관계에 비춘 자신의 위치("내 전 부인." "그 여자가 내 아이들을 데려갔다." "남성 동지들과 그녀를 공유하겠어." "그 여자의 남자가 내 축구팀에서 뛴다.")를 보면 확실히 남성임을 알 수 있었다. "이름을 드러내지" 않아 신원 확인을 할 수 없어도 이런 사례는 '남성'으로 다룰 수 있다(Antaki & Widdicombe, 1998, p.4).

이성애 남성임을 확실하게 가리키는 게시물은 처음에 다음과 같은 해명 반응 유형에 따라 부호화했다.

- 무신경함: "서로 다른 길을 가게 됐지만 그냥 이걸 올린다."
- 자랑: "내가 경험한 최고의 섹스. 더럽게 좋았다. 무슨 짓이든 해서라도 할 거다."
- 바람: "여친이 자꾸 바람피워서."

- 사기: "이 여자가 내 돈 수천 파운드를 훔쳤다."

- 보여주기: "전 파트너는 아니고 그냥 아는 사람."

- 부도덕함: "그 여자가 내 애들을 빼앗고 내 삶을 망가뜨렸다."

- 홍보: "엉큼한 여자다. 이 여자의 엄청난 젖꼭지 좀 감상해보 시라고."

- 평가: "동지들, 이 여자 어떻게 생각하시는지?"

- 누군지 알아보고: "내 옛날 친구."

- 후회: "뭐라고 말해야 할지 모르겠네. 이런 실수를 하다니."

- 퇴짜 맞음: "채팅 방에서 이 여자와 만나 채팅을 하고 사진을 보냈는데 그 여자가 나를 차단했다. 실수한 거지."

- 추억: "그녀와 다시 자고 싶다."

- 서비스: "그녀의 친구들 모두 이런 걸 보고 싶어 해서."

- 공유: "그녀 사진을 공유하겠다. 보고 그녀한테 말만 하지 말 기를."

- 트롤링: "프로필에 본명을 쓰는 멍청한 모델!"

- 전리품: "그 여자 남친이 내 축구팀에서 뛰는데 그녀는 계속 나랑 섹스한다."

- 폭로전: "그녀의 남자가 감옥에 가 있는 사이 그 여자랑 바람 피우다가 들킴."

- 경고: "이 여자 성병에 걸렸으니 경고함."

우리는 초점을 남성성 그리고 남자다운 행동과 파트너 학대 사이의 관계에 맞췄으므로, 음성적이며 합의하지 않고 올린 게 분명한 자료에 주목하고, 복수가 아닌 자랑을 위해, 누군가를 알아보고서, 거절당해서 그리고 트롤링을 위해 올린 사례는 제외했다(Anderson & Umberson). 다른 말로, 파트너가 저지른 부정에 대한 복수를 원하는 것으로 보이는 게시물에 드러나는 다른 담화의 사례도 자세히 살폈다. 나머지 텍스트들을 대상으로 실행한 추가적 부호화 작업을 통해 관계 통제(다른 남성에 대한 통제도 포함), 섹슈얼리티, 성적 대상화, 불륜, 매춘, 섹스 관행, 돈 그리고 부모 역할 등과 같은 담화를 대략적으로 분류해낼 수 있었다. 우리가 본 가장 대중적인 남성적 담화는 이성애 여성의 난잡한 성생활 때문에 연인 관계가 파탄 났다고 주장한 사례들이었다. 이 맥락에서 여성은 '헤픈 여자'로 취급되며 경멸의 대상으로 표현되었다(여성에 대한 의미론적 폄하에 대해서는 Schulz, 1975 그리고 Stokoe, 2003 참조). 놀랍지 않은 건, 레즈비언 불륜 사례에서는 사례가 게시자 자신의 성적 욕망과 일치하는 경우, 불륜은 긍정적으로 그려졌다. 먼저 2013년 마이엑스닷컴이 등장하고 얼마 지나지 않아 나온 게시물 발췌분에서의 관계 통제 사례를 살펴보는 것으로 시작한다.

관계 통제

A1

"내 전 여친"

익명

최근에 헤어졌다. 내가 너무 통제를 했다고는 하지만 그래도 그녀가 남자를 보는 족족 꼬리치지 않았다면 전화기를 체크한다거나 페이스북 계정을 닫으라는 말까지 하지는 않았을 것이다. 이제 그녀가 나랑 끝냈으니 이걸 나 혼자 가지고 있는 게 의미가 없다.

A1은 자신이 전 파트너를 "너무 통제를 해서" 그들의 관계가 파탄이 났다고 말한다. A1은 그에 대한 비난을 불신하지만 ("했다고는 하지만") 그가 '너무'라는 단어를 사용한 데서 우리는 A1이 일정 수준의 통제는 받아들여질 수 있다고 생각한다는 사실을 알 수 있다. 이런 점은 친밀한 관계에서의 젠더 파워에 대해 더튼(Dutton, 2007)과 프랭클린과 메나커(Franklin & Menaker, 2014)가 연구한 작업과도 들어맞는다. 그들은 가깝고 친밀한 관계에 사회의 가부장적 권력이 반영되고 그 권력은 재생산된다고 지적한다(Stark, 2009). "그래서 남성이 의사 결정을 책임지고 권위를 갖는다"(Franklin & Menaker, 2014, p.2). 이는 어떤 남성(그리고 여성)이 일정한 형태의 친밀한 관계에서 통제를 필연적이고 규범적으로 받아들일 수 있음을 암시한다. 또한 이런 쟁점은 A1이 전 여자 친구가 "남자를 보는 족족 꼬리쳤다."고 비난하며 그

렇기 때문에 여자의 "전화기를 체크한다거나 페이스북 계정을 닫으라"고 말한 데에서 더욱 공고히 드러난다. 앤더슨과 움버슨 (Anderson & Umberson, 2001, p.359)이 지적하듯 다른 남자들에게 친절하게 구는 행위를 포함해 "무언의 육체적, 성적 또는 정서적 요구를" 충족시키지 못한 여성을 통제하려 드는 남성들이 있다.

홍미로운 것은 A1은 "이제 그녀가 나랑 끝냈으니"라고 말하며 파트너가 관계를 파탄으로 몰아넣었으므로 그녀가 통제권을 쥔 입장이라고 말하면서도, 그 일을 노출 이미지를 올리는 이유로 사용하지는 않는다는 점이다. 이는 그렇게 할 경우 사진을 보는 열람자들이 A1이 전 파트너에게 앙심을 품고 복수하기 위해 사진을 올린 것으로 볼 수 있고, 그렇게 되면 그가 가해자가 아니라 피해자라는 논리가 약해질 가능성이 있음을 A1이 알고 있다는 점을 시사한다(Edwards & Potter, 1992, p.158). 대신 그는 사생활은 친밀한 관계가 한정하는 범위 내에서만 유효하다고 설명하려 애쓴다. 일단 연인 관계가 끝났으니, A1은 자신이 사적으로 소비했던 것을 다른 사람들이 소비하도록 공개할 '권리'가 자신에게 있다고 주장한다. 이렇게 그는 여성의 몸에 대한 상품화를 용납 가능한 복수의 한 형태로 부각시키고, 그 이미지들을 남성끼리 교환 가능한 대상으로 확립시켜 동의하지 않은 이미지를 올리는 폭력 행위를 감추려 든다(Whisnant, 2010).

다음은 전 파트너가 친밀한 관계를 통제한 사례이다. 하지만 이런 사례는 젠더 비규범적이라는 비판을 받았다.

A2

"10점 만점에 4점"

익명

거만하고 불감증에다 지루하기만 한, 섹스는 1도 모르는 이 여자가 내 삶을 모조리 통제하려 들었다. 나는 친구들과 함께 외출도 못 했다. 애정 결핍인지 나한테 찰싹 붙어 도저히 떨어지려 하지 않는 바람에 고스란히 그녀와 시간을 보내야만 했다. 사귄 지 1년도 안 돼서 헤어지고 싶었지만, 2년 반이 지나서야 끝낼 수 있었다. 그녀는 내 페이스북이며 문자 메시지 등을 다 뒤지고 다녔다. 정말 짜증나고 유치하다. 가슴은 조그맣고 처진 데다, 코만 엄청 크고 태도에도 문제가 있었다. 자신이 실제보다 훨씬 더 예쁘다고 생각한다. 침대에서는 아무것도 할 줄 모르고 자극적인 건 정말 하나도 없었다.

이 발췌본에서 맨 처음 주목할 것은 A2가 전 파트너의 점수를 "10점 만점에 4점"으로 매기면서 시작한다는 점이다. 색스 (Sacks, 1992)는 인사와 소개를 할 때 절차적 규칙이 있다고 지적했다. 즉, 처음에 이야기를 하거나 말을 시작하는 사람이 선택한 형식을 그 다음의 사람들이 따라 한다는 것이다. 이미지의 대상에게 낮은 점수를 매기면서 시작함으로써 이 글을 읽는 사람들이 여자의 성격과 성생활에 관한 나머지 부분도 그에 관련시키도록 만든다. 초반부에 '섹스는 1도 모른다'고 여겨지는 여성에 대해 '거만하고' '불감증에다' '지루하기만' 하다는 성격과 관련된 세 가지 요소를 나열한 것을 보면 알 수 있다. 제퍼슨

(Jefferson, 1991)은 세 가지 요소를 쭉 나열함으로써 명료함이 더해지고 주장에 무게가 실린다는 점을 보여주었다.

이 발췌본에서 눈에 띄는 점은 A2가 관계를 끝낸 것이 자신이라고 주장한다는 점이다. "사귄 지 1년도 안 돼서 헤어지고 싶었지만 2년 반이 지나서야 끝낼 수 있었다." 이렇게 함으로써 A2는 자신이 전 파트너의 성적 노출 이미지를 올린 사실에 대해 해명을 해야 하는 입장이 된다. A1 사례에서는 여자가 관계의 통제권을 가지고 있었으며 성적으로 난잡했고, A2에서는 여자가 "섹스는 1도 모를" 정도로 성생활면에서 부족해 관계가 끝장났고 "내 삶을 모조리 통제"하려 들었다는 점에서 유사성을 찾을 수 있다. A1과 A2 게시자 모두 "육체적, 성적 또는 정서적 욕구"가 채워지지 않았다는 점을 부각시킨다(Anderson & Umberson, 2001). 따라서 이 두 가지 사례 모두에서 여성이 규범적인 젠더와 섹슈얼리티 역할을 제대로 수행하지 못했다고 표현된다. 이 규범적인 역할에서 남성(게시자)은 마땅히 여성을 통제할 만한 자격이 있다고 여겨진다(Whisnant, 2010, p.127). 사실 이는 A2가 추가적으로 여성의 신체에 대해 "가슴은 조그맣고 처진데다, 코만 엄청 크고"라고 언급한 데서 확인할 수 있다. 이는 여성의 신체와 외모를 자의적으로 이용할 수 있다고 생각하는 남자들이 있다고 보았던 이전 학자들의 연구에 들어맞는다(Connell & Messerschmidt, 2005; Johansson & Hammarén, 2007). 포르노그래피 시청자들이 압도적으로 남성이라는 점을 고려할 때(Weitzer,

2011), A2 사례는 남성이 지배적인 열람자들을 위해 남성적 언어로 구성되었을 뿐 아니라, A1에서처럼 폭력성이 가려져 있고 남성들 사이에서 교환이 이루어졌음을 알 수 있다.

A2와 비슷하게 다음 발췌본에서도 방식이 다르기는 하지만 젠더와 섹슈얼리티에 대한 기대 개념을 언급한다.

성적 대상화

A3

"[신원 생략] 창녀"

익명

아무짝에도 쓸모없는 [원문 표현 그대로임] 이 여자는 15년간 사귄 내 전 여친이다. 서부극 간판스타 존 웨인의 총에서 발사된 총알보다 더 많은 거시기를 받았고, 바그다드에 쏟아진 총알보다 더 많은 거시기를 먹었다. 아마 당신 엄마네 세탁기보다 일을 더 많이 했을 거다. <u>위험</u> 감수하고 넣길!

이 텍스트에는 성행위에 대한 자랑과 동시에 전 파트너가 성적으로 부정행위를 저지른 사실이 드러난다. 성적 부정행위는 제목에서 여자를 "창녀"라고 모욕적으로 부른 점과 마지막에 "<u>위험</u> 감수하고 넣길!"이라고 한 데서 바로 인지할 수 있다. 슐츠(Schulz, 1975)가 실시한 여성을 지칭하는 모욕적 어구의 역사적 분석에 따르면, 이성애자이며 성적으로 난잡한 여성을 지칭할 때 '창녀hoe[whore]'를 썼다(여성을 '갈보slag'라고 부른 사례에 대해서는 Winkler Reid, 2014 참조). 또 이성애자의 성기 '삽입'으로 읽히는 "위험 감수하고 넣길!"이라는 경고성 발언을 한 것을 보면, A3는 남성이며 남성 열람자를 대상으로 이야기하고 있다.

A3는 여성에게 행해진 성행위를 세 가지로 나열하면서 ("총알보다 더 많은 거시기를 받았고" "총알보다 더 많은 거시기를 먹었다." "당신 엄마네 세탁기보다 일을 더 많이 했을 거다.") 이를 '팩트'로 제시한다(Jefferson, 1991). 이는 '그'가 바로 그녀에게 이와 같은 행위를 한 사람이라는 점을 암시함으로써 이 남자의 남성으로서의 지위를 추켜세우는 작용을 한다. 하지만 이 게시물이 경고이기도 하다는 점을 감안할 때 왜 그들이 '15년'이나 사귀고 헤어졌는지 이 남자가 말하지 않는다면, 열람자들이 이와 같은 성행위가 A3가 아닌 다른 남자에 의해 행해졌을지도 모른다고 해석할 수 있다. 그럴 경우 그의 남성적 위치가 도전을 받을 수 있다. 그런 해석을 피하기 위해 A3는 "존 웨인의 총에서 발사된 총알보다 더 많은 남자 거시기를 받았고, 바그다드에 쏟아진 총알보다 더 많은 남자 거시기를 먹었고, 당신 엄마네 세탁기보다 일을 더 많이 했을 거다."라며 글을 '유머러스하게' 만든다(남자가 방향 전환을 위해 유머를 구사하는 전략에 대해서는 Benwell, 2004 참조). 다시 말해 성적 유머를 구사하면 남자가 정서적으로 덜 얽매인 것으로 그려지므로 이 남자는 그런 성행위를 하는 '행위자'의 위치로 올라간다. A3가 '가벼운' 농담을 사용하는 것도 그를 그런 남자들 중 하나(A3가 존 웨인을 아는 데서 어느 정도 나이가 든 남자라는 사실을 알 수

있기는 하지만)로 제시하는 데 이용되므로 A3가 성적 이미지를 노출시켜서 상대 여성에게 입힌 피해에 대한 책임을 희석시키는 작용을 한다. 즉, 이런 유형의 자료를 만들건 소비하건 그것은 남성의 규범적 행동이므로 그는 비난을 받지 않아야 한다는 의미를 담고 있다(Whisnant, 2010, p.122).

다음 발췌본에서는 다른 남자를 상대로 경쟁해 점수를 땀으로써 이성애 남성의 성적 문란함이 정상적인 행동이 되는 현상이 나타난다. 이는 남성이 여성을 대상으로 폭력을 행사하는 경우에도 나타날 수 있다(Hearn, 1998).

A4

"당신 마누라의 그놈"

익명

이 숙녀분과 2년 이상 만났다. 그런데 그녀의 쥐새끼 같은 남편이 계속 우리 주변을 쫓아다니며 우리가 같이 있는 사진을 찍으려고 했다. 그 남자는 우리 관계를 폭로하겠다고 위협했다. 결국 나는 너무 짜증이 나서 그녀와 끝냈다. 여기에 당신은 절대 찍지 못할 사진을 공개하겠다. 그녀는 나를 만나기 전에는 남편이 하도 긴장을 해서 단 한 번도 완전한 오럴 섹스를 하지 못했다. 내가 그녀를 남자 거시기를 빠는 항문의 여왕으로 만들고 떠났지.

제목을 보면 A4가 다른 남자의 '아내'와 어떤 종류의 관계를 맺었다는 사실이 확실하게 드러난다. A4가 자신의 정사를 묘사하는데 두 가지가 눈에 띈다. 첫째, 이 남자가 정사를 벌인 상대는 '숙녀분'이다. 범주 선택은 텍스트를 어떻게 읽느냐에 중요한 역할을 한다. 에드워즈(Edwards, 1998, p.25)는 이런 범주가 "연령, 결혼 여부 그리고 성관계를 할 잠재적인 가능성과 관련해 유용한 관습적 연관성이 있다"고 주장한다. 여기서는 '숙녀분'이라는 단어를 통해 그녀가 존중할 만한 대상이라는 것을 추론할 수 있다(Stokoe, 2003, p.331). 또한 이 여성이 똑똑하고 지각이 있고 까다로운 사람일 수 있거나 또는 아예 그렇지 않을 수도 있음을 글자 그대로 전달하거나 모순 또는 풍자적으로 전달하는 것이다.

둘째, 그가 시간을 언급하며 "2년 이상"이라고 한 부분은 이들의 관계가 단순히 성적인 면뿐만 아니라 아마 정서적으로도 엮여 있음을 암시한다. 이런 입장을 부각시키면서 A4는 자신을 그들의 관계를 "폭로하겠다고 위협한" "그녀의 쥐새끼 같은 남편"에 의한 피해자로 상정할 수 있다. 여기서 A4도 역시 누군가에게 부정을 저지르고 있음이 암시된다. 그들의 관계를 폭로하겠다고 위협하면서 "그녀의 쥐새끼 같은 남편"은 힘을 가진 위치에 올랐고 사실상 그 결과 이들의 정사는 "끝났다". A4가 이전 파트너의 성적 노출 이미지를 온라인에 올린 것은 자신에게 다시 힘을 부여하려는 방법으로 읽을 수 있다. 그가 주장한 성행위 설명 부분, "완전한 오럴 섹스"를 해줬고 "항문의 여왕"으로 만들어준 사람은 A4의 주장에 의하면 그녀의 남편이 아니다. 또한 성행위를 노골적으로 공개하는 것은 그녀가 남편과는 하지 못했던 행위를 A4는 하게 만들 수 있었으므로 A4가 (그녀의 허약한 남편과 비교했을 때) 성적으로 강력하다는 사실을 부각시킨다. A4는 여자를 "숙녀분"에서 "남자 거시기를 빼는 항문의 여왕"으로 격하시켰다. '숙녀분'이라는 단어에서는 '존경할 만함'과 '정숙함'을 추론할 수 있고 '거시기를 빼는 항문의 여왕'에서는 '경망스러움'과 '천박함'이 드러난다(Stokoe, 2003, p. 331). 이렇게 '숙녀분'을 '거시기를 빼는 항문의 여왕'으로 바꿔버릴 때 발생하는 "범주, 서술 그리고 과업"(Hester & Eglin, 1997)은 그녀의 남편이 부인을 지켜낸 승리를 폄하하는 작용을 한다. 반면 A4가 그녀와 한 성행위로 남편을 이겼다고 주장하는 모습은 셰익스피어 작품에서의 부정한 아내의 남편을 다루는 주제와 유사하다.

다음에 나오는 사례에서 A5는 이전 파트너가 동성과 바람을 피운 것을 괜찮다고 받아들인다. 여기에서 우리는 이성애 남성의 남성성의 또 다른 영역을 보게 된다.

섹슈얼리티

A5

"양성애"

익명

내 여친이 이 사진들을 보며 자위를 한다는 것을 알게 됐다. 그녀가 아이폰을 아무렇게나 내팽겨쳐 놓고 나갔고 나는 그 안에 있는 사진들을 모두 다운받았다. 사진 속의 이 금발 여자는 내 여친과 자려고 애를 썼다. 나는 내 여친이 양성애자인 줄 정말 몰랐다. 그녀가 나를 위해 더 어린 여자랑 셋이 섹스를 할 기회를 만들 수 있을 테니 그건 괜찮다. 그런데 이 나이 먹은 여자가 내 여친에게 자기 사진을 보내고 있었다는 게 짜증이 났다. 사이버공간에 사진을 올리면 그게 어디에서 어떤 식으로 끝날지 아무도 모른다.

이 게시물에서 흥미로운 점은 피해자가 게시자의 '여자 친구'가 아니라 그녀를 성적으로 흥분하게 만들었다고 여겨지는 어떤 '나이 든 여자'라는 것이다. 이는 "내 여친이 이 사진들을 보며 자위행위를 한다는 것을 알게 됐다."에서 유추할 수 있다. A5는 "내 여친에게 자기 사진을 보내고 있었다."는 표현과 "이 금발이 내 여친과 자려고 애를 썼다."라는 표현을 써서 피해자를 레즈비언 성범죄자로 상정하고 자신이 한 행동을 해명하려 한다. 또 "나를 위해 더 어린 여자랑 셋이 섹스를 할 기회를 만들 수 있을 테니"에서 A5가 선호하는 성별, 연령 그리고 성적 취향이 확실하게 드러난다. 따라서 레즈비언이 불륜 행위를 시도했지만 그녀가 가해자의 파트너 선택 기준에 부합하기만 하면 받아들여질 수 있는 것으로 나타난다. 이는 성적 맥락에서 레즈비언에 대해 "좀 더 긍정적인 편견"을 가진 이성애 남자들의 성향을 나타내는 이전 연구에도 들어맞는다(Herek, 2000, p.262; Pichastor, Manuel, & Gabriel, 2009). 이성애 남성들이 점점 대중적으로 레즈비언 포르노그래피를 소비한다는 점을 감안할 때 (Webber, 2013) 이 사례도 A5가 남성 열람자들에게 '진짜 남자'

인증을 할 수 있는 자료를 제공함으로써 그의 동성 내 사회적 지위를 상승시키는 역할을 한다고 볼 수 있다(Whisnant, 2010).

이 글이 게시된 마이에스닷컴이 초전을 간안한 때 우리는 여성의 성과 섹슈얼리티가 두드러지게 나타나리라고 예상했는데, 자신의 성적 문란함을 매우 개방적으로 말하는 남성들이 있다는 점에 약간 놀랐다.

남성의 부정행위

A6

"못된 여자"

익명

6년간 사귄 다음 나는 바람을 피우기 시작했다. 그녀가 그걸 알게 되자 나랑 친구들에게 정말 큰일이 났다. 그녀가 나한테 성병을 옮긴 게 틀림없다. 가까이 오지 말고 행복하길.

A6의 제목을 보면 그가 이전 파트너를 싫어하며 못마땅하게 여긴다는 것을 알 수 있다. 흥미롭게도 그는 파트너 이외에 다른 여자와 관계를 맺고 있음을 드러내면서 게시물을 시작한다. 그가 여자 친구와의 연애 기간을 "6년간"이라고 밝힌 점이 흥미롭다. 이것은 텍스트의 나머지 부분이 어떻게 이해될지를 가늠할 수 있는 지표가 된다(Antaki & Widdicombe, 1998). 즉, 유추해보면 그는 6년 동안 충실하게 관계를 지키다가 "바람을 피우기 시작

했다". 바람을 피운 이유는 알 수 없지만, 시간에 대한 언급은 남자의 행동이 미친 영향을 최소화하는 일종의 상대화 전략이다. 이는 남성이 여성에게 물리적 폭력을 행사한 이유를 해명할 때도 사용된다(Hearn, 1998). 다시 말해 6년 뒤에 바람을 피웠다면 1년 뒤에 바람을 피운 것보다 그렇게 나쁜 것은 아니라는 것이다. 어떤 사람이 자신의 행동에 대해 설명할 때는 '이해관계'(자신의 개인적 이익)를 선택하고, 창조하고 관리해야 한다. 에드워즈와 포터(Edwards & Potter, 1992, p.158)는 다음과 같이 지적한다.

> 과거에 있었던 일을 말하거나 비난을 위한 이야깃거리를 만드는 사람은 누구나 … 그의 주장이 무시당할 위험을 감수한다. … 그들은 이해관계 또는 이익의 딜레마에 빠졌다고 생각되어야 한다. 그들은 이익을 챙긴다고 여겨지지 않으면서도 이익을 챙길 수 있도록 해명해야 한다.

흥미로운 점은 A6가 왜 자신이 바람을 피웠는지 그 이유는 밝히지 않고 오직 "6년 뒤"라고만 말했다는 것이다. 이렇게 함으로써 A6는 자신의 행동을 정상적인 것으로 만든다. 즉, 성적으로 문란한 것이 남성에게는 규범적이라고 제시한다(젠더, 사회적 규범과 섹슈얼리티에 대해서는 Muren, Wright, & Kaluzny, 2002 참조). 그리고 A6는 여자가 그의 바람을 알게 되었을 때의 결과를 언급한다. "나랑 친구들에게 정말 큰일이 났다." 그가 '정말'이라는 표현을 쓴 것은 아마도 그녀의 반응이 과도했다고 생각했음을 암시한다. 흥미롭게도 A6는 "그녀가 나한테 성병을 옮긴 게 틀림없다. 가까이 오지 말고 행복하길."이라고 말하면서 이전 파트너가 부정을 저질렀고 자신에게 성병을 옮긴 것을 비난하면서 게시물을 정점으로 치닫게 만든다. 그녀가 성적으로 문란했다는 암시는 A6가 저지른 부정행위에 대한 부분적인 해명 역할을 한다. 앞서 A3처럼 A6도 자신의 이전 파트너가 경망스럽다고 말한다. 이는 자신은 관대하며, 동시에 그녀를 소중하게 여기지 않음을 암시한다고 볼 수도 있다.

다음 게시물에서는 성적 경쟁력이 경제력 그리고 지위와 연결되어 있음을 확인할 수 있다.

매춘

A7

"[신원 생략] 정부情婦"

익명

[신원 생략]은 [신원 생략] 사업가에게 저당 잡힌 여자였다. 그는 그 여자에게 스포츠카를 사주고 멋진 아파트도 제공했다. 그녀는 매주 월요일마다 남자를 위해 시간을 비워두고 대기해야 했다. 그는 자신이 대가를 지불하니 당연히 그녀가 음부에 보석을 다는 미용술을 받는 등 온갖 음란한 짓을 다 하길 원했다. 그녀는 비밀스럽게 나를 만나기는 했지만 결국에는 현금과 화려한 생활을 택했다. 세상사란 게 다 그렇지 뭐. 그런데 그녀는 정말 섹스가 끝내줬다.

A4와는 달리 A7은 승리를 주장하지 않는다. '정부'를 차지하기 위한 경쟁을 벌였지만 그녀는 "결국에는 현금과 화려한 생활을 택했다". A7은 다른 남자를 '사업가'의 범주에 넣었는데(Sacks, 1992), 이 사업가는 "스포츠카를 사주고 멋진 아파트도 제공"하는 등 '정부'를 위해 비싼 물건을 사줄 수 있으므로 돈과 힘이라는 요소를 상기시킨다. 이 남자가 사업가와의 '전투'에서 패배해 동성 사회 내에서의 위치가 강등되었다고 생각하는 사람이 있을 수 있다. 그러나 A7은 이 문제를 피하면서, 여자와 감정적으로 엮여 있지 않고 그녀를 성적 소모품인 매춘부로 부각시킨다.

그는 선물에 대한 대가로 여자가 "매주 월요일마다 사업가를 위해 시간을 비워두고 대기해야 했다."고 말한다. "그는 기본적으로 자신이 대가를 지불하니 그녀가 음부에 보석을 다는 미용술을 받는 등 온갖 음란한 짓을 다 하길 원했다." "매주" "온갖" "당연히"와 같이 극단적인 표현을 사용한 점을 주목하라. 상황을 축소하는 "당연히"와 상황을 상향 조정하는 "매주" "온갖" 같은 극단적 표현은 어떤 사건이나 물건을 최소 또는 최대 수준으로 언급하는 방식이다(Pomerantz, 1986). 이런 방식을 통해 다른 사람들이 해명을 요구할 여지를 축소시킨다.

포메란츠(Pomerantz, 1986, pp. 219-220)의 연구는 사람들이 적대적인 상황, 그리고 다른 사람들이 그들의 주장을 약화시키거나 어떤 행동이 옳지 않다(또는 틀리다)고 주장하는 상황에서 (특히 그 행동이 '매주 월요일'처럼 빈번하게 이루어진다고 여겨질 수 있을 때)

극단적 표현을 쓴다는 사실을 보여준다. 또는 포터(Potter, 1996, p.61)가 지적하듯 덜 선호하는 행동에 대한 해명을 하는 경우가 종종 있다. 행위자가 어떤 행위를 선호하지 않는다면, 그런 행위를 한 이유를 대야 할 것이다. 따라서 우리는 A7이 극단적인 표현을 쓴 이유는 여자가 사업가를 '선택하지 말았어야 했다'는 주장을 하기 위해서라고 볼 수 있다.

그러나 A7은 여전히 설명을 필요로 하는 열람자가 있을 것이라 예상해서 여자가 "대기"하고 있고 "음부에 보석을 다는 미용술을 받는 등" "온갖 음란한 짓을 다" 하는 창녀라는 세 가지 요소를 나열(Jefferson, 1991)해 자신의 정당성을 주장한다. A7은 여자를 폄하함으로써 사업가의 승리는 헛되게, 돈의 힘은 미미하게 만들고, 그(A7)가 현재는 물론 과거에도 정서적으로 그녀와 엮이지 않았음을 알린다. "세상사란 게 다 그렇지 뭐."라고 말하면서 감정적으로 그녀와 거리를 두는 것이다.

A7은 심드렁하게 자신을 내보이지만 A8은 관계가 주는 정서적 영향에 대해 상당히 솔직한 심경을 표현한다.

돈

A8

"못된 여자!!!"

익명

이 여자는 거짓말이나 하는 못된 년이다. 내가 가진 돈을 몽땅 쥐어짜게 유도하고, 안전하다는 거짓된 기분이 들게 만들었다. 그런데 내가 병에 걸리자 나를 버렸다. 그 여자 때문에 공황장애와 불안증까지 앓게 되었다.

A8은 여자가 사기를 치려 했기 때문에 복수를 한다고 주장한다. 그녀는 그가 "가진 돈을 몽땅 쥐어짜게" 만들었고, 결국에는 남자를 거절하고 "버리기"까지 했다. 여기서 제기된 여자의 의도, 곧 '내가 가진 돈을 몽땅 쥐어짜게 유도하고'는 의도대로 성공을 거두지 못했다. 이는 에드워즈(Edwards, 2008, p.177)가 지적한 대로, 의도는 많은 상황과 묶여 있기 때문이다. 이런 상황들에서 의도된 행동들은 때때로 저지되거나, 이행되지 않거나, 기대에서 벗어나기도 한다.

A8은 여자가 그에게 사기를 치는 데 성공하지 못했고, 그래서 마이엑스닷컴에 자료를 올린 자신의 행동을 해명할 필요가 있었다는 점을 넌지시 드러낸다(Potter, 1996). A8은 "내가 병에 걸리자"라고 말하며 자신을 약자의 입장에 놓았고, "그 여자 때문에 공황장애와 불안증까지 앓게 되었다."며 그로 인해 받은 영향을 자세하게 설명한다. 재미있는 점은 A8이 자신의 약한 면까지 모두 드러냄으로써 돈을 지키는 동시에 여자를 비정하게 그릴 수 있었다는 점이다.

다음의 사례에서 게시자는 부성애를 언급하면서 피해자에 대한 비난이 정당하다고 주장한다.

부모 노릇

A9의 게시물을 읽으면서 즉시 눈에 띄는 점은 그가 전 파트너를 '헤픈 여자'로 분류하고 있다는 것이다(담화에서 만들어지는 '헤픈 여자'에 대해서는 Stokoe, 2003 참조). 이런 분류는 '성적으로 문란'하다는 범주 서술과 연관되며 그가 마이엑스닷컴에 자료를 올린 행위에 대한 이유를 설명한다(Hester & Eglin, 1997). 사실 마이엑스닷컴 같은 사이트에 자료가 올라갔다는 것은 그 자체가 남성 열람자들을 대상으로 하고, 그들에게 보여줄 의도가 있음을 시사한다.

A9은 여자가 저질렀다고 제기된 비행 세 가지, 즉 "내 아이들을 빼앗아 갔고" "삶을 망가뜨렸다." "내 욕을 하고 다닌다."를 나열함으로써 추가적으로 자신의 행동에 정당성을 부여한다. 여기에는 A9이 "아이들"과 함께 살 수 없고, 전처가 "모든 사람들에게 그의 욕을 하고" 다니므로 그의 사적이고 공적인 삶이 모두 "망가졌다."는 사실이 암시된다(Pomerantz, 1986). 이것은 자녀와 사는 삶을 상실함으로써 게시자의 남성 정체성이 도전에 직면

했음을 암시하는 매우 일반적인 사례다. 지금까지 읽은 여러 가지 발췌 사례와 마찬가지로 게시자들은 자신을 사이버공간에 성적 노출 자료를 게시하는 가해자가 아닌 피해자의 자리에 놓는다. 따라서 게시자들은 자신의 행동을 규범적인 남성의 행동으로 제시하고, 동성끼리 자료를 교환하는 사회적 관계를 형성하면서 자신을 도덕적으로 우월한 위치에 놓는다. 약화된 남성적 자아 감각은 스스로를 '진짜 남자'로 제시하면서 환원될 수 있다 (Whisnant, 2010).

A9이 아버지 노릇을 할 수 없게 되었다는 주장을 이용해 복수를 꾀하는 행위의 정당성을 부각시킨다면, 이제 살펴볼 A10 사례는 여성의 개인위생을 문제 삼으며 무능력에 대한 사회 도덕적 담론, 합당한 혜택에 대한 주장, 정직성, 여자가 저지른 부정행위, 매춘, 여자의 교육 수준을 언급한다.

위생 문제

A10

"쓸모없는 창녀"

익명

이 여자[신원 생략]는 2센트짜리 창녀다. 원하는 것을 얻기 위해 당신 면전에서 거짓말을 할 여자다. 그녀는 아이[신원 생략]를 싸질러 대다가 보지가 다 헐었다. 이 여자는 정말 멍청해서 [이름 생략] 학교도 중퇴했는데, 그게 [신원 생략] 살 때 일이었다! 그리고 지금은 돈을 모으려고 냄새 나는 추잡한 보지를 이용해 [신원 생략]을 상대로 몸을 팔고 있다. 무슨 수를 써서라도 이 여자는 피하길. 콘돔으로도 예방 못 할 병을 가진 여자니까.

A10은 대상인 여성을 전혀 배려하지 않는 "쓸모없는 창녀"라는 말을 사용했다. 이 여자와 친밀한 관계를 가졌다는 점을 대놓고 밝히지는 않지만 A10은 (사진을 포함해) 매우 사적이고 자세한 사항을 밝힌다. 가령 이름이 "[신원 생략]"이고 "거짓말을 할 것이다." "이 여자 보지는" "학교를 중퇴" "몸을 팔고 있다."라는 식으로 말한다. 그리고 여자가 현재 어떤 남자 [신원 생략]과 관계를 맺고 있다고 여겨지므로 이는 A10이 이 여성과 부정행위를 했을 가능성이 높다는 점을 시사한다.

A10이 여자와의 관계를 확실하게 드러내지 않은 이유는 두 가지다. 첫째, 여자는 현재 다른 남자와 관계를 맺고 있다고 여겨지는 상황이고 이 자료를 보는 열람자들이 아마 A10, 여자 그리고 그녀의 남편 모두를 알고 있을 가능성이 있기 때문이다. 둘째, A10은 "냄새 나는 추잡한 보지" "콘돔으로도 예방하지 못할 병을 가진 여자"라고 말하며 여성에 대해 비위생적인 이미지를 만들어낸다. 여자와 성관계를 맺은 후 다시 그녀가 비위생적이라고 말하는 것은 열람자들이 A10의 주장의 진실성에 의문을 제기하게 만든다.

개인위생("냄새 나는 추잡한 보지"), 현재 상태("[신원 생략]"), 정직성("거짓말을 할 것이다."), 현재 상태의 합법성("[신원 생략]"), 여자가 저지른 부정행위와 매춘("돈을 모으려고 [신원 생략]를 상대로 몸을 팔고 있다."), 학력 수준("정말 멍청해서, [이름 생략] 학교도 중퇴했는데 [신원 생략] 살 때 일이었다.")에 관한 부정적인 사회적·도덕적 담론을 이용해 여성을 '하류층chav'(영국에서 사용하는 용어; Tyler, 2008), 미국식 용어로는 '백인 쓰레기white trash' 또는 '백인 하층민redneck'으로 만드는 작업을 하고 있다(Newitz & Wray, 2013). 여성을 이런 식으로 그리면서 노동자 계층의 젊은 어머니들을 동시대 계급, 그리고 젠더 담화 표현을 사용해 '취집 수단으로 임신을 선택하는 엄마들'로 묘사한다(Tyler, 2008, p.17). 타일러(Tyler, 2008)는 젊은 어머니들을 이런 식으로 묘사하는 이유는 혐오 반응을 불러일으키기 위해서라고 주장한다. A10이 "무슨 수를 써서라도 이 여자는 피하길"이라고 말하며 다른 사람들을 저지할 목적으로 위생 관념을 강조하는 것도 같은 맥락이다.

흥미롭게도 A10은 여자가 했다고 여겨지는 부정행위는 문제로 삼으면서 자신의 부정행위는 문제가 아니라고 말한다. 즉, 여자가 혼외정사를 벌인 것이 잘못이라는 주장이다. 이런 관점은 여러 명의 성관계 파트너(친밀한 관계의 파트너와 그 이외의 관계 두 경우 모두)를 가진 남자를 규범적 위치(Connell, 2014)에 놓는 A4에서도 유사하게 나타났다. 즉, 남성이 여성을 상대로 '성공'하는 것에는 높은 가치를 두지만 그에 반해 여성이 성적으로 능동적인 주체가 되는 것은 문제 삼는다. 그렇기 때문에 A10은 그가 결혼한 여성과 저지른 불륜도 전형적인 남성적 행동이라고 제시하면서 넌지시 도덕적 우위를 차지한다. 그리고 이는 다른 남성 열람자들과의 사회적 교류를 확립하는 데도 도움이 된다(Whisnant, 2010). 앞선 사례들과 A10의 사례를 비교했을 때 다른 점은, 짐작컨대 여자가 먼저 관계를 끝냈으므로 A10이 암묵적으로 자신을 피해자의 자리에 놓는다는 점이다.

토론

6장의 분석은 남성이 (대부분 이전 파트너인) 여성의 성적 노출 이미지를 올리는 행위를 어떻게 해명하고 정당화하는지에 초점을 맞췄다. 제시된 사례와 설명은 3장에서 제시된 리벤지 포르노를 이해하는 각기 다른 관점(포르노그래피적 전통, 온라인 포르노그래피와 기술, 개인적 복수, 젠더 폭력과 학대, 매스미디어의 이해관계, 젠더화된 남성과 남성성 관행)으로 배치될 수 있다. 데이터로 제시된 대부분의 남성들은 여성의 성적 이미지를 온라인에 올려도 된다고 주장했다. 그들이 주장한 바로는 여자들이 관계를 통제하고, 부정행위(불륜)를 저지르고, 성병을 옮기고, 전반적으로 더럽고, 돈을 훔치고, 돈을 대가로 몸을 팔고, '그의' 아이들을 훔쳐갔기 때문에 온라인 포르노를 만드는 것이 (그들의 말에 따르면) 적절한 형태의 개인적 복수다.

몇몇 사례의 남성은 복수를 꾀하는 과정에서 자신을 부당한 희생자로 그린다. 다시 말하면, 이전 파트너를 일종의 젠더 폭력과 학대를 저지르는 가해자로 취급한다는 의미다. 또한 우리는 이렇게 보고되거나 제기된 비행이 남성화되고 서열화된 친밀한 이성애 관계, 부성 그리고 금전적 맥락에 연결되어 있거나 심지어 매여 있고, 그 안에 위치한다는 점을 보여주었다. 사실 남성들이 관계에서 개인적인 힘을 상실하면 거세된 느낌을 받는다는 주장은 논쟁의 여지가 있다. 전반적으로, 최소한 몇몇 게시자(남성)들은 자신들에게도 잘못이 있다는 사실을 경시하면서 균형을 맞추기 위한 긍정적 수단으로 복수를 선택했다.

이 분석은 또한 (온라인) 포르노그래피에서 나타나는 젠더 폭력 연구와 유사점이 있다(Dines, 2010; Hearn, 2006; Hughes, 2002; Jeffreys, 2013). 이 연구에서 여성은 성적으로 상품화되고 폄하된다. 따라서 리벤지 포르노 구조화 작업은 가상·온라인 사회에서의 사회성, 섹슈얼리티 그리고 폭력과 관련되어 컴퓨터를 이용해 일어날 수 있는 다양한 소통을 살펴보는 연구에도 적합하다(Hearn & Parkin, 2001). 이런 관점 전반에 걸쳐 일반적으로 가해자가 비교적 드러나지 않는 현상, 즉 가해자의 신원이 밝혀지지 않은 상태로 폭력이 자행되는 현상이 나타난다.

이 상대적인 불가시성은 피해자가 알려져 있지만, 거리가 떨어져 있고 보이지 않아서 행동의 영향과 결과가 즉각적이지 않다는 사실로 인해 복잡해진다. 흥미롭게도 직접적인 시각적 접촉이 덜할 때 모욕과 학대를 하는 성향이 강해진다는 증거가 어느 정도 있다(Lapidot-Lefler & Barak, 2012). 그래서 몇몇 리벤지 포르노는 비열한 폭력과 학대의 특성을 품고 있으며, 시간과 공간에 따라 예측 불가능한 결과가 불연속적으로 나타난다고 볼수 있다. 게다가 리벤지 포르노는 문제의 여성들, 그들과 친밀한 사람들, 동료, 성적 콘텐츠를 올린 남성의 친구들, 특정할 수 없는 일반 '열람자'와 같은 다양한 사람들을 겨냥할 수 있다. 몇몇 경우 리벤지 포르노는 기본적으로 문제의 여성 또는 여성들을 겨냥하기보다는 남성들끼리의 교제의 일부로 사용될 수 있다 (Whisnant, 2010).

안타깝게도 리벤지 포르노는 디지털 시대의 어쩔 수 없는 현실이 되었다. 또한 피해자가 대개 자신을 방어할 수 없는 상황에서 종종 반복적으로 그들에게 위해를 가할 목적으로 벌어지는 가상·온라인 사이버학대의 다양한 가능성의 일부이기도 하다 (Slonje, Smith, & Frisen, 2013). 이 사이버학대의 가장 큰 특징은 가해자가 익명의 상태로 남아 있을 수 있는 데서 촉진되는 힘의 불균형이다. 그러나 이번 장에서 소개한 발췌 사례에서 분명하게 나타났듯 피해자는 리벤지 포르노 가해자를 알고 있다. 가해자도 복수에 성공하기 위해 피해자가 자신의 정체를 알게 되기 바란다. 하지만 가해자의 신원을 아는 것이 법정에서 유죄 판결을 받아내기에 충분한 조건은 아니고, 현재로서는 유죄 판결 비율도 낮은 편이다.

누군가가 올린 (포르노그래피 혹은 그와 유사한) 성적 노출 이미지가 (대개 여성인) 피해자에게 미치는 심리-사회적 결과에 대해서 알려지지 않은 것 투성이라는 점을 감안하면, 더 많은 조치가 취해져야 한다. 통제와 존엄성 개념은 남성의 사진과 동영상을 올리는 남성 사례(친밀한 동성 관계)에서도 많이 나타났다. 다음 7장에서 우리는 남성 이전 파트너의 포르노 이미지와 비디오를 온라인에 올리는 이성애 여성의 사례를 살펴볼 것이다.

7장

이성애 여성 사례
:"그저 섹스하기 위해 당신을 원할 뿐이야"

'Just wants to use you for sex'
: heterosexual women's accounts

도입

6장에서 우리는 이성애 남성이 리벤지 포르노를 인터넷에 올린 이유를 해명하는 방식에 대해 알아보았다. 7장에서는 비슷한 분석 방법을 적용해 이성애 여성이 올린 게시물에 대해 살펴보고, 이들이 자신의 행동을 어떻게 설명하는지에 주목한다. 마이엑스 닷컴에 올라온 게시물의 약 15퍼센트는 이전 여성 파트너가 올린 리벤지 포르노다. 게시자들은 익명으로 활동하는 경향을 보인다(하지만 주장하는 바를 읽어보면 대개 신원이 파악된다). 그러나 데이터를 파악해보면 일정 수의 게시자가 여성이라는 점이 확실하게 드러난다. 남성 사례와 유사하게 (리벤지 포르노로 공개된) 남성과의 관계에 비춘 자신의 위치로("내 전 남편" "다른 여자들이랑 섹스를 하고" "내 전 남자 친구" "나를 임신시켰다.") 이들이 이성애 여성임을 가리키는 색인 작업이 이루어졌다(Antaki & Widdicombe, 1998, p.4).

이성애 여성들이 올린 게시물도 이성애 남성의 것과 유사한 초기 부호화 과정을 거쳤다. 반응 유형은 다음과 같다.

- 무신경함: "전 남자 친구인데 그냥 그 자식의 작은 거시기를 세상에 까발리려고!"
- 자랑: "처음부터 이 남자를 이용했다. 하지만 이런 자식은 이렇게 대우하는 게 맞다."

- 바람: "어떤 창녀랑 바람을 피워서."

- 사기: "이 자식은 여자를 돈벌이에 이용하는 개××."

- 보여주기: "이 남자의 역겨운 복장 도착증을 폭로하는 의미에서."

- 부도덕함: "나를 임신시키고는 떠나버렸다."

- 질투: "이 남자랑 같이 학교에 다녔다. 이 남자는 아주 조용했다. 그에게 성적으로 매우 끌린다는 거 인정한다. 그런데 멕시코 여자랑 결혼했고, 멕시코 여자 보지를 좋아한다는 게 짜증난다."

- 거짓말: "이 남자를 만났는데 나랑 내 아이를 돌봐주겠다고 했다. 완전히 새빨간 거짓말이다. 이 남자는 그저 보지랑 항문을 원하는 것뿐이다."

- 자극 받음: "페이스북에서 이 남자를 삭제하고 차단했다. 그런데 여전히 그 친구 놈들이 나를 괴롭힌다. 그래서 이것으로 갚는다."

- 평가: "땅콩만 한 내 남편 거시기. 여성 동지들 어떻게 생각하시는지?"

- 후회: "섹스가 엉망이었다. 칵테일 소시지로 자위하는 게 더 나았을 텐데."

- 추억: "이 남자는 잠자리가 끝내줬다. 내가 섹스한 남자 중에 최고지만 내가 여러 남자들과 섹스하고 다니는 걸 감당하지 못했다."

- 응징: "이 남자는 나를 공격했다. 내 머리를 깨뜨리고 갈비뼈를 부러뜨려서 감옥에 갔다."
- 낭만적인 의도: "자상한 척하지만 이 남자는 항상 온라인 데이트 서비스를 통해 만난 여자랑 섹스를 한다."
- 거절당함: "정착하고 싶지 않다나 뭐라나!"
- 공유: "이 자식 나한테 지 ×물을 빼달라 하고 이 사진이랑 비디오로 나를 꼬셨다. 심각하게 작아서 저걸로 느낄 수 있는 사람이 있을지 의심스럽다."
- 폭로전: "이 자식은 지 여친이 임신한 중에도 열나게 바람을 피우며 그 짓을 멈추지 않더라."
- 경고: "여자들을 길들여 자기 아파트로 유인한 다음 술을 권해 완전히 취하게 만들어놓고 강간하는 놈이다."

우리는 여성성 그리고 여성의 행위와, 친밀한 파트너의 학대 사이의 관계에 주목하고 있으므로 부정적이고 명백하게 합의를 하지 않은 게시물들에 초점을 맞춘다(Anderson & Umberson, 2001). 즉, 우리는 파트너가 부정을 저지르긴 했지만 분명히 다른 사연도 있는 게시물, 그런 파트너를 대상으로 복수를 하려는 듯한 여성들이 올린 게시물을 자세히 살펴볼 것이다. 추가적으로 나머지 텍스트의 부호화 작업을 했더니, 물리적 폭행, 부모 역할, 성적 대상화, 성적 문란함, 섹스팅, 성 관행과 섹슈얼리티와 같은 주제로 느슨하게 분류되는 담화들이 나왔다. 우리가 접한 가장 일반적인 담화는 친밀한 관계가 파탄에 이른 이유가 남성의 이성애적 문란함 때문이라고 밝힌 게시물이었다. 전 파트너가 폭력적이었다는 게시물을 올린 사례 분석으로 시작해보겠다.

물리적 폭행

A1

"심리전까지 하는 난폭한 가정 폭력범"

익명

이 남자[신원 생략]는 나를 공격했다. 내 머리를 깨뜨리고 갈비뼈를 부러뜨렸다. 끊임없이 거짓말을 하고 교묘하게 통제한다. 지금도 자기[신원 생략]를 위해 내가 거짓말을 하게 만들려고 한다. 그가 내 차를 훔쳐 직장까지 몰고 갔다. 그는 면허증도 없는데, 동생은 면허증이 있으니 경찰에게 거짓말로 동생 행세를 했다. 그런데 동생도 완전히 적용되는 보험은 없다. 그래서 그는 나랑 동생이 벌점을 받고 벌금도 내길 기대한다. 거기다 이 자식이 바람을 피우고 있다는 것까지 알게 됐다. 누군가가 믿음을 완전히 박살내버릴 때 다른 사람들은 어떻게 참고 견딜 수 있는지 놀랍기만 하다. 안전과 정신 건강을 위해 이 남자를 꼭 피하기를!

헤스터와 에글린(Hester & Eglin, 1997)의 '범주, 서술 그리고 과업'을 참고하면, A1은 이전 파트너를 범주 기반 활동 목록에서 폭력적인 범죄자로 범주화하고 서술하고 있다. "나를 공격하고, 내 머리를 깨뜨리고 갈비뼈를 부러뜨렸다.""[신원 생략]""자기[신원 생략]를 위해 내가 거짓말을 하게 만들려고 한다.""경찰에게 거짓말을 했다." 이렇게 함으로써 A1은 다른 사람들에게 경각심을 불러일으킬 수 있다. "안전과 정신 건강을 위해 이 남자를 꼭 피하기를!" 이는 또한 이전 파트너의 성적 노출 이미지를 배포해서 복수한 행위를 정당화한다. 이런 대목은 그녀가 한 행동의 정당성에 사람들이 제기할 수 있는 의문을 피해나가는 전략으로 작용한다. 달리 표현하면 도덕적 책임을 피하는 것이다(Jayyusi, 1984). 하지만 자신을 변호하는 해명에는 언제나 다툼의 여지가 있다. 그래서 사람들은 어떤 사회 현상을 "거짓말을 한다." "훔쳤다." "~가 없다."는 식으로 둘러대며 사실로서 보고한다. '다른 사람들'이 자신의 주장을 약화시킬 것이라고 예상할 때 화자는 어떤 사회 현상을 사실처럼 제시한다(Potter, 1996, p.61).

또한 A1은 자신의 주장을 강화하기 위해 "나를 공격했다. 내 머리를 깨뜨리고, 갈비뼈를 부러뜨렸다."라며 세 가지 요소를 나열한다. 6장에서 나온 제퍼슨(Jefferson, 1991)의 연구에 의하면 이 세 가지 요소 나열은 주요한 목적 두 가지를 성취하는 데 이용된다. 즉, 주장에 선명성을 더하고 무게감을 실어주며, 사건을 '과정 지향적'으로 만든다. 그렇게 화자·청자·독자들은 자신을 담화 속에 나열된 항목과 연관된 위치에 둘 수 있는 수단을 얻게 된다. 여기서 우리는 A1이 "나를 공격했고"라고 말하며 자신이 공격을 당했으므로 스스로를 '피해자'의 입장에 둔다는 것을 알 수 있다. 이렇게 여성 자신은 '피해자'로, 이전 파트너는 '가해자'

로 두면, 독자들이 그녀가 남자의 성적 이미지를 온라인의 공적 공간에 올렸기 때문에 그를 '피해자', 그녀를 '가해자'로 보는 관점을 역전시키는 역할을 한다. A1은 또한 "[신원 생략]" "경찰에게" "벌금" 등을 이용해 자신의 주장을 법적 담화로 끌어들인다. 폴리와 페어클로스(Foley & Faircloth, 2003)에 의하면 의학적 또는 법적 담화는 사회적으로 인정받기에 좀 더 유리하기 때문에 주장에 합당성을 부여하는 매우 좋은 방법이다.

　A1이 벌이는 복수의 방식은 폭력적인 이전 파트너와의 친밀한 관계와 감정을 다루는 데 효과가 좋은 정교한 전략이자 전술로 볼 수 있으며(Yoshimura, 2007), 힘을 부여하는 긍정적인 수단으로 제시되고 있다(눈에는 눈 전략으로 싸워서 힘을 갖게 되는 동시대 여성의 방식에 대해서는 Wolf, 2013을 참조한다). A1이 이전 파트너를 여자를 폭행하는 성향의 난폭한 범죄자로 범주화한 것도 그녀가 스스로에게 힘을 부여하는 방식 중 한 가지다. 남자를 범죄자로 범주화하면 그의 남성적 위치를 더 높여 보는 사람도 있겠지만(남성성과 범죄 행위에 대해서는 Heidensohn & Gelsthope, 2012를 참조하라), 한편으로는 여성에게 육체적 폭력을 가한 난폭한 행동에 대해 도덕적 책임을 져야 한다고 보는 사람도 있을 수 있다(Jayyusi, 1984). 여성을 폭행해 기소된 남성에 대한 스토키(Stokoe, 2010)의 담화 연구를 보면 대부분의 남성들은 여성에게 폭력을 가하는 행동을 남성적이지 못한 것으로 보고 부정한다는 사실을 알 수 있다.

A2도 마찬가지로 이전 파트너의 남성성에 도전적인 자세를 취한다. 여기서 남자는 부모로서의 책임, 특히 재정 지원을 기피하는 것으로 그려진다.

부모 노릇하기

A2

"이 멍청하고 치졸한 쓰레기 같은 놈은 지가 섹스를 잘하는 줄 안다."

익명

이 등신을 8년 전에 만났는데 내가 너무 멍청해 잔뜩 취해서 하룻밤을 같이 보냈다. 섹스도 형편없었는데 애가 생겼다. 그런데 이 자식은 나와 애를 버리고 떠나면서 애를 지워버리라고 했다. 그 이후로도 이 xx는 내 아이를 기르는 데 돈 한 푼 내지 않았다. 그리고 이 여자 저 여자랑 자고 다니며 아이를 만들었다. 여성 동지들, 이 xx한테 돈이나 시간을 절대 허비하지 말기를. 이 자식은 자기 아이와 연락도 하고 싶어 하지 않는다. 지금 이 xx와 함께하고 있는 여자에게 동정을 금치 못하겠다. 이 xx는 나한테 매독까지 옮겼다. 공짜로 조언해주는데, 이 xx 아이는 절대 갖지 말기 바란다. 아이가 생겨도 이놈은 한 푼도 안 댈 것이다. 그리고 이놈이 다른 여자들과 무슨 짓을 하고 다녔고, 아이들에 대해서는 돈 한 푼 지원을 안 하면서 당신 아이에게만 돈을 쓴다는 걸 다 알고 있는 당신[신원 생략], 부끄러운 줄 알아야 한다. 당신 둘 다 정말 저질이다… 그놈이 에이즈나 그보다 더 심한 병에 걸리지 않은 게 그저 놀라울 따름이다.

A2는 글을 쓰다가 나중에 대문자(원문에서는 처음에 소문자로 표

기하다가 번역본의 밑줄 친 부분을 대문자로 표기했다. – 옮긴이 주)로 전환했다. 배럿(Barrett, 2012)의 온라인 채팅 텍스트 연구에 의하면 구두로 소통할 수 없는 상황에서 대문자 표기는 소리 지르는 것을 나타내며 분노의 표시로 읽을 수 있다. 글씨의 전환은 이전 파트너가 A2에게 "지워버리라고 했다."라고 말하며 낙태를 요구한 부분에서 시작된다. 독자들은 이를 남자의 제안에 A2가 화가 났음을 알리는 신호로 받아들인다.

또한 이전 텍스트의 중요성을 상대적으로 약화시키는 역할도 한다. 즉, 그녀가 "잔뜩 취해서 하룻밤을 같이 보냈다."는 문구와 관련해 몇몇 독자들은 남자가 여자와 "애를 버리고" 떠난 데 대한 책임을 여자에게 물을 수도 있다. 이는 여성과 남성 양측이 피임에 대해 똑같이 책임이 있지만 현실에서는 사실상 여성에게 책임이 전가되는 경향이 있다는 연구에도 부합한다(Brown, 2012; Brunner Huber & Ersek, 2011).

실제로 이런 섹스에서의 이중 잣대(Lefkowitz, Shearer, Gillen, & Espinosa-Hernandez, 2014)는 원하지 않는 임신을 한 경우 종종 여성에게 더 많은 책임이 부과된다는 의미다. 스토키(Stokoe, 2003)가 실시한 여성 '유형' 연구를 참고하면 '취해서 하룻밤을 같이 보냈다'는 이 여성에게는 덜 호의적인 시선을 받게 만들 수 있다. 사실 A2가 "내가 너무 멍청해 잔뜩 취해서 하룻밤을 같이 보냈다."라고 말하며 부분적으로 자신에게 책임이 있음을 시인한 것도 주목할 만하다. 이는 그녀의 행동에서 그의 행동으로 초점을 분산시키는 작용을 한다.

이런 분산 작용을 고려할 때 A2는 자신이 아닌 남자에게 초점이 가게끔 설명해야 하는 입장에 처한다. A2는 이를 네 가지 방법으로 실행한다. 첫째, "내 아이를 기르는 데 돈 한 푼 내지 않았다." "이 자식은 자기 아이와 연락도 하고 싶어 하지 않는다."고 말하고 "내 아이"라고 표현하며 그녀의 아이에게 남자가 형편없는 아버지라는 점을 부각시킨다. 둘째, A2는 남자가 성적으로 문란하며 또한 성 착취자sexual predator라는 점을 부각시킨다. "이 여자, 저 여자랑 자고 다니며 아이를 만들었다."를 보면 알 수 있다. 셋째, 그가 도둑이라고 주장한다. "여성 동지들, 이 ××한테 돈이나 시간을 절대 허비하지 말기를." 마지막으로 남자가 성병을 옮길 가능성이 높다고 주장한다. "에이즈나 그보다 더 심한 병"과 같은 경고는 두 가지 면에서 효과가 있다. 먼저 잠재적으로 이 남자와 엮일 미래의 여성을 막는 작용을 하고, 무엇보다 현재 파트너에게 보내는 경고 역할도 한다. "지금 이 ××와 함께 하고 있는 여자에게 동정을 금치 못하겠다." "공짜로 조언해주는데, 이 ×× 아이는 절대 갖지 말기 바란다." 이 말은 A2의 이전 파트너와 이전 파트너의 새로운 파트너 모두 A2가 한 행동을 알고 있음을 암시한다.

1장에서 우리는 피해자의 가족, 친구, 동료, 지인들이 리벤지 포르노를 알게 될 경우 파급 효과가 증폭된다는 점에 주목했다. 한 가지 더 눈에 띄는 점은 A2가 이전 파트너의 새로운 여자에게 경고를 한다지만 실은 그녀를 모욕하고 있다는 사실이다. "당신 둘 다 정말 저질이다." 이는 남자의 새 파트너가 A2와 남자와의 관계가 파탄에 이르는 데 관련이 있었음을 암시한다. 그러면서도 새 파트너에게 "공짜로 조언해주는데, 이 ×× 아이는 절대 갖지 말기 바란다."라고 말한다는 것은 A2가 남자의 새 파트너를 부분 적으로는 그의 성적 문란함의 희생자로 본다는 점을 시사한다.

이런 식의 해명은 남자의 남성성에 대한 도전이기도 하다. 유럽과 북미에서 남성성은 아버지 역할, 책임감, 성적 기능, 위생 과 청결함 개념과 함께 묶이는 경향이 있다(Zaider, Manne, Nelson, Mulhall, & Kissane, 2012). 남자의 성적 기능, 성 선호도와 성기를 조롱하는 투로 말하는 모습이 여성들이 올린 게시물에 공통적으 로 나타났다. 다음 게시물에서 게시자는 피해자 남성의 성기 크 기와 성 기능을 비하해 그의 남성성에 도전한다.

성적 대상화

A3

"하도 작아서 제대로 보려면 눈을 크게 떠야 한다!"

익명

이 남자는 자기 거시기가 정말 크고, 길고, 두껍다고 장담했는데, 세상에, 정말 놀랐다! 이 남자랑 1년 정도 만났는데 섹스는 최근 몇 달 전부터 하게 되었다. 처음 그의 거시기를 봤을 때 어찌나 작은지 내 눈을 의심할 정도였다. 이 남자 가 정말 좋아서 함께하려고 최선을 다했지만, 정말 솔직히 섹스가 끔찍할 정도로 형편없었다. 그가 잘한 거라고는 오직 오럴 섹스뿐이었다. 하지만 그걸로는 부족해서 1년을 사귄 후 끝내기로 결정했다. 그 남자 거시기를 입에 넣었을 때도 도저히 느껴지지가 않았다. 사이즈는 정말 중요하다. 누구에게 무슨 말을 들었던지 간에!

리벤지 포르노라는 문맥을 고려하면 A3의 제목만 봐도 피해자의 음경 크기에 대한 게시물이라는 사실을 즉시 알 수 있다(듣기만 해도 그들이 누구인지 알고 어떤 부류인지 알 수 있다는 '청자의 격률'에 대해서는 Sacks, 1992 참조). 남성의 음경 크기나 미적 측면(다음에 나오는 A4 참조)에 대한 모욕적 발언은 우리의 데이터에서 쉽게 찾아볼 수 있다. 놀라운 일은 아니다. "거시기가 정말 크고, 길고, 두껍다."는 사실은 "수많은 문화에서 거대함, 강건함, 인내심, 능력, 용기, 지성, 지식, 다른 남성을 압도하는 지배력, 여성을 소유함과 같은 특징을 상징했고, 사랑하고 사랑받는 것의 표상" 그리고 번식 능력을 의미했다(Hall, 2015; Wylie & Eardley, 2007, p.1449).

A3의 해명은 남자가 거짓말을 했다는 사실에 중점을 둔다. 이 남자는 자신의 음경이 크니 여자의 성적 욕망을 충족시켜주겠다고 약속했지만 그러지 못했다. "솔직히 섹스가 끔찍할 정도로 형편없었다." 그러나 남성의 음경 크기와 관련된 여성의 성적 만족도에 초점을 맞춘 부분을 얄팍하고 하찮게 생각하는 열람자도 있을 수 있다. 사실 열람자들 중에는 음경 크기를 성적 만족도에서 중요한 요소로 보지 않는 이들도 있을 것이다. 그래서 A3

는 "그가 잘한 거라고는 오직 오럴 섹스뿐이었다." "그 남자 거시기를 입에 넣었을 때도" "사이즈는 정말 중요하다. 누구에게 무슨 말은 들었던지 간에!"라고 말하며 두 사람이 쿤닐링구스(이음 핥기)와 펠라티오(구강성교)를 했다고 암시함으로써 앞선 관점에 선제적으로 대응했다. 또한 A3는 "섹스는 최근 몇 달 전부터 하게 되었다." "이 남자랑 1년 정도 만났는데" "최선을 다했는데"라고 말하며 자신을 신중한 사람으로 묘사해 잠재적 비판을 피하려 한다. 다시 말하면 "나는 최선을 다했"고, 그가 친 사기의 피해자이며 그래서 복수하는 것이 당연하다고 자신의 행위를 정당화한다.

다음 게시물에서는 성적으로 문란하다는 주장이 제기된 남성의 음경을 외적 측면에서 조롱한다.

성적으로 문란함

A4

"그저 섹스를 하기 위해 당신을 원하는 것일 뿐"

익명

이 남자는 마치 내일이 없는 듯 여자들 속을 누비고 다닌다. 여자들이 모두 자신의 각진 거시기가 어떤 느낌인지 느끼길 원한다나, 뭐라나. 여자들은 곧 이 남자가 온갖 섹스 토이를 가지고 노는 변태라는 것을 알게 된다. 이 남자가 자기 자신을 너무 사랑한다니 이제 그 사랑을 나눠야 할 시간인 듯하다. 그래서 여기 그 ××의 거시기를 공개한다. 한 가지 덧붙이면 이 자식이 어떻게 변태짓을 하는지 보여주는 게 있다. 자기 몸에 대고 직접 섹스 토이를 사용하는 방법을 보여주는 동영상이다. 그걸로는 절대 싸지 못한다고 말했지만, 내 생각에 이 xx는 그 딜도에 중독됐다. 정말 그런지 아닌지는 당신들이 보고 결정하도록.

A4는 (이전) 파트너가 성적으로 문란하다고 묘사한다. "마치 내일이 없는 듯이 여자들 속을 누비고 다닌다." 그 다음에는 그의 무엇이 다른 여자들에게 매력을 발산하는지에 대한 추측이 뒤따른다. "모두 자신의 각진 거시기가 어떤 느낌인지 느끼길 원한다나, 뭐라나." 남성의 음경 모양을 조롱하는 이유는 두 가지 목적을 달성하기 위해서다.

첫째, 그 남자의 남성성에 도전한다. A3 텍스트 분석에서 보았듯 음경의 크기와 모양은 남성적 위치에서 중요한 의미를 갖는다(Wylie & Eardley, 2007). 둘째, "여자들이 모두 자신의 각진 거시기가 어떤 느낌인지 느끼길 원한다나"라는 표현에서 '모두'(Pomerantz, 1986)라는 극단적 표현을 씀으로써 남자를 성적 희귀종의 위치에 놓는다. 물론 다른 측면에서 볼 때 여러 섹스 파트너를 둔 것은 이 남자에 대한 성적 호감도가 높다는 의미가 되기도 한다(전형적인 남성적 특징에 대한 자세한 사항은 Dickerson, 2000; Miller, 2008; Nylund, 2007을 참조).

그래서 A4는 이전 파트너가 일반적이지 않은 성적 욕구를 가졌다는 설명을 부각시킨다. "온갖 섹스 장난감을 가지고 노는 변태"처럼 남자의 '변태스러움'에 보충 정보를 제공한다는 점이 흥미롭다. 일반적이지 않은 성적 행동이 문제적으로 간주되지 않을 수 있다는 점을 고려해 A4는 남자의 '변태스러움'을 동성애 관행과 연결시킨다. "자기 몸에 대고 직접 섹스 도구를 사용하는 방법을 보여주는 동영상이 있다. 그걸로는 절대 싸지 못한다고 말했지만, 내 생각에 이 ××는 그 가짜 남근에 중독되었다." 이는 여자가 복수를 꾀하는 행위에 정당성을 부여하고, 몇몇 열람자들에게는 그 남자의 성적 위치를 끌어내리는 작용을 할 수도 있다(남성성과 동성애에 대해서는 Edwards, 2006을 참조).

다음 게시물의 인물은 게시자인 A5 그리고 그의 부인을 대상으로 불륜을 저지른 것으로 추정된다.

불륜

A5

"거짓말이나 하는 유부남 쓰레기"

익명

[익명 처리], 일명 [익명 처리] 또는 [익명 처리] 또는 [익명 처리]라고도 불리는 이 남자는 결혼한 지 28년 됐다. 여자들한테 자기가 싱글이라고 말하고 다니는데, 여자들이 그가 결혼했다는 사실을 알게 되면 이 남자는 아내와 더 이상 성관계를 하지 않으며 이혼 수속을 밟고 있다고 거짓말을 한다. 돈을 빌려가서는 갚지 않는다. 여러 사람과 자고 다니며 성병도 있다.

A5는 정체성 범주로 "거짓말이나 하는" "유부남" "쓰레기"를

밝히며 세 가지 요소 나열을 하는데, 이 세 가지 요소는 논리적으로 연속적인 관계를 맺고 있다. 정체성 범주에는 '청자의 격률hearer's maxim'이 있다(Sacks, 1992, pp.238-239). 즉, 사람들은 이 세 가지 범주에 어떤 특징이 깃들어 있는 것으로 인식하고 듣는다. 서구 문화에서 '결혼'은 일부일처제와 관련 있다(MacDonald, 2002). A5는 익명 처리된 인물이 "거짓말이나 하는" 사람이라고 밝힌 후에 "유부남"으로 범주화했다. 이 남자가 자신의 결혼 여부에 대해 A5에게 거짓말을 한 것이다. 그래서 A5는 남자를 "쓰레기"로 다시 범주화한다.

남자의 이름과 가명을 쭉 나열한 것은 그가 거짓말을 한다는 A5의 주장을 강화하고 동시에 다른 여성들에게 경고하는 역할도 한다. "여자들"이라고 복수로 표현함으로써 A5는 자신을 남자가 친 사기와 거짓말의 피해자 중 한 명의 위치에 둔다. 이는 그가 불륜 행각을 벌였다는 설명을 강력하게 뒷받침한다. "여자들한테 자기가 싱글이라고 말하고 다니는데"라는 말에는 남자가 다른 여자들과 저지른 부정을 A5가 알고 있다는 사실이 내포되어 있다.

A5는 "여자들이 그가 결혼했다는 사실을 알게 되면"이라고 말하는데, 이는 그녀가 이 여성들 중 누군가를 개인적으로 알 수도 있다는 점을 암시한다. 이런 맥락을 고려해 A5의 해명에 동의하지 않는 사람이 있을 수 있다. "아내랑 더 이상 성관계를 하지 않으며 이혼 수속을 밟고 있다고 거짓말을 한다."라고 말한 부분

은 A5가 남자가 결혼한 줄은 알고 있었지만 부인과 여전히 성적으로 친밀하다는 사실은 몰랐음을 내포한다. 이에 대해 몇몇 열람자는 A5가 너무 뭘 모른다고 생각할 수 있다. 하지만 그녀는 상대 남자가 결혼한 상태이면서 다른 여성들과 부정을 저지른다는 사실을 알고 있었기 때문에 따라서 A5는 "쓰레기" "돈을 빌려가서는 갚지 않는다. 여러 사람과 자고 다니며 성병도 있다."라는 말로 추가적 범주화를 하며(Sacks, 1992) 자신의 주장을 강화한다.

앞서 몇몇 이성애 여성들의 게시물에서 남자를 범죄자로 범주화한 사례가 드러난 바 있다. A5와 A1은 무언가를 훔치는 행위를 일례로 들어 이야기했다. 하지만 이전 파트너를 약물 사용자로 범주화한 사례는 드물었다. 다음 게시물의 A6는 약물 사용을 언급한다.

A6

"코카인을 사랑하는, 내 열여덟 살 전 [신원 생략] 남친."

익명

맞다. 그는 [신원 생략] 살밖에 안 됐는데 벌써 돈 잘 버는 [신원 생략]로 일한다. 멋진 남자 같지? 하지만 바람을 피우고 코카인을 흡입하는 개xx라는 사실을 알게 되면 전혀 멋지지 않다. 공식적으로 선언한 것은 아니었지만 나는 우리가 사귀는 관계라는 인상을 받았는데, 그 남자는 그렇게 생각하지 않았다. 이 남자는 자기가 미끈한 플레이보이라고 생각하지만, 실은 발정 난 코카인 중독자일 뿐이다. 아래 보면 이 남자가 나한테 보낸 자기 몸을 자랑하는 사진들이 있고 나이트클럽에서 다른 여자와 키스를 하고 있는 장면을 내 친구가 찍은 사진도 있다. 비열한 xx.

이 게시물에서 흥미로운 점은 제목에서 A6가 열람자들의 반응을 기대하는 모습이 드러난다는 것이다. "맞다. 그는 [신원 생략] 살밖에 안 됐는데 벌써 돈을 잘 버는 [신원 생략]로 일한다. 멋진 남자 같지?" 다시 말하면, A6는 이 게시물을 읽는 사람 중 누군가가 남자의 나이나 직업을 생각할 때 이 남자와 헤어진 그녀의 행동이 어리석었다고 볼 수 있다는 점을 예상하고 있다. 사실 생물학적 근거에 기반한 담화에는 여성이 몸 좋고 경제적으로도 안정적인 남성을 파트너로 선호한다고 전제하는 사례가 많다(예를 들어, Larson, Haselton, Gildersleeve, & Pillsworth, 2013).

남자의 직업과 재정 상태를 고려할 때, A6는 복수에 대해 설득력 있게 해명을 해야 하는 입장에 놓인다. 그래서 그녀는 그들이 정말 사귀는 사이였는지 불분명했다고 언급한다. "내 … 전 남친" "공식적으로 선언한 것은 아니었지만" 부분은 그들이 사귀는 관계라고 생각했지만, 공개적인 관계는 아니었음을 암시한다. 따라서 (아마도 게시자인 A6나 문제의 남성을 알 수도 있는) 몇몇 열람자들이 의문을 제기할 수 있고, 이는 남자가 부정행위를 저질렀다는 주장에 대한 A6의 설명, "바람피우고" "나는 우리가 사귀는 관계라는 인상을 받았는데" "다른 여자와 키스를 하고 있는"의 설득력을 약화시킬 수 있다.

설명의 설득력이 떨어질 수 있다는 잠재성을 감안해 A6는 두 가지 작업을 한다. 첫째, 남자가 그녀를 오로지 섹스를 위해 꼬여 냈다고 묘사하다 "나는 우리가 사귀는 관계라는 이상을 받았는데, 그 남자는 그렇게 생각하지 않았다. 이 남자는 자기가 미끈한 플레이보이라고 생각하지만, 실은 발정 난 코카인 중독자일 뿐이다." 이런 묘사는 남자를 부도덕한 거짓말쟁이로 설정한다.

둘째, A6는 남자를 "코카인을 사랑하는" "코카인을 흡입하는" "코카인 중독자coke head"(속어)라며 범죄자로 제시한다. 색스(Sacks, 1992, p.238)는 다른 사람에게 의미를 전달하기 위해 몇몇 구성원을 언급할 때 단일 정체성 범주 하나만 있으면 충분하다고 주장했다. 그 정체성 범주에 해당되는 모든 구성원들은 똑같은 성질을 갖고 있다고 가정된다. 따라서 '코카인 중독자'라는 정체성 범주의 사용은 독자들에게 해당 남성이 어떤 특정 정체성에 기반한 특징(아마도 이기적이고 자기중심적이며, 약물에 취하기 좋아하는)을 가졌으며 역시 (아마도 코카인을 사고, 범죄 행위에 연루되는 등) 정체성에 기반한 활동을 한다는 의미다. 샤록(Sharrok, 1974, p.49)은 이런 범주 기반 활동과 서술의 중요성을 다음과 같이 설명한다.

말뭉치에 이름을 배정하는 행위는 추가 묘사가 이루어지는 방식을 설정한다. 그때 그 이름은 단순히 기술적descriptive이지 않다. 일단 배정이 되면 기술을 위한 도구가 되기 때문이다. 즉, 그 이름은 사건에 맞춰 변경되지 않으며 어떤 사건이 일어나던지 간에 그것에 대해 기술할 때 언급된다.

다시 말하면, 범주 기반 활동과 서술은 일상적인 사회적 세상을 이해하려 할 때 중요하다. 사람들이 다른 사람이 하는 행동의 가치 평가를 할 수 있기 때문이다. 이런 도덕성 평가는 "기준, 표준, 판단, 영향 등이 범주화, 묘사 추론 등 다양한 실질적인 문제들과 밀접한 관계가 있기" 때문에 중요하다(Jayyusi, 1984, p.181). 서구 사회에서 약물 사용자들은 사회적으로 달갑지 않은 존재로 비춰져 자주 소외되는 경향이 있다(Nettleton, Neale, & Pickering, 2013). 마찬가지로 A6가 남자를 코카인 사용자라고 제시하는 것은 그를 소외시키려는 시도로 읽을 수 있다.

이전 파트너를 소외시키려는 시도는 우리 데이터에서 일반적으로 나타나는 현상이다. 지금까지 게시자의 해명이 성적 문란함과 범죄 행위에 중점을 맞췄다면 다음 게시물의 게시자는 자신의 해명을 온라인에서의 섹스 관행 그리고 섹슈얼리티에 연관시킨다.

섹스팅

A7

"거짓말 하는 비열한 ××"

익명

이 자식, pof를 통해 만났는데, 완전 거짓말쟁이다! 경험이 전혀 없는 순진한 남자인 척하며 내게 말을 걸었고, 차츰 사진을 교환하자고 하며 이전에는 한 번도 그런 일을 해본 적이 없다고 했다. 나처럼 자기를 이해해주는 사람은 한 번도 만나본 적이 없다고도 했다. 그러다가 그놈이 실수를 했고, 좀 알아보니 이 ××는 잡놈에다가 선수였다. 심지어 남자들도 쫓아다녔다! 빌어먹을 개××.

이 게시물은 아마도 상대에게 속아서 성적 노출 사진을 교환한 누군가가 복수를 하기 위해 올린 것으로 여겨진다. A7은 온라인 데이트 주선 사이트인 POF[1]를 통해 '성적 노출 사진 교환'을 했다. 사진을 교환했다는 점을 고려할 때 A7은 자신의 사진을 올린 것에 대한 복수로 이 남자의 사진을 올린 것 같다. 우리가 실시한 지금까지의 분석을 살펴보면 복수하려는 사람은 앙심을 품고 있다는 비난을 피해가기 위해 해명을 해야 하는 입장에 놓일 수밖에 없다(Johansson & Hammaren, 2007).

사실 1장에서 살펴보았듯 노출 이미지를 교환했다면 합의하에 이루어진 일로 간주되어 여성도 책임 추궁을 당하게 된다(Citron & Franks, 2014). 따라서 그런 비난을 방지하기 위해 A7은 남자가 '선수'라고 주장한다. 즉, 이 남자가 병적으로 "거짓말하는 비열한 ××"이며, 계산에 따라 "내게 말을 걸었고", 기만적으

---

1 플렌티 오브 피시Plenty of Fish, POF는 자사가 브라질, 프랑스, 독일, 스페인과 영국에서 매일 300만 명 이상의 사용자가 이용하는 온라인 최대 데이트 주선 사이트라고 주장한다.

로 "나처럼 자기를 이해해주는 사람은 한 번도 만나본 적이 없다."고 말했다고 주장한다. 다시 말하면 A7은 자신이 어쩔 수 없이 몰린 입장이었고 그러므로 책임이 없다고 암시한다(Ringrose 외, 2012). A4와 유사하게 A7도 "남자들도 쫓아다녔다!"로 남자의 섹슈얼리티에 의문을 제시하는데, 이는 그의 남성성에 이의를 제기하는 역할을 한다(Edwards, 2006).

수많은 성폭력 가해자의 해명처럼 A7의 게시물은 다른 사람들에게 넌지시 보내는 경고 역할을 한다. 즉, 이 남자는 기피 대상이라는 말이다. 다음 A8의 게시물에는 독자들이 피해자를 알 수 있음을 암시하며 확실하게 경고한다.

섹스 관행

A8

"쪼그만 거시기의 배달원"

익명

숙녀분들, 이 남자를 조심하세요! 이 배달원은 오로지 한 가지… 섹스만 하려고 혈안이 돼 있어요! 여러분은 물론이고 여러분의 가족 중 다른 여성들에게도 절대 이 남자를 믿지 말라고 경고합니다. 위험한 남자예요. 그리고 변태죠. 이 남자가 일하는 회사 이름은 말하지 않겠어요. 이런 남자를 고용한 게 그들 잘못은 아니니까. 아무튼 이 남자를 보게 돼도 절대 믿어서는 안 됩니다. 완전 쓰레기예요. 부적절한 행동이나 추행을 하려 들면 신고해요.

A8은 남자의 직업과 그의 작은 성기를 연관시켜 '쪼그만 거시기tiny package의 배달원'이라는 제목을 달았다. 이는 두 가지 측면에서 효과가 있다. 먼저 A3와 A4처럼 남자의 성기가 작다는 주장은 그 남자의 남성성에 문제를 제기하는 데 효과적이다(Wylie & Eardley, 2007). 둘째, 유머로 받아들여질 수 있다(Benwell, 2004). 이는 독자의 주목을 끄는 추가적 이점이 될 수 있지만 다음에 이어지는 "숙녀분들, 이 남자를 조심하세요!"라는 경고를 약화시킬 잠재성도 있다.

독자의 정체성 범주를 "숙녀분들ladies"이라고 언급한 것은 수사적 의미에서 흥미로운 발상이다. 구성원 범주화 장치MCD는 조화롭게 연관되어 있는 여러 범주들의 집합으로, 공통적으로 관련된 의미를 가진다(Sacks, 1992). 예를 들어 구성원 범주화 장치 '젠더'는 여성/남성 그리고 소년/소녀 등의 범주를 담고 있다. 젠더 또는 다른 장치 안에서 어떤 범주를 선택하는 것은 임의적인 행위가 아니며 어떤 목적을 달성하기 위한 선택이다. 범주와 연관된 사회적 지식은 텍스트가 어떤 식으로 읽히는지(또는 대화가 어떻게 들리는지)에 중요한 영향을 미치기 때문이다.

에드워즈(Edwards, 1998, p.25)는 젠더 범주는 "연령, 결혼 여부, 성관계를 할 잠재적인 가능성과 관련해 유용한 관습적 연관성"이 있다고 주장한다. 스토키(Stokoe, 2003, p.331)는 '숙녀lady' 범주가 언급되면 성숙하고, 동반자로 적합하고, 성관계를 맺을 가능성이 낮다고 추론하게 되고, '여자애girl'라는 범주는 '경망스러움, 권위와 목적이 결핍됨'의 의미로 받아들여진다고 주장한다. 경고의 맥락에서 '숙녀분들'이라는 언급은 남자를 이성애 성폭력 가해자로 그리는 데 도움이 된다. "오로지 한 가지… 섹스만 하려고 혈안이 돼 있어요!" 부분은 여성들이 어쩌다 만난 사람과 가벼운 섹스를 하는 것에 관심이 없다는 것을 전제한다.

주목할 만한 또 다른 점은 경고를 열람자에 한정하지 않는다는 것이다. "여러분은 물론이고 여러분의 가족 중 다른 여자들도 절대 이 남자를 믿지 말라고 경고합니다." 이 부분이 암시하는 것은 두 가지다. 먼저 열람자들은 이 경고를 다른 여자들에게 전달해야 한다. 둘째, "위험한 남자예요. 그리고 변태죠." 부분은 가족 중 특히 미성년인 소녀들에게 맞춘 경고다. 이렇게 윤리, 도덕적, 법적 측면을 건드리면서 A8이 윤리 영역을 남자가 일하는 조직을 보호하는 데 거명한다는 것이 흥미롭다. "이 남자가 일하는 회사 이름은 말하지 않겠어요. 이런 남자를 고용한 게 그들 잘못은 아니니까." 이는 A8이 직접 경험한 게 아니라 오직 소문만으로 이런 주장을 한다는 것을 넌지시 비춘다. 사실 A8은 "부적절한 행동이나 추행을 하려 들면 신고해요."라며 다른 사람들에게 남자를 신고하라고 독려하면서 게시물을 끝낸다.

부적절한 성적 행실에 대한 비난은 우리 데이터에서 일반적으로 나타나는 현상이다. 다음 게시물은 복장도착증에 대해 이야기한다.

A9

"계집애 같은 남자"

이명

그는 우울해하는 작은 계집애 같다. 이 남자는 내 옷 입는 것을 좋아했다. 나랑 섹스를 하느니 차라리 포르노를 보고 혼자 자위를 했다.

A9의 제목 "계집애 같은 남자"는 이어지는 비판의 배경이 된다. 색스(Sacks, 1992)는 사람들이 상호작용을 하는 사람에 따라 (예를 들어, 대학에서는 강사고, 집에서는 아버지이자 남편) 특정 맥락에서 자신과 다른 이들을 범주화시킨다고 말했다. 또한 그는 이런 정체성 범주들이 그와 연계된 특징(서술)과 행위(활동)를 동반한다는 점도 지적한다. 이때의 서술과 활동은 상식적인 사회적 지식으로 여겨진다. 우리는 A9의 게시물에서 남자가 "내 옷을 입고" "나랑 섹스를 하느니 차라리 포르노를 보고 혼자 자위를 했다."와 같은 행위와 연합된 특징을 보이기 때문에 A9이 남자를 '계집애sissy'로 범주화했다는 사실을 확인할 수 있다.

이런 "범주, 서술 그리고 과업"(Hester & Eglin, 1997)은 두 가지 목적 달성에 도움을 준다. 그가 여자 옷을 입는다는 주장은 남자를 '여자 같은' 입장에 둠으로써 그를 무력화시킨다. 이는 A9 때문에 남자가 포르노를 보고 자위행위를 하는 것으로 보는 시선을 분산시키는 데 도움이 된다. 즉, A9가 남자를 성적으로 만족시키지 못할지도 모른다는 사실을 약화시키는 작용을 한다.

선진국에서는 어떤 사람이 여자 같다거나 게이라고 범주화하면 동성애 혐오라고 비난받을 수 있다. 다음 게시물에서 A10은 그런 점을 알고 제목을 아예 다음과 같이 붙인 것으로 보인다. "게이인 것은 괜찮아. 하지만 거짓말쟁이는 안 돼."

섹슈얼리티

A10

"게이인 것은 괜찮아. 하지만 거짓말쟁이는 안 돼."

익명

이 사람은 내 전 남자 친구다. 우리는 약혼까지 했었지만 그가 게이라는 걸 알게 됐다. 이 사람 노트북에서 그의 누드와 그가 남자 거시기를 빠는 사진을 발견했다. 이 남자 벌주는 걸 좀 도와주기 바란다. 이 자식은 나한테 많은 것을 약속했다. 나는 이 자식 삶이 망가졌으면 좋겠다. 게이인 것은 괜찮다! 하지만 거짓말쟁이는 용서할 수 없다. 제발 이 자식에게 벌을 주기를! 그를 다 까발려서 삶을 완전히 망가뜨려버렸으면 좋겠다.

'게이' 같은 비규범적 범주는 종종 민감한 것으로 간주된다. 젠더 구별을 인지할 수 있는 압도적인 이성애 중심 사회에서 상식적 지식 또는 남성성의 범주를 위반하기 때문이다. '게이'는 그 집단의 성적 취향 때문에 '예외', '다름' 또는 심지어 분리적 범주로 비춰진다(Schegloff, 2007, p.469). 비록 '게이'가 전형적으로 비규범적이지만, 어떤 사람을 헐뜯기 위해 '게이'로 범주화하면 동성애 혐오증이라는 비난을 감수해야 할 수도 있다. 따라서 그렇게 하는 사람은 담화적 행위를 할 때 반드시 자신의 이득을 설계하고, 선택하고, 관리해야 한다(Silverman, 1998, p.132).

A10의 '이해관계 접목'(그녀의 이익을 보호하는 행위)(Edwards & Potter, 1992 참조)은 그녀가 분명하게 "게이인 것은 괜찮다."고 말하고 이를 후반부에 다시 한번 환기시키는 것으로, 이는 동성애 혐오증이라는 비난으로부터 자신을 보호하려는 시도다. 섹슈얼리티와 관련해 A10은 '전 남친'을 '거짓말쟁이'의 담화적 위치에 둔다. '예민한' 주제(Silverman & Peräkylä, 2008)에 대해 A10은 이런 식으로 자신의 이해관계를 관리(Edwards & Potter, 1992)한다.

전 남자 친구를 진실하지 않은 사람으로 범주화시키려면 A10은 타당한 증거를 제시해야 한다. 그래서 A10은 전 남자 친구의 '누드 사진'과 '남자의 거시기를 빠는 사진'을 찾았다고 진술한다. 하지만 이 행위도 동성애 혐오증이라는 비난을 불러일으킬 위험성이 있으므로 그녀는 두 사람이 함께한 시간 동안 그가 친 사기와 그의 기만을 강조한다. A10은 "우리는 약혼까지 했었지만"이라고 말한 뒤 "나한테 많은 것을 약속했었다."라고 하며 그가 서약을 지키지 않았던 점을 밝힌다. 남자가 부정행위를 저질렀으며 기만적이라는 주장을 A10이 바라는 결과인 세 가지 요소 "제발 이 자식 좀 벌주기를!" "다 까발려서" "삶을 완전히 다 망가뜨려버렸으면 좋겠다."(Jefferson, 1991)와 연결시킨 것은 자신의 복수에 다른 이들을 끌어들이려는 시도로 보인다. 그렇게 하면서 A10은 그녀에게도 과실이 있다는 사실을 최소화한다.

토론

이번 장에서 우리는 여성들이 남성(주로 이전 파트너)의 성적 노출 이미지를 온라인에 올린 것을 어떤 식으로 해명하고 정당화하는지를 분석했다. 여성들은 남성들이 폭력을 행사하고, 아버지 노릇을 제대로 하지 않고, (온·오프라인에서) 성폭력을 행사하고, 동성애를 하고, 여자같이 굴고, 거짓말을 하고, 친밀한 파트너에게 성적 의무를 다하지 않았으므로 그들의 성적 노출 사진 공개가 정당하다고 주장했는데, 이런 주장은 전혀 놀랍지 않다. 우리는 또한 이 남성들이 저지른 (것으로 추정되는) 수많은 비행들이 젠더와 성적 상호작용의 개념과 연결되거나 심지어 거기에 매여 있기도 하다는 점을 밝혔다. 전반적으로, 여성 게시자들은 복수를 통해 공평함을 이룰 수 있다고 상정하고, 그들에게도 과실이 있다는 사실은 희석시키면서 복수를 긍정적으로 보았다.

　남성과 여성이 리벤지 포르노를 올리는 동기와 그것을 해명하는 방식에는 유사점이 있다. 남녀 모두 관계 내 통제, 부정행위(불륜), 미약한 성 기능, 부모로서 양육을 제대로 하지 못하는 것과 성 건강을 리벤지 포르노를 만들고 공개하는 이유로 삼는다. 따라서 리벤지 포르노를 올리는 것은 그들의 상황에서 보면 개인 차원의 복수를 실행하는 합당한 형식인 셈이다. 하지만 중요한 차이점이 있다. A1 같은 여성은 상대 남성이 물리적으로 폭행을 했다고 말했는데, 거꾸로 여성에게 폭행을 당했다고 보고한 남성 사례는 찾아볼 수 없었다. 아마도 남성이 여성에게 폭행을 당했다고 하면 나약한 남자로 비춰질 수 있다고 인식하기 때문인 것 같다(Migliaccio, 2001).

부모 노릇 문제에서도 주요한 차이점이 있었다. 남성들은 여성들이 자녀에게 접근하지 못하게 했기 때문에 아버지로서 행사할 수 있는 권리가 부정당했다고 주장한다. 이때는 아이들을 만나지 못하게 하는 것이 복수의 수단으로 사용되었다(Chesler, 2011). 반면 A2 같은 여성은 남자가 부모로서의 책임감, 특히 금전적 지원을 회피했다고 주장했다. 이 점은 남성들이 여성을 '꽃뱀'으로 표현하며 폄하하는 것과 대조를 이룬다(여성 폄하를 역사적으로 분석한 자료에 대해서는 Schulz, 1975 참조).

여성들은 남성의 성기 크기와 모양, 성 기능, 성적 취향과 섹슈얼리티 등을 문제 삼아 남성성과 남성의 지위에 문제를 제기하는 것으로 나타났다. 반면 남성들은 여성들이 성적 역할을 제대로 수행하지 못했다고 주장한다. 그들은 여성을 성적으로 대상화했으며, 여성이 성적 측면에서 주체적으로 행동하면 때때로 이를 매춘과 연결시키기도 했다. 이전 파트너의 성 관행과 성적 취향을 이야기하는 방식에서 여성과 남성에게 이러한 차이점이 있음에도 불구하고, 양측 모두 이러한 것들이 학대에 어떤 식으로 이용될 수 있는지 세세하게 이해하고 있음을 보여주었다. 사실 이는 그들이 피해자, 피해자의 현재 파트너, 그리고 피해자를 아는 사람들이 리벤지 포르노를 볼 경우 그 영향이 증폭된다는 사실을 알고 있음을 암시한다. 8장에서는 자신을 동성애자라고 밝힌 이들이 올린 게시물을 살펴보겠다.

8장

게이와 레즈비언 사례
:"사기꾼! 거짓말쟁이! 도둑!"

'Cheater! liar! thief!'
: gay and lesbian accounts

남성-남성 사례 게시물

리벤지 포르노를 올리는 사람은 압도적으로 남성 이성애자가 다수를 차지하지만, 우리는 동성애 관계였던 사람들이 이전 파트너의 리벤지 포르노를 어떤 식으로 해명하며 그 해명에는 어떤 유사성(또는 비유사성)이 있는지 궁금했다. 앞선 장을 참고하면 마이엑스닷컴과 다른 리벤지 포르노 사이트에 올라온 게시물의 약 90퍼센트가 남성이 올린 것들이었다. 동성애자들이 이전 파트너의 자료를 올린 경우는 전체 리벤지 포르노 게시물 중 1퍼센트도 되지 않았다(2016년 9월). 이에 대해 두 가지 설명이 가능할 것 같다.

첫째, 스스로 게이 또는 레즈비언이라고 밝히거나 동성애 관계를 지향한다고 말하는 게시물은 그들의 섹슈얼리티에 대해 알고 있거나 또는 모르는 대중에게 자신의 성적 취향을 밝히는 '커밍아웃'의 효과를 갖는다. 앤더슨(Anderson, 2009)은 서구 사회가 이성애가 아닌 성적 취향에 점점 더 관대해지고, 수용적인 분위기이기는 하지만 공개적인 관계를 문제시(Chan, 2016)하는 이들이 여전히 어느 정도 존재한다고 말한다. 둘째, 우리는 게시자의 섹슈얼리티를 확신할 수 있는 게시물만 계산에 넣었다. 이에 대해서는 이후 논의할 것이다. 따라서 동성애자이면서 이전 파트너와의 관계를 설명하는 게시물이 훨씬 더 있을 수 있지만 그 점에 대해 우리는 확신할 수 없다.

우리는 마이엑스닷컴의 '남자 전용' 섹션에 올라온 남성의 성적 노출 이미지가 포함된 1,000개 이상의 텍스트를 모아(2016년 3월) 남성 동성애를 지향하고 표시하는 텍스트를 면밀히 살펴보았다. "빌어먹을 호모××." "이놈은 여자보다 남자를 더 좋아하는 것 같다." "그는 게이다." "이놈은 여행할 때 남자를 만나면 누구든지 낚으려 한다. 왜 항상 항문 섹스를, 그것도 내 것이 아닌 자기 엉덩이에만 원하는지 짐작했어야 했는데!"처럼 동성애 관계를 모욕하려는 의도로 글을 올린 듯한 게시물은 제외했다.

동성애 관계를 지향하고 이에 대한 지표가 확실한 텍스트 "그는 내 동성 연애 관계 중 첫 파트너였다." "우리는 동성애 사이트에서 만났다." "그의 새로운 남자 친구", 동성애 지표를 언급하는 텍스트 "그는 항문 섹스를 한다. 내가 그 남자랑 해봐서 안다." 그리고 '그라인더Grindr'[1]처럼 잘 알려진 게이 데이트 주선 사이트를 참고해 선정했다. 그 결과 잠재적으로 남성-남성 관계인 게시물을 19개 찾을 수 있었다. 이 게시물들을 일차적으로 반응 유형에 따라 부호화했다.

• 바람: "바람 피우는 비열한 자식!!"

---

1   그라인더는 자사가 196개국에 걸쳐 가장 인기 있는 세계 최대 남성 사회 연결망이라고 주장한다. 이 사이트는 데이트 상대나 친구 등을 찾는 데 사용된다.

- 성기 크기: "거시기가 땅콩만 한 남자."
- 복수: "정체를 숨긴 더러운 게이 자식이 내 사진을 올린 것에 대한 복수로."
- 거절당함: "이 ××는 오로지 지가 하고 싶을 때만 당신을 원한다."
- 성적으로 문란함: "전형적인 창녀 타입의 게이였다."
- 위험한 섹스: "콘돔 없이 하는 섹스를 요구하는 인간들이 있는 앱이나 [이름 생략]에서 닥치는 대로 남자들을 만나는 걸 너무 좋아한다."

텍스트들을 추가적으로 부호화하자 성적 문란함, 경고와 위험한 섹스, 섹스 통제 그리고 섹슈얼리티 등으로 느슨하게 분류된 담화들이 새롭게 출현했다. 우리는 이런 담화를 담고 있는 다섯 가지 사례를 분석했다. 먼저 성적 문란함부터 살펴본다.

성적 문란함

A1

"바람피우는 전 남친 놈을 폭로했는데 완전히 굴욕을 줬다."

익명

이 남자는 바람피우는 잘난 내 전 남친이다. 그 ××가 바람을 피우고 있다는 걸 알게 됐지만 그 사실을 말하지 않았다. 대신 그놈의 치욕적인 섹스 사진이나 동영상을 찍으며 몇 주를 보냈다! 이제 그놈을 차버렸으니 이것들을 폭로해 복수를 할 수 있게 됐다. 바람이나 피우는 매춘부는 이런 대접을 받아도 싸다!! 거시기와 불알을 빨고, 엉덩이를 핥고, 다리를 벌리고 언제나처럼 매춘부가 된 꼴의 사진이 무지무지 많다, 장담하건대 분명 이 자식의 새 남친은 이 xx가 진짜 어떤 인간인지 전혀 모를 것이다. 그러다 우연히 이 사진들을 보면 깨닫겠지. 자위하면서 재미 보길. 그리고 혹시 이 사진들을 다시 블로그에 올리거나 다른 곳에 업로드할 경우 나한테도 알려주길 바란다. 그것들이 쫙 퍼지는 걸 보면서 쾌감을 맛볼 수 있을 테니까.

복수를 하려는 A1은 이전 파트너(편의상 B라고 하겠다)가 부정행위를 저질렀다는 주장에 초점을 맞춘다. "바람 피우는 전 남친" "그가 바람을 피우고 있다는 걸 알게 됐다." "바람이나 피우는 매춘부" "언제나처럼 매춘부가 된 꼴"이라고 쓰고 있는데, 이렇게 해야 전 파트너가 부정행위를 저지른 것에 대해 복수를 하는 '정당한' 이유로 부각할 수 있기 때문이다. (남자건 여자건) 이전 파트너가 부정행위를 저질렀다거나 관계를 끝장냈다고 믿는 게시물의 게시자는 그가 관계를 파탄 낸 장본인이 아니기 때문에 힘(영향력)을 빼앗긴 위치에 서게 될 가능성이 높다. 이에 대처하는 전략 중 하나가 통제력을 되찾는 행위, 즉 복수다 (Berkowitza & Cornell, 2005).

A1은 이것을 두 가지 방식으로 실행한다. 첫째, A1은 자기가 관계를 끝냈다고 주장한다("그를 차버린 다음"). 둘째, A1은 자신이 달성하고자 했던 목표를 성취했다고 믿는다("바람피우는 전 남친을

폭로했는데 완전히 굴욕을 줬다."). 이 부분은 영향력을 다시 빼앗아 왔음을 암시하지만 만약 A1의 전 파트너 B가 이런 행위를 알지 못하면 효과가 약화될 가능성이 높다. A1은 B에게 "완전히 굴욕을 줬다."고 주장함으로써, 그가 B의 성적 노출 이미지를 게시물로 올렸다는 사실을 B가 알게 될 가능성이 높음을 넌지시 내비치고 있다.

A1은 "장담하건대" B의 "새 남친"이 B의 행동을 모르고 있다는 것을 '사실'로 제시한다("이 ××가 어떤 인간인지 하나도 모를 것이다"). 이 부분은 A1이 B의 새로운 파트너(C)를 알고 있거나, C가 B의 성적 노출 이미지와 그의 성생활에 대해 모른다는 것을 알고 있음을 암시한다. 따라서 이는 A1이 원한다면 그 이미지의 영향력을 강화할 능력이 있음을 가리킨다. B가 "진짜 어떤 인간인지" C가 알게 된다면 그들의 관계에 변화가 생길 수 있다는 점도 은연중에 드러나 있다('진짜' 같이 극단적 어구 사용에 대해서는 Pomerantz, 1986을 참조한다).

흥미로운 점은 A1이 게시물 열람자들에게 이미지를 "다시 블로그에 올리거나 다른 곳에 업로드"하라고 독려하는 방식으로 열람자들과의 관계를 발전시키려 시도한다는 점이다. 추정컨대 이는 B의 새 파트너 C가 B의 사진과 비디오를 보게 될 가능성을 높이려는 의도다("우연히 이 사진들을 보면 깨닫겠지"). 우리는 6장에서 A1과 열람자 사이와 비슷한 관계 형성과 발전 사례, 즉 용납 가능한 형태의 복수 그리고 남성들 사이의 사회적 교환에 대한 게시물을 본 적이 있다(Whisnant, 2010).

성적으로 문란하다고 주장하며 전 파트너에게 성적 굴욕감을 주려는 A1의 목적은 우리가 가지고 있는 게이 데이터 중에서도 특별한 사례였다. 암묵적으로든 드러내놓고든 게시물을 다른 사람들에게 경고하는 용도로 이용한다는 공통점이 나타났다. 이는 두 가지 목적에 부합한다. 첫째, 우회 전략 역할을 해서 잠재적인 비판을 피할 수 있게 한다. 둘째, 게시자는 복수를 긍정적 행위, 즉 부분적으로는 다른 사람들에게 득이 되는 일로 표현할 수 있다.

다음의 게시물 두 개를 보면 A2는 자신의 게시물을 이전 파트너가 성적으로 불륜을 저지른 것에 대해 다른 사람들에게 보내는 경고라고 표현한다. 그리고 A3는 이전 파트너가 심리적으로 자신을 학대했다고 주장하며 다른 사람들에게 경고한다.

A2

"[익명 처리] 거시기 핥는 놈"

익명

나는 사람들의 선망의 대상인 [익명 처리]와 사귀고 있었다. 그를 파티에 데려갔는데 화장실에서 다른 남자의 거시기를 빨고 있는 모습을 봤다. 너무 역겨운 자식이다. 내 것이 그 남자 것보다 훨씬 낫다고 말하며 사과하려 했다. 완전 개××다!

A2는 제목에서 이전 파트너(B)의 이름을 확실하게 밝히고 그를 "거시기 핥는 놈"으로 범주화하고 있다. 분석을 하며 계속해서 강조했듯 열람자들이 게시자의 말을 믿게 하려면 주장에 설득력이 있어야 한다. 이는 "다른 남자의 거시기를 빨고 있는 것을 봤다."며 파트너의 부정을 주장하는 간단한 설명으로 성취된다. 흥미롭게도 파트너의 부정행위에 대한 언급은 과거형으로 표현된 그들의 관계 "나는 [익명 처리]와 사귀고 있었다."에 대한 배경 설명이 될 뿐 아니라 동시에 B를 "선망의 대상"으로 만드는 남성성에 대한 도전의 역할을 하기도 한다.

B의 남성성에 도전하면 두 가지를 성취할 수 있다. 먼저 남자를 '여자 같은', 즉 '계집애'의 위치에 놓게 된다(Edwards, 2006; Hunter, 1993). 스스로를 '메트로섹슈얼metrosexual(패션과 외모에 많은 관심을 보이는 남성. – 옮긴이 주)'이라고 밝힌 남성들을 분석한 홀(Hall, 2014)의 연구에 의하면 남성은 다른 남성을 무력화시키기 위해 섹슈얼리티와 젠더를 이용한다. 그래서 남성은 다른 남성을 '동성애'로 범주화하거나 '여자 같은' 자로 위치시킨다. A2가 자신을 게이라고 밝힌 점을 고려하면 그는 반드시 그의 이전 파트너를 '여자 같은' 자로 위치시켜야 하는 상황이다. 이런 식으로 이전 파트너를 상정하는 행위는 그가 다른 남자에게서 오럴섹스 서비스를 받는 게 아니라 "다른 남자의 거시기를 빨고 있었다."는 주장에도 잘 맞아떨어진다. 다시 말하면 A2의 이전 파트너 B는 섹스에서 좀 더 종속적인 상황이라는 의미다(성행위에 대

한 문화적 인식과 관련된 자세한 사항은 Walkington, 2016을 참조한다).

　유사하게 A2는 전 파트너가 "내 것이 그 남자 것보다 훨씬 낫다고 말하며" 사과하려 했다고 주장한다. 생식기 애무에 관한 홀 (Hall, 2015)의 연구는 성기의 크기와 모양이 남성성에서 중요한 부분을 차지한다는 사실을 보여주었다. A2가 "내 것이 그 남자 것보다 훨씬 낫다고" 말한 부분은 두 가지 목적을 달성한다. 첫째, A2는 이전 파트너를 보다 명확하게 '여자 같은 놈'으로 범주화한다. 남성의 성기 크기에 대한 강조는 몇몇 여성들이 남성의 자존심을 높여줄 때 사용하는 전략이다. 반대로 성기 크기에 대한 조롱은 앞선 장에서 보았듯 남성 비하의 수단이 된다. 둘째, 성기 크기와 모양이 남성성에서 중요한 지표이므로 A2가 자신의 성기가 "더 낫다."고 하는 주장은 다른 남성들과 비교했을 때 그의 남성적 위치를 고양시킨다.

　마지막으로 주목할 점은 A2가 그의 이전 파트너를 '역겹다' 고 말한 부분이다. 게이 섹슈얼리티 연구자(예를 들어, Avila, 2015; Davies, Hickson, Weatherburn & Hunt, 2013; Mowlabocus, Harbottle & Witzel, 2013)들은 성병과 관련된 위험이 커지는 상황이기 때문에 게이 공동체에서는 가볍게 섹스하는 풍조를 부정적으로 받아들이는 경우가 많다는 점에 주목한다. 따라서 A2의 게시물은 이전 파트너와의 섹스에 관심을 가질 다른 사람들에게 경고하는 효과가 있다.

　지금까지의 이성애자와 동성애자 게시물 분석에서 보았듯

게시자들은 성적 노출 이미지를 올리는 이유를 대야만 한다. 이전 파트너에게 성적 모욕감을 주어서 공공연하게 복수를 하려는 A1과는 달리 A2는 암묵적인 경고로 이를 실행한다. 우리가 분석을 통해 밝힌 또 다른 사항은 게시자들이 종종 관련 웹사이트에 성적 이미지를 올려 복수를 시도할 뿐 아니라, 상황을 통제하고 힘을 행사하는 위치를 되찾으려 든다는 점이다. A2는 이것을 관계를 끝내고 복수를 하겠다고 주장하며 이전 파트너의 남성성에 도전하는 형식으로 성취해냈다. 반면 다음의 A3는 상대적 약자로서의 입장을 부각시킨다. 이는 다른 사람들에게 보내는 경고를 강화하는 역할을 한다.

A3

"이 게이 자식은 당신을 가지고 놀 것이다(그는 오른쪽 포지션이다)"

익명

이봐, 여기 이 남자는 [신원 생략]이다. 우리는 게이 사이트에서 만나서 킥Kik 앱2을 통해 대화를 나눴다. 그는 나를 꼬어서 내 누드 사진을 손에 넣었다. 또 몇 번이나 만나서 섹스하고 싶다고 했다. 하지만 진짜 그러기를 원했던 것은 아니었다. 대신 그놈은 내가 나 자신을 끔찍하게 생각하기 바랐고 상처 주는 말을 했다. 이놈은 만난 첫 날을 제외하고는 내게 절대 잘해주지 않았다. 그저 내 사진을 보며 자위하고 싶었을 뿐이라고 했고 이 xx가 말한 것은 모두 다 거짓말이었다.

---

2 채팅, 콘텐츠 공유, 결과 추적 등을 하는 스마트폰 앱이다.

이 사례에서 맨 처음 눈에 띄는 점은 A3의 인사 방식이다. 그는 '이봐Hey'로 시작했다. 색스(Sacks, 1992)는 인사에서의 절차적 규칙에 대해 다음과 같이 밝혔다. "먼저 말을 시작하는 사람은 … 호칭 형식을 결정할 수 있고 그렇게 함으로써 다른 용도의 호칭 선택도 할 수 있다." 다시 말하면 상호 교환은 두 사람이 있을 때 일어나므로, 한 사람이 '이봐'라고 말하면 그에 대한 반응도 '이봐'라고 나올 가능성이 높다. 격식을 차리지 않는 인사인 '이봐'는 열람자가 텍스트를 읽고 이미지를 보는 방식의 맥락과 어조를 결정한다. 즉, 여기서는 편안하고 가벼운 방식이다. A1과 유사하게 A3는 열람자들과 모종의 관계를 형성하고 발전시킨다. 이는 부분적으로는 다른 사람들을 위해 게시물을 올렸다고 하는 주장을 뒷받침하고, 잠재적으로 비판을 피하기 위한 회피 전략으로 작용한다.

A3의 게시물에 의하면 육체적인 성관계는 일어나지 않았을 수도 있다. 문제의 남자가 "몇 번이나 만나서 섹스하고 싶다고 했다."라고 했고, 두 사람이 "만나서"라고 말하고 있지만 "진짜 그러기를 원했던 것은 아니었다". 이는 두 사람의 관계가 기본적으로 인터넷에 기반한 섹스 또는 사이버 섹스(Cooper, 2013)를 하는 사이임을 암시한다. 사이버 섹스는 게이(그리고 이성애자)들이 친밀한 관계를 맺는 형식으로 점점 더 인기를 더해가고 있다(온라인에서 이루어지는 친밀한 관계의 다양한 형식에 대한 자세한 사항은 Race, 2015를 참조한다). 1장에서 주목했듯이 이런 온라인 만남

을 갖는 이들은 종종 온라인 또는 문자로 성적 노출 이미지를 교환한다(Hasinoff, 2015).

A3는 또한 "그가 나를 꼬여서" "누드 사진"을 보내게 만들었고(속임수), 감정적으로 학대했다고 주장한다("그놈은 내가 나 자신을 끔찍하게 생각하길 원했고 상처 주는 말을 했다"). 이는 "절대" "그저"와 같이 극단적 표현으로 강화된다(Pomerantz, 1986). 앞선 장에서 주목했듯이 극단적 표현 어구는 "반박에 대한 방어, 불만 토로, 사실에 기반한 주장을 정당화하는" 담화적 장치 역할을 한다(Edwards, 2000). 따라서 A3의 이전 파트너가 친밀한 관계를 맺는 데는 관심 없고 "내 사진을 보며 자위하고 싶었을 뿐"인 사기꾼이었다는 주장이 강화된다. A3는 이전 파트너를 통제자의 위치에 두었고 따라서 그의 성적 노출 이미지를 게시하는 것이 정당한 형태의 복수임을 제시한다.

성적 문란함과 이전 파트너에 대한 암묵적 또는 명시적 경고는 우리의 동성애자(그리고 이성애자) 데이터에서 일반적으로 드러나는 현상이었다. 다음의 A4가 올린 게시물은 그의 전 파트너의 성 관행에 관해 의문을 제기하면서 다른 사람들에게 경고한다.

성 관행

A4

"그라인더에서 만난, 질척거리는 송충이 자식"

익명

[익명 처리]는 콘돔 없이 하는 섹스를 요구하는 인간들이 있는 앱이나 그라인더에서 닥치는 대로 남자들을 만나는 걸 너무 좋아한다. [익명 처리]는 자기 남자 친구 몰래, 몸이 달아오른 수많은 남자들과 섹스하는 것을 즐긴다. 이 자식의 땅콩만 한 거시기는 절대 당신을 만족시키지 못할 것이다.

A4는 게시물의 남성을 "질척거리는" "송충이"로 범주화하고, 범주화 작업을 한 장소를 '그라인더'(게이 데이트 주선 사이트)라고 밝힌다. 어떤 사람을 '그' 또는 '그녀'로 범주화할 때 이 사람은 '범주 기반 행위'로 일컬어지는 특정 행동을 하는 행위자이며, 어떤 특징을 '자연스러운 서술'로 가진다고 추정된다(Sacks, 1992). 그러나 "질척거리는" "송충이"만으로는 A4의 주장을 만족시키지 못한다(Jayyusi, 1984). A4는 그의 이전 파트너가 "몸이 달아오른 수많은 남자들"과 함께 콘돔을 쓰지 않는 섹스를 하는 데 관심이 있다는 대목에 초점을 맞춘다. 따라서 그를 "닥치는 대로 남자들을 만나는 걸 너무 좋아한다." "남자 친구 몰래 몸이 달아오른 수많은 남자들과 섹스하는 것을 즐긴다."라고 표현하며 그가 성적으로 문란한 사람임을 주장한다.

"콘돔 없이 하는 섹스"와 성적으로 문란함을 동격으로 만들기 위해 A4는 콘돔을 쓰지 않는 섹스를 '위험한' 성적 관행이라고 말한다(예방 조치 없이 가볍게 하는 항문 성교의 위험성에 대한 좀 더 자세한 사항은 Ávila, 2015; Davies 외, 2013; Mowlabocus 외, 2013을 참조한다). A4는 대조를 이루는 쌍(Smith, 1978)인 '안전한 섹스/안전하지 않은 섹스', '몸이 달아오른/차분한'을 부각시킨다. 이를 통해 예방 조치를 하지 않은 항문 성교를 비규범적 위치에 놓을 수 있다. 따라서 A4의 설명은 그의 이전 파트너와 접촉할 가능성이 있는 다른 남자들에게 보내는 경고로 읽힐 수 있다. 자신의 게시물을 경고라고 표현함으로써 A4는 자신의 행위를 긍정적인 것, 즉 다른 사람들에게 득이 되는 행위로 제시할 수도 있다.

A4는 그의 이전 파트너가 성적으로 문란한 이유는 A4가 "콘돔 없이 하는 섹스"를 하기 때문이라고 말한다. 이 말은 이전 파트너가 사귀는 사이에서는 예방 조치 없이 항문 성교를 할 수 있다고 생각한다는 의미를 내포한다. 6장의 A2 사례("10점 만점에 4점")에서 이와 비슷한 점을 발견할 수 있다. 6장의 A2 사례에서 가해자가 피해자를 비난하는 이유는 자신(가해자)은 원하는 성행위를 요구할 자격이 있다고 생각하는데 피해자가 이에 응하지 않아서였다(Anderson & Umberson, 2001). 블랙웰(Blackwell, 2008)의 동성 섹스 데이트 사이트 연구를 참고하면 섹스를 하는 양측 모두 HIV 바이러스에 전염될 위험성이 높음에도 불구하고 남성의 43퍼센트가 콘돔을 쓰지 않고 하는 섹스를 기대한 것으로 드러났다.

A4는 또한 이전 파트너를 "땅콩만 한 거시기"로 범주화하며, "절대 당신을 만족시키지 못할 것"이라고 주장한다. 이렇게 하면 두 가지 효과가 있다. 첫째, 성기 크기와 성적 불만족을 언급함으로써 상대 남자의 남성성을 약화시킬 수 있다. 와일리와 어들

리(Wylie & Eardley, 2007, p.1449)가 지적했듯 "수많은 문화에서 음경은 거대함, 강건함, 인내심, 능력, 용기, 지성, 지식, 남성을 압도하는 지배력, 씨앗을 쏘아붙과 같은 특징을 상징했고, 사랑하고 사랑받는 것의 표상"이자 번식력을 의미했다. 이런 상징성을 감안할 때 기존의 문화적 표준을 맞추지 못하면 무능하다고 생각하는 남자들이 있다는 점을 이해할 만하다. 사실 최근 영국에서 실행된 연구(Veale 외, 2013)에 의하면 남성의 3분의 2가 자신의 성기 크기와 모양을 불만족스러워한다. 티거만, 마틴스, 처쳇(Tiggermann, Martins & Churchett, 2008)은 음경 크기가 남성들에게 (체중과 근육에 이어) 세 번째 관심 대상이라는 조사 결과를 내놓았다. 둘째, A4 자신이 성적으로 만족스럽지 않았지만 계속해서 친밀한 관계를 유지하고 싶었기 때문에 관계에서 성적 만족보다는 정서적 영역에 투자했다고 암시한다. 그럼으로써 다른 사람들에게 자신을 은연중에 긍정적으로 부각시킨다.

A4와는 달리 다음 게시물의 A5는 자신을 긍정적으로 부각시키려 노력하지 않는다. 대신 그는 이전 파트너가 그들의 성적 관계를 통제했다고 주장한다. "이 비열한 자식은 오직 자기가 하고 싶을 때만 당신을 원한다." 그리고 "그는 이성애자가 아니다."라며 이전 파트너의 섹슈얼리티에 도전한다.

섹슈얼리티

A5

"이 비열한 자식은 오직 자기가 하고 싶을 때만 당신을 원한다."

익명

이 남자는 내 이복 이모의 여동생의 전 남친인데 섹스를 잘한다. 남자들이랑 앉은 자세로 하는 걸 좋아하고 오줌으로 장난질 하는 것, 장난감과 주먹과 거시기로 박히는 것, 캠포cam4(동영상 스트리밍 사이트)의 푸시맨과 트위터의 컴플레이도 좋아한다. 그리고 남이 빨아주는 것도 즐긴다. 그는 [지명 생략] 출신인데, 만나게 된다면 그의 집, 자동차 또는 그의 집에서 멀지 않은 그가 아끼는 장소 [지명 생략] 또는 [지명 생략]에서 하게 될 것이다.

추신: 이 남자는 이성애자가 아니다. 그는 항문 섹스를 한다. 내가 그 남자랑 해봐서 안다. 내 이모 동생이랑 사귀다가 2011년에 헤어졌다.

앞서 우리는 글을 시작할 때의 호칭 방식이 독자들이 나머지 텍스트를 읽는 방식을 결정한다는 점을 밝혔다(Sacks, 1992). A5는 글 제목을 "이 비열한 자식은 오직 자기가 하고 싶을 때만 당신을 원한다."로 붙였다. 이로써 그는 이전 파트너가 성적으로 이기적이고, 성행위를 자기 마음대로 통제해서 결국 사이가 갈라져 헤어지게 됐다고 말한다. 이렇게 함으로써 열람자들은 텍스트의 나머지 부분에서 A5가 희생자이고 상대는 벌을 받아도 싸다는 식으로 글을 읽도록 유도된다. 하지만 이 텍스트에서 놀라운 점은 A5가 자신의 주장에 대한 설명을 하는 대신 그가 어떻게 이전 파트너를 알게 되었고("내 이복 이모의 여동생의 전 남친인데"), 어디 출신이며("[지명 생략] 출신인데"), 어디에서 섹스를 하는

지 말하고("집, 자동차 또는 그의 집에서 멀지 않은 그가 아끼는 장소 [지명 생략] 또는 [지명 생략]에서"), 이전 파트너가 즐겨 한다는 섹스 활동을 나열한다는 사실이다("남자들이랑 앓은 자세로 하는 걸 좋아하고 오줌으로 장난질 하는 것, 장난감과 주먹과 거시기로 박히는 것, 캠포의 푸시맨과 트위터의 컴플레이도 좋아한다")(목록 나열에 대한 자세한 사항은 Jefferson, 1991을 참조한다). 이렇게 섹스 활동을 나열하는 것은 A5의 설명과 주장에 합당함과 신뢰성을 부여한다. 그리고 A5가 그의 전 파트너와 이러한 활동을 같이 했음을 암시하기도 한다 (Epstein, 1995).

A5의 설명은 두 가지 목적을 달성한다. 첫째, A5는 이전 파트너가 "이성애자가 아니라" 양성애자라고 '커밍아웃'한다('커밍아웃'과 섹슈얼리티에 대한 자세한 사항은 Schafer, 2014를 참조). 전 파트너의 섹슈얼리티를 증명하는 부분은 "이복 이모의 여동생의 전 남친" "이 남자는 이성애자가 아니다. … 해 봐서 안다."에 나와 있다고 볼 수 있다. A5는 전 파트너가 이성애자 행세를 하지만 실은 양성애자라고 말하고 있다. 둘째, A5는 사는 곳, 섹스 관행 등 이전 파트너에 대한 정보를 제공한다. 즉, 인근에 사는 사람들, 그리고 피해자와 가해자를 알 것이라고 추정되는 사람들이 이 게시물을 읽을 수도 있음을 알고 의도적으로 이런 정보를 밝혔다고 볼 수 있다.

한 가지 더 주목할 점으로, A5는 상대 남성과 성관계를 맺은 기간("2011년" 이후부터 이미지를 올린 시점인 2014년까지)을 밝힌다.

이는 A5가 그들 관계에 감정적으로도 엮여 있을 가능성이 높음을 암시한다. A5의 이전 파트너가 저질렀다고 추정되는 비행을 감안할 때, 오랜 시간이라는 단서는 A5가 관용과 인내심을 발휘했다는 점을 부각시킨다. 이렇게 하면서 A5는 자신의 행동을 자기에게 편리한 쪽으로 제시할 수 있다.

다음 섹션에서는 여성과 여성 사이의 관계에서 게시자들이 자신의 행동을 설명하는 방식에 대해 살펴보기로 하겠다.

여성-여성 사례 게시물

여성과 여성의 관계를 말하는 게시물을 살펴볼 때도 우리는 남성과 남성의 성적 관계 때와 마찬가지로 똑같은 데이터 수집, 부호화와 분석 절차를 따랐다. 여성 동성애를 모욕의 수단으로 사용한 경우, 예를 들어 "헤어진 전 마누라는 레즈비언 매춘부녀인데, 식당 종업원으로 일하며 동료 여자와 바람을 피웠다."처럼 남성이 어떤 여성을 레즈비언이라고 주장하는 텍스트는 무시했다. 남성 대 남성 사례 게시물과 유사하게 여성 대 여성 사례 게시물은 1퍼센트도 되지 않으며, 총 개수는 다섯 개였다. 이번 장을 시작하면서 강조했듯 게시물 숫자가 적은 이유는 아마 자신의 섹슈얼리티를 밝히고 싶지 않거나 성적 취향을 드러내는 게시물의 숫자가 아주 적기 때문일 것이다. 특정 젠더와 집단 내에서 사용하는 용어나 지표 ("프레테즈비언pretesbian"[3] "그녀는 내 화장품을 아주 많이 훔쳤다." "그녀는 다른 여자들을 꼬셨다.")를 배치하면, 레즈비언 성향이 드러나며 관련 색인 작업도 가능해진다. 우리는 다섯 개의 게시물을 모두 다운받아 성적 문란함, 가짜 섹슈얼리티, 매춘의 세 가지 담화에 맞춰 부호화 작업을 했다. 아래는 다섯 개의 텍스트를 모두 분석한 것이다.

성적 문란함

A6

"레즈비언 갈보! 사기꾼! 거짓말쟁이! 도둑!"

익명

나는 친구를 통해 [이름 생략]을 만나 데이트를 시작했다. 짧게 요약하면 나와 그녀는 몇 번 데이트를 했다. 내가 그녀의 처음이었다. 그녀의 동정童貞을 내가 가졌다. 그녀는 어쩌구저쩌구 하며 함께하자고 약속을 했지만 나 몰래 다른 여자들을 꼬셨고, 우리 사이에는 아무 일도 없었다며 부정했다! 나 몰래 16명이나 되는 여자들과 섹스를 해놓고 내 면전에서 거짓말을 했다! 내 물건이랑 화장품도 많이 훔쳤다… 지금까지도 우리 관계는 아무것도 아니라고 부정하지만 이 사진들은 그 정반대라고 이야기한다. x같은 년!

---

3 프레테즈비언은 레즈비언 역할을 즐기며 레즈비언인 척하는 이성애 여성을 의미한다(Urban Dictionary, 2008).

A6는 이전 파트너를 네 가지 부정적인 특징인 '갈보', '사기꾼', '거짓말쟁이' 그리고 '도둑'으로 범주화하면서 게시물을 시작한다. 사회적 규범을 어기는 것을 나타내는 이런 특징들은 불륜(부정행위)과 좀도둑질이 있었음을 은연중에 밝힌다. 즉, 한 사람에게 충실해야 한다는 사회적 규범을 깨뜨리고, 정직성과 진실됨, 타인의 소유물에 대한 존중 등이 모두 무시되었다고 말하는 것이다(McDonald & Crandall, 2015). 앞서 밝혔듯 여러 가지 요소를 나열하면 주장이 분명해지고 무게감을 가진다. 또한 잠재적인 반대 의견을 피할 수 있으며 지향성을 나타내는 장치 역할을 한다(Jefferson, 1991). A6가 나열한 특징들은 그녀의 이전 파트너를 고약한 인물로 제시하고 A6를 피해자의 입장에 놓게 한다.

A6가 붙인 제목에서 주목할 또 다른 점은 촬영된 인물의 섹슈얼리티를 '레즈비언'이라고 밝혔다는 사실이다. 사람들은 정체성 범주를 언급해 어조와 문맥을 결정하고, 그것을 이용해 텍스트나 대화를 이해한다(Sacks, 1992). 그래서 이 텍스트에서 다음으로 이어지는 부분은 '레즈비언' 텍스트로 읽힐 수 있다. 그 이유는 어떤 사람을 묘사하는 데 '여자', '이전 파트너', '아내', '배우자' 등 다수의 범주를 사용할 수 있더라도, 단일 범주 하나만으로 충분히 인구의 특정 구성원을 표현할 수 있기 때문이다. 이것은 구성원 범주화 분석의 '적용 규칙' 중 하나로 5장의 '경제성의 규칙'에서 다루었던 것이다(Sacks, 1992, p.238).

어떤 사람을 범주화해도(예를 들어, "레즈비언 갈보! 사기꾼! 거짓말쟁이! 도둑!") 그 범주화 작업을 하는 사람은 반드시 설명을 해야만 한다(Berkowitza & Cornell, 2005). A6는 그녀의 전 파트너가 기만적이고("16명이나 되는 여자들과 섹스를 해놓고"), 진실되지 못하며("함께하자고 약속을 했지만" "우리 관계가 아무것도 아니라고 부정했다!"), 좀도둑질을 했다고 말하면서("내 물건이랑 화장품도 많이 훔쳤다.") 자신이 부정행위를 한 상대를 비난할 만하다고 주장한다. 흥미로운 점은 A6가 둘의 관계를 증명하기 위해 노출 이미지를 올린다고 표현한 부분이다("우리 관계가 아무것도 아니라고 부정하지만 이 사진들은 그 정반대라고 이야기한다"). 자신의 행동이 단순한 복수가 아닌 증거의 제시라는 표현은 잠재적으로 생길 수 있는 비난을 피하고, 책임을 이전 파트너에게 전가시키려는 전술이다.

하나 더 주목할 점은 A6가 자신이 상대 여성의 첫 번째 성관계 파트너라고 주장한 것이다("내가 그녀의 첫 번째였다. 그녀의 동정을 내가 가졌다"). 이는 그들의 관계가 가벼운 섹스를 즐기는 것이 아닌 진지하게 사귀는 사이임을 드러내는 A6의 위치를 강화하는 역할을 한다. 다수의 사회에서 젊은 여성의 처녀성은 대개 소중하게 여겨지고, 지켜야 하며 오랫동안 관계를 지속할 파트너에게 주어져야 할 것으로 인식된다(Carpenter, 2015). 그러나 카펜터가 지적하듯 몇몇 남성들은 젊은 여성의 처녀성을 취한 것을 남성들끼리의 모임에서 자랑할 거리로 여긴다. 흥미롭게도 최근 들어서는 그런 인습적 젠더 역할도 변화하고 있다. 젊은 여성들이 남성들과 유사하게 상대 여성의 처녀성을 취하는 것을 자랑으로 인식하기 시작한 것이다. 따라서 A6가 복수를 말하는 맥락에서 이전 파트너의 처녀성을 가졌다고 하는 것은 자랑의 의미를 내포한다.

누군가가 비행을 저질렀다고 추정해 복수를 하기 위해 그 사람의 성적 노출 이미지를 올린다면, 일반적으로 그 사람의 특징에 대해 게시물을 올리고 그 다음에 넌지시 부정적인 발언을 한다. 그런데 재미있게도 다음의 게시물에는 긍정적인 언급과 부정적인 언급이 섞여 있다. 다음 게시물에서 A7은 모순되게도 자신이 망신을 주려 작정한 이전 파트너에게 여전히 애정이 어느 정도 남아 있음을 드러낸다.

A7

"바람둥이"

익명

그녀와 오래전에 만났고 한동안 데이트를 했다. 그런데 그녀는 한 사람한테 얽매이는 게 싫다며 내 가슴을 갈가리 찢어버렸고 지금은 정착할 수 없다고 말했다. 그녀는 완벽한 여친이었지만 그 누구의 것도 되기를 원하지 않았다. 그녀는 원하기만 하면 어디서나, 누구라도 얻을 수 있었지만 서로에게 헌신하는 관계는 거부했다. 우리가 헤어지고 나서 2년 후 그녀는 결혼을 했는데 내 마음을 아프게 했던 것처럼 똑같이 당했다. 그녀의 부인이 그녀를 심하게 학대했다는 점만 달랐을 뿐이다. 그녀는 당해도 싸다. 섹시하고 섹스도 정말 끝내주고 내가 만난 그 누구보다 재미있었지만, 질투가 심하고 내가 아는 사람 중 성질머리가 최악이었다. 만약에 숨길 것이 있다면 피하라고 말하고 싶다. 이 여자는 대단한 싸움꾼이고 위협을 느끼면 누구든지 때려눕힐 것이다. 성질이 나서 자신을 통제하지 못하면 화 돋아버리는 타입이라 위험하다. 그녀의 삶이 파탄 나서 기쁘다. 그녀는 내 마음을 짓밟았고 나를 바보로 만들었다. 정말 망할 년!

A7은 이전 파트너를 '바람둥이'로 범주화하면서 게시물을 시작한다. '바람둥이'라는 표현에서 열람자들은 즉시 그녀가 성적으로 문란하고 부정행위를 저질렀다는 신호를 감지한다. 이런 연상 작용은 '청자의 격률' 때문에 일어난다(Sacks, 1974). 색스는 정체성 범주는 특정 활동과 서술에 연결되어 있고, 범주의 구성원들에게 있어 이 활동과 서술은 당연한 것으로 여겨진다고 주장한다. '청자의 격률'을 고려할 때 A7은 성적 노출 이미지를 올리는 자신의 행동을 더 이상 해명할 필요가 없다.

텍스트를 보면 짝사랑에 응해주지 않은 이전 파트너에 대해 분개하는 사람으로 A7을 이해하기 쉽지만 그러면 흥미로운 세부 사항을 놓칠 수 있다. 예를 들어 A7은 텍스트 본문에 시간을 언급하며 시작한다("그녀를 오래전에 만났고" "한동안 데이트를 했다"). 이는 A7을 지속적이고 안정적인 레즈비언 관계에 관심이 있는 인물로 위치시킨다(Kurdek, 2005). 사실 이는 세 번이나 언급되었다. "지금은 정착할 수 없다면서" "그 누구의 것도 되길 원하지 않는다." "서로에게만 헌신하는 관계를 거부한다." 그런데 모순적이게도 "우리가 헤어지고 나서 2년 후 그녀는 결혼을 했다."

오랜 기간 지속된 관계에 대한 언급은 관계의 안정성을 은연중에 암시하는 행위다. 따라서 부정행위가 일어나면 그로 인한 영향이 클 가능성이 높다. "우리가 헤어지고 나서 2년 후"라는 단서를 보면 이들의 관계는 몇 년 전에 끝났다. 이는 게시물을 올린 이유가 관계가 끝난 것에 대한 자동적인 반작용이 아님을 암시한다. 관계가 지속되었던 기간과 그에 관련해 자신이 입은 상처("내 가슴을 갈가리 찢어버렸다.")를 언급함으로써 A7은 자신을 피해자의 자리에 둘 수 있다. 다시 말하면 A7은 시간 그리고 감정적 영향에 초점을 맞추면서, 그 점에서 필요가 충족되지 못했으므로 자신이 복수할 자격이 있다고 강조하는 것으로 보인다(Whisnant, 2010).

추가적으로 A7은 이전 파트너를 묘사할 때 "그 누구보다" "심하게" "최악"처럼 몇 가지 극단적 표현을 사용한다(Pomerantz, 1986). 앞서 봐왔던 것처럼 이런 극단적 표현 사용은 잠재적 비판을 피하기 위한 설명을 강화한다. 또한 A7은 자신의 행동과 이전 파트너의 부인의 행동도 비교한다. "그녀가 내 마음을 아프게 했던 것처럼 그녀도 똑같이 당했다. 그녀의 부인이 그녀를 심하게 학대했다는 점만 달랐을 뿐이다." 이렇게 비교하면서 복수를 위해 성적 노출 이미지를 올리는 A7의 행위가 그녀의 아내가 한 행위보다는 파급 효과가 약하다고 상정한다. 이렇게 A7은 극단적 표현인 "심하게"를 사용하면서 자기 행위의 귀책성을 최소화하고 있다(Edward, 2000; Pomerantz, 1986).

다음 게시자들이 올린 게시물은 이전 파트너의 섹슈얼리티의 진정성을 의심한다.

섹슈얼리티

A8

"이 년은 정말 자존감이 x나 낮다(레즈비언 이야기임)."

익명

이 여자와 몇 달 데이트를 했었다. 당시 그녀는 위카Wicca4에 빠져 있었고, 부모 속을 뒤집어놓을 일이라면 무엇이건 하던 시기였다. 그녀는 곧 관심종자가 되었다. 어느 날 내 친구 중 하나를 쫓아다녔는데, 그걸 보며 끝내야겠다고 생각했다. 말할 필요도 없이 헤어지는 게 쉽지 않았다. 이 여자는 심지어 여러 번 자살하겠다고 위협했다. 그리고 이 여자가 우리 레즈비언 공동체에서 '프레테즈비언'이라고 부르는 부류라는 사실을 알게 됐다. 그녀가 더 어렸을 때 그녀를 쳐다도 안 본 남자들한테 앙심을 품어서 레즈비언이 된 것이다.

A8이 붙인 제목에서 주목할 점이 몇 가지가 있다. 먼저, A8은 B를 '악의적이고 불쾌하며 이기적인 사람, 특히 여성'(*Oxford English Dictionary* Online, 2016)을 지칭하는 단어인 '년bitch'으로 범

---

4   현대적 형태의 이교도주의, 마법을 구사하는 종교로 1950년대 은퇴한 영국 공무원 제라드 브로서 가드너Gerald Brosseau Gardner에 의해 창시되었다 (Guilly, 2010).

주화한다. 그리고 극단적 표현인 "정말"(Pomerantz, 1986)과 소리 지르는 듯한 "×나 낮다LOW"(전자 텍스트에서 대문자로 표기한 단어에 대한 자세한 사항은 Barrett, 2012를 참조)로 강조한 "정말 자존감이 ×나 낮다"의 범주 기반 서술이 이런 범주화(Sacks, 1992)를 완성시킨다. A6처럼 A8은 상대방의 성 정체성을 '레즈비언'과 연관 지으면서 나머지 텍스트가 이해되는 어조와 맥락을 설정한다(Sacks, 1992). 애초에 '이 레즈비언 년은 정말 자존감이 ×나 낮다'라고 하기보다 "(레즈비언 이야기임)"이라고 괄호를 넣은 행위는 상대방의 정체성이 예민한 주제라는 암시가 될 수 있다. 실버맨과 페라킬라(Silverman & Peräkylä, 2008)는 사람들이 사회적으로 또는 개인적으로 예민하게 여겨지는 정체성 (그리고 주제), 예를 들면 섹슈얼리티, 질병, 장애 등을 단서로 단다는 점에 주목한다. 그들은 타인들이 그들의 주장에 의문을 제기할 것이라고 예상할 때 이렇게 한다. 앞으로의 분석에서 나오지만 이는 A8의 이전 파트너의 '프레테즈비언' 섹슈얼리티와 관련이 있다.

흥미로운 점은 A8이 "이 여자와 몇 달 데이트를 했었다"고 이전 파트너와 관계를 맺은 시기를 표기하면서 텍스트 본문을 시작한다는 점이다. 이렇게 하면 몇 가지 효과가 발생한다. 첫째, 열람자들에게 A8의 이전 파트너가 그들이 사귄 지 얼마 되지 않았을 때 부정행위를 저질렀다는 신호를 준다("내 친구 중 하나를 쫓아다녔다"). 둘째, 언급된 시간이 두 사람의 관계가 끝나고 난 후 일어난 "여러 번 자살하겠다고 위협"한 행동을 깎아내린다. A8은 그녀의 이전 파트너가 그들 관계에 너무 빠르게 그리고 과하게 감정을 쏟아부었다는 점을 은연중에 내보인다. 셋째, 이와 관련해, 시간에 대한 언급은 B를 불안정한 사람으로 표현하는 데 효과적이다. 사실 A8은 텍스트 초반에 그녀의 이전 파트너가 정신적·감정적으로 문제가 있다는 점을 은연중에 드러낸다. "당시 그녀는 위카에 빠져 있었고, 부모 속을 뒤집어놓을 일이라면 무엇이건 하던 시기였다." '위카에 빠져 있었다'라는 구성원 정체성 범주는 반항을 나타내며, 그 다음에 나오는 "부모 속을 뒤집어놓을 일이라면 무엇이건 하던 시기였다."라는 어구가 이를 강조한다. 그러면서 열람자들에게 이전 파트너가 위카라는 하부 문화 집단의 '진짜' 회원이 아니었다고 암시한다(Widdicombe & Woofitt, 1990).

A8은 또한 이전 파트너를 다중 정체성을 가진 인물로 부각시킴으로써 그녀가 불안정하다는 신호를 보낸다. A8은 상대를 불안정한 사람으로 치부해놓고 '안정적인/불안정한' 두 정체성(Smith, 1978)을 대비시키며 자신을 안정적인 사람으로 부각시킨다. 그리고 이전 파트너가 '레즈비언 공동체' 구성원이 아닌 '가짜phony'(Sacks, 1992; Schegloff, 2007) '프레테즈비언'이라고 주장한다. 비규범적이거나 어떤 집단의 '진짜' 구성원이 아닌 것으로 보이는 이들은 종종 '가짜' 내지는 '결함이 있는' 존재로 제시된다(Sacks, 1992).

이미지 속의 여성을 '가짜' 레즈비언이자 "자살하겠다고 위협"하는 불안정한 사람으로 부각시키는 것은 세 가지 면에서 효과적이다. 첫째, A8은 그녀가 시도한 부정행위, "내 친구 중 하나를 쫓아다녔는데"를 본질적으로 무력화시키고 자신을 통제자의 위치에 놓을 수 있게 된다. 실제로 관계를 끝냈다고 주장한 사람은 A8이었다("끝내야 할 시간이 됐다고 생각했다"). 둘째, A8은 이전 파트너를 알고 있거나 그녀와 관계를 맺고 싶은 생각이 있는 열람자들에게 경고를 보낸다. 마지막으로, A8은 열람자들이 제기할 수 있는 잠재적 비난, 즉 그녀가 순전히 복수하려는 동기로 움직인다는 주장을 약화시킬 수 있다.

전반적으로 A8의 설명은 젠더와 섹슈얼리티 정체성이 어떤 특정 정체성에 기반한 범주와 서술이 있어야 안정적이라고 추정된다는 점을 우리에게 보여준다. 따라서 이런 규약을 어기는 사람들에게는 '가짜' 또는 '결함 있음'이라는 꼬리표가 붙는다(Sacks, 1992; Schegloff, 2007). 즉, 이 사례에서 A8의 이전 파트너는 젠더와 성적 정체성의 경계에 관한 관습적 개념을 위반하면서 부모에게 앙심을 품고 레즈비언인 척 행세하는 인물로 제시된다.

다음 텍스트의 A9도 비슷한 결론을 이끌어낸다. A9의 이전 파트너도 현재는 이성애 관계를 맺고 있는 것으로 추정되므로 '진짜' 레즈비언이 아닌 '가짜'(Sacks, 1992; Schegloff, 2007)다.

A9

"[신원 생략]"

익명

레즈비언이라고 했다. 지금은 남자 친구를 사귄다. 이 여자는 그저 창녀일 뿐이다, 가질 수 있는 것이라면 뭐든지 다 차지하려 들 것이다! 모두들 이 여자를 조심하길. 그저 당신을 이용하려 할 테니까.

A9의 게시물에서 눈에 띄는 점은 게시물이 아주 짧고, 간명하면서도 핵심을 찌른다는 것이다. 다른 많은 게시자들과 달리 A9은 이전 파트너의 이름을 제목에 밝히고 그녀의 혐의, "레즈비언이라고 했다."는 단 한 문장을 쓴 다음 짧은 경고를 한다. "그저 … 뿐이다" "모두들", "그저 … 할 테니까."와 같은 극단적 표현이 이 주장의 진정성을 뒷받침하는 근거로 제시된다(Pomerantz, 1986). 앞서 지적했듯 게시자가 다른 사람이 자신의 주장을 약화시킬 것이라고 예상할 때 이런 점을 언급하면 반론의 근거가 약해진다.

추가적으로 구사된 전략은 이들의 파탄에 대한 자세한 정보를 드러내지 않는 것이다. A9은 부정행위가 있었을 수도 있다고 은연중에 드러낼 뿐이다("지금은 남자 친구를 사귄다"). 이렇게 해서 A9은 자신의 행동이 퇴짜 맞은 여자의 행위로 보일 가능성을 피해나간다. 여기서 우리는 A9의 "범주, 서술 그리고 과업"(Hester & Eglin,1997) 작업을 엿볼 수 있다. A9은 "레즈비언이라고 했다."에 "지금은 남자 친구를 사귄다. 이 여자는 그저 창녀일 뿐이다. 가질 수 있는 것이라면 뭐든지 다 차지하려 들 것이다!"라는 서술을 놓고 범주화하는 과정에서 이전 파트너를 '가짜'로 범주화한다. 이는 A9의 게시물을 다른 사람들에게 도움이 되는 것으로 보이게 한다("모두들 이 여자를 조심하길. 이 여자는 그저 당신을 이용할 테니까")(Hester & Eglin, 1997). A9이 자신의 텍스트를 다른 사람들에게 보내는 경고로 제시했음을 고려할 때, 그녀가 예상하는 열람자 중에는 A9과 그녀의 이전 파트너를 모두 알고 있는 사람들이 있으며, 글에서 둘의 섹슈얼리티가 드러났으므로 이 사람들도 레즈비언이라고 가정할 수 있을 것이다.

A9와 유사하게 A10도 이전 파트너의 '진짜' 성 정체성에 의문을 제기한다. 하지만 A10의 게시물이 다른 점은 이전 파트너가 매춘을 했다고 주장하며 그녀의 위생 문제를 거론한다는 것이다.

매춘

A10

"레즈비언 사기꾼"

익명

이 여자는 플렌티 오브 피시에서 노는 걸 좋아한다. 그저 돈을 벌기 위해 자기를 이성애자라고 말하고 다닌다. 그녀는 어떤 여자애하고든 섹스를 한다. 심지어 직접 낙태를 해 그녀에게 마구 피를 뿌려댄 맛이 간 년, 성전환자를 포함해 수많은 사람들이 있었다. 그녀는 지금 미국 해군에 입대하려 하고 있다. 이런 여자가 내 조국을 보호하게 된다면 차라리 이 나라를 박차고 나가겠다.

A10은 이전 파트너를 즉시 "레즈비언"이자 "사기꾼"으로 범주화한다. 구어에서 '사기꾼con'은 '기결수convict 또는 협잡꾼 trickster'[5]을 의미한다. 여기서 A10은 그녀의 이전 파트너가 "자기는 이성애자라고" 말하며 이성애자의 가면을 쓰고 있다는 주장을 강화하기 위해 이전 파트너의 섹슈얼리티를 확증하면서 협잡꾼이라는 의미로 이 단어를 썼다. A10의 주장에 의하면 그녀의 이전 파트너는 "돈을 벌기 위해" 이성애자인 척하며 매춘을 한다. 이런 식으로 어떤 사람의 섹슈얼리티에 의문을 제기하는 것은 다음의 세 가지 사항을 내포한다. ① 이 사람은 진실하지 않고, ② 믿을 수 없으며, ③ 부도덕하고 불미스럽다는 점이다.

A10은 자신의 주장을 뒷받침하기 위해 상대방이 "맛이 간 년" "성전환자" "수많은 사람(남자로 추정됨)"들과 섹스할 준비가 된 여자라고 세 가지 요소를 나열한다. 이 나열 작업을 통해 A10은 자신의 주장에 무게를 실을 수 있고, 그 주장을 사실이자 진짜로 제시한다(Jefferson, 1991). 정체성 범주 그리고 그에 기반한 활동과 특징은 종종 서로 반대로 비춰진다(Jayyusi, 1984; Sacks, 1992). 이는 이전 파트너를 간접적으로 '사기꾼'으로 범주화함으로써 A10 자신은 그런 유형의 사람이 아니라고 은연중에 내비칠 수 있다는 의미다. 즉, A10은 '믿을 수 있는/믿을 수 없는'처

---

5 온라인 속어 사전, 2016; http://onlineslangdictionary.com/meaning-definition-of/con

럼 대비되는 정체성에 기반한 한 쌍의 특성을 부각시키며, 이는 그녀의 주장을 진실이라고 뒷받침하는 역할을 한다(Smith, 1978).

A10이 이전 파트너를 "어떤 여자애any girl하고든" 잠자리를 같이할 용의가 있는 음탕한 여자로 표현하는 점이 흥미롭다. 구성원 범주화 장치(자세한 사항은 Sacks, 1992를 참조) '젠더'('여자애girl' 범주도 포함한다) 안에서 어떤 하나의 범주를 선택하면 그 텍스트가 어떻게 읽힐지에 중요한 영향을 미친다. 에드워즈(Edwards, 1998)는 이러한 범주들은 "연령, 결혼 여부 그리고 성관계를 할 잠재적 가능성과 관련해 유용한 관습적 연관성이 있다."고 주장한다. 스토키(Stokoe, 2003)는 '여자애'라는 범주가 언급될 때 '경망스러움, 권위와 목적이 결핍됨'의 의미로 받아들여진다고 주장한다. 이 "범주, 서술 그리고 과업"(Hester & Eglin, 1997)은 A10의 이전 파트너가 성관계를 맺을 용의가 있었던 여성의 유형을 격하시키는 역할을 한다. 사실, A10이 열람자들에게 예로서 제시한 '여자애'는 정신적으로 불안정하고 "맛이 갔으며" "직접 낙태를" 해서 의학적으로 안전하지 않은 상태이고, 따라서 윤리적으로도 문제가 있는 것으로 표현된다. 즉, '분리적' 인간 범주의 구성원에 속하는 것이다(Schegloff, 2007, p.469). 그렇게 함으로써 A10은 이전 파트너를 피해야 할 사람의 위치에 놓을 수 있다. 다시 말하면 A10은 열람자들에게 이전 파트너의 성 관행과 관련해 경고를 하고 있다. 하지만 동시에 그녀가 "미국 해군"에 복무하기에는 '부적합'하다고 암시하면서 그녀의 전반적인 성격

에도 문제를 제기한다.

토론

8장에서는 게이와 레즈비언 게시자들이 이전 파트너의 성적 노출 이미지를 올린 이유를 어떤 식으로 해명하는지 살펴보았다. 이 사례들은 이성애 남성, 이성애 여성에 초점을 맞춘 6, 7장과 유사한 (그리고 유사하지 않은) 특징을 보여준다. 젠더와 섹슈얼리티에 상관없이 모든 게시자들이 자신의 행동을 합당한 형식의 개인 간 복수로 표현했고, 그렇게 함으로써 자신을 피해자의 위치에 두었다는 점은 전혀 놀랍지 않다. 전반적으로 게시자들은 이전 파트너의 성적 노출 이미지를 온라인에 올리는 것을 그들이 동등한 힘을 얻게 되는 행위로 받아들이며 이를 긍정적으로 인식하는 경향을 보였다. 다른 유사점으로 그들은 부정행위, 성적 문란함, 안전하지 않은 성적 관행, 매춘, 위생, 친밀한 관계의 통제 등에 중점을 두었다. 분석에 의하면 통제와 존엄성 관련 사안에 대해서는 이성애 남성·여성의 해명에서와 유사한 의견이 드러났다. 게이와 레즈비언의 사례들 또한 수많은 비행들이 젠더 폭력, 성기 크기, 성기능, 친밀한 관계의 통제, 정직성, 육욕 그리고 성적인 외모처럼 남성적이고 여성적인 관점에서 파생된 적절한 젠더와 성적 상호작용에 관한 개념에 연결되거나 매여 있다는 점을 보여주고 있다. 흥미로운 점은 몇몇 이성애 게시자들이 이전 파트너들을 게이 또는 레즈비언이라고 주장함으로써 그들의 성 정체성에 도전했다. 이전에 동성애 관계를 가졌던 자들 중 일부도 거꾸로 자신의 전 파트너를 '이성애자'라고 주장했는데, 이것은 '허위'이다(Sacks, 1992: Schegloff, 2007). 따라서 이 맥락에서 사용된 용어들은 일종의 학대라고 볼 수 있다.

젠더와 섹슈얼리티에 상관없이 모든 사례들에서 이전 파트너의 성적 노출 이미지 포스팅이 다양한 예비 열람자들을 겨냥했다는 점이 선명하게 드러난다. 여기에는 이미지에 실린 여성들(또는 남성들), 그들과 친한 사람들 또는 동료, 피해자의(그리고 가해자의) 친구들 그리고 불확실한 '대중'들이 있었다. 수많은 게시자들은 그들의 행동이 안전하지 않은 성적 관행, 위생, 성적 문란함 등에 대한 경고로 이용되므로 다른 사람들에게 이롭다고 표현했다. 몇몇 게시자들은 그들이 올린 이미지를 보고 열람자들에게 자위를 하라고 했고, 자료에 이름과 장소까지 알려서 그것을 보는 사람들이 피해자에게 굴욕감을 주는 데 동참하기를 바라는 경우도 있었다. 대부분의 경우 열람자들은 리벤지 포르노를 봄으로써 공모자가 되고, 게시자들이 관계가 끝난 데 대한 보복이라는 비난을 피해 나갈 수단으로 이용된다. 다음 9장에서 우리는 이런 분석적 통찰을 가지고 동시대의 리벤지 포르노 현상을 좀 더 일반적인 관점에서 논의할 것이다.

9장

논의해볼 점

Discussion

우리는 리벤지 포르노를 동의하지 않고 어떤 사람의 진짜 또는 가짜 성적 노출 이미지를 그 사람의 이전 파트너, 현재 파트너, 타인 그리고 해커들이 복수를 하기 위해, 재미 삼아 또는 정치적 동기에서 온라인과 오프라인에 올리는 행위로 정의했다. 그리고 리벤지 포르노 사이트인 마이엑스닷컴에 이전 파트너들이 올린 성적 노출 이미지 게시물에 분석의 초점을 맞추었다. 이는 포르노를 이용한 개인 차원의 복수와 기술의 상호작용을 분석하기 위해서였다. 우리는 게시자가 마이엑스닷컴에 관련 자료와 함께 올린 텍스트에서 풍부한 데이터를 얻었고, 그것을 통해 가해자가 그들의 행동을 어떻게 젠더와 섹슈얼리티 담론 형식을 이용해 설명하는지 면밀히 살펴볼 수 있었다. 우리의 분석은 젠더와 섹슈얼리티가 리벤지 포르노의 맥락에서 절충되는 복잡하고 역동적인 방식에 중점을 두었다. 또한 분석을 통해 이러한 방식으로 담화적 자원과 관행을 살피는 일의 가치도 알리고자 한다 (Potter, 1996).

　　우리는 게시자들이 어떻게 설명하거나 해명하고, 그 설명을 부각시키며, 이전 파트너를 비난하고 그에 대한 이유를 대는지 보여주었다. 또한 그들이 어떻게 다른 사람들에 의해 주장이 약화될 가능성을 최소화하는지 설명했다. 우리는 게시자들이 복수를 할 때 자신은 피해자의 위치에, 이전 파트너는 가해자로 두기 위해 '이해관계'를 관리(Edwards & Potter, 1992)하는 방식을 사례로 들었다. 또한 분석을 통해 정체성 범주, 관련된 특징과 활동(Sacks, 1992)이 어떤 식으로 언급되어 가해자가 이전 파트너를 벌 받아 마땅한 인물로 부각시키는지도 소개했다. 따라서 게시자 입장에서 리벤지 포르노 올리기는 이전 파트너가 저질렀다고 주장하는 비행에 대해 게시자를 '동등한' 입장에 서게 만드는 행위로 받아들여질 수 있다.

우리는 분석을 통해 이성애 남성, 이성애 여성, 게이, 레즈비언 게시자들이 어떤 식으로 젠더와 섹슈얼리티와 연관된 부정적인 사회적·도덕적 담론을 이용하는지도 보여주었다. 예를 들어, 그들은 사회적 기준과 개인위생 문제, 사기 행각, 관계에서 지켜야 할 적절한 행실, 부모 노릇과 책임감, 성적 대상화, 성적 욕구, 매춘, 폭력과 범죄성 등을 언급한다. 이를 위해 젠더와 섹슈얼리티가 개인 간 복수의 맥락 안에 배치될 수 있는 복잡하고 미묘한 방식의 실례들을 들었다. 하지만 부분적으로는 게시자의 젠더와 섹슈얼리티에 의해 구체적인 부정적 담화나 사회적 기준이 결정되기도 했다. 예를 들어 이성애 남성은 여성의 순결 개념을 이용하는 반면, 이성애 여성은 남성성과 성기 크기에 대한 사회적 평가에 의지했다. 게이와 레즈비언 게시자들도 비슷한 기준에 의거하지만, 특정 집단에 진짜로 소속되어 있는지 여부에 따라 이전 파트너의 섹슈얼리티의 진위를 가리려 드는 사례도 있었다. 이런 게시물에서 구체적인 담화나 기준이 특정 맥락에 따라 배치되었다는 점이 확실하게 드러난다. 즉, 담화나 기준이 게시자가 얻고자 한 목표와 관련되어 있다. 예를 들어 이전 파트너를 폭력적인 범죄자 또는 자격 미달의 부모로 표현하는 것이다. 우리의 분석은 게시자가 청중이라고 인식하는 대상에 따라 설명이 어떤 식으로 달라지는지를 강조했다. 예를 들면 피해자, 그 피해자의 새로운 파트너 또는 아는/모르는 사람들에게 보내는 경고 게시물들을 사례로 들 수 있다.

논의의 나머지 부분에서는 리벤지 포르노라는 이 시대의 현상, 무엇이 리벤지 포르노이고 무엇이 아닌지 좀 더 일반적인 시점에서 관찰한다. 리벤지 포르노의 탄생과 출현은 그에 관계되거나 연루된 이들이 동의하건 동의하지 않건 더욱 확장된 사회 구조, 문화적 과정 그리고 소통 방식의 일부다. 따라서 우리는 다음의 세 가지를 자세하게 살펴본다. 첫째, 폭력으로 여겨지는 리벤지 포르노를 통한 범주적 젠더와 섹슈얼리티 위치의 재생산. 둘째, 폭력과 친밀함, 온라인과 오프라인에서의 상호작용, 공공과 개인 그리고 지역성과 초국가적 특성 등 모호함과 위반이 다양하게 상호 연결된 형태. 마지막으로, 미시적 차원에서 실행되는 다소 새로운 형태의 기술을 이용한 남성성techno-masculinity이다.

폭력을 행사할 때 나타나는 이원적 젠더와 섹슈얼리티의 위치

리벤지 포르노, 그중에서도 이미 제시된 게시물과 발췌본을 분석하는 방법은 여러 가지가 있다. 정보통신기술의 확장과 행동 유도성 또는 시각과 텍스트의 결합을 이용하는 방법 등이다. 그러나 우리가 앞선 장에서 살펴본 경험 사례를 통해 확실하게 드러난 사실은 이성애자든 동성애자든 성적 취향에 상관없이 젠더적 위치와 성적 취향이 적대감, 폭행, 힘과 통제를 통해 나타나고, 더 심한 경우 이것들이 과거 욕망의 대상이었거나 여전히 욕망의 대상인 인물을 향한다는 점이다. 따라서 리벤지 포르노는 전체 젠더와 섹슈얼리티 현상의 일부이며, 리벤지 포르노 외에 젠더화된 폭력과 학대, 성폭행, 사이버 폭력과 사이버스토킹, 온라인의 공적 공간에서의 성 학대와 여성 혐오의 일반화, 이해관계에 따라 모인 지역, 국가, 초국가적 공동체 내의 동성 간 사회 교류도 이 현상에 포함된다. 그러므로 근본적이고 반복되는 사안들은 리벤지 포르노의 폭력적 관행이 어떻게 젠더, 성의 역학과 구조, 이원적 젠더와 성적 위치 선정 그리고 성적인 의미 사용이라는 렌즈를 통해 이해될 수 있는지와 관련이 있다.

따라서 우리는 온라인에 올라온 리벤지 포르노에서 각기 다른 젠더와 성적 프레이밍(특정 틀frame에 따라 대상을 바라보는 것. ─ 편집자 주) 사이에 어떤 유사점과 차이점들이 있는지 물을 것이다. 즉 남자-여자, 여자-남자, 남자-남자, 여자-여자 사례에는 어떤 유사점과 차이점들이 있는가? 리벤지 포르노의 구조와 방향성, 그리고 합의가 이루어지지 않으며 폭력적이고 학대를 조장하는 그 형태는 과거 그리고 현재의 성적 관계와 성적 끌림의 가능성에 대한 각 텍스트와 나란히 나타난다. 섹스, 욕망 심지어 사랑도 복수, 모멸감 주기, 학대 시도와 구조적으로 나란히 배치된다. 이러한 모습이 리벤지 포르노의 텍스트와 종종 그에 동반되는 시각 자료에 나타나는데, 그 방식이 별거하거나 이혼한 후에도 지속되는 결혼에서의 힘과 통제의 역학에 비견될 만하다(Delphy, 1976).

여기에서 어떤 특정 성적 취향은 욕망과 반욕망의 '논리'에 의해 재정의되고, 정보통신기술의 행동 유도성에 의해 확장된 형태로 가능해진다. 가상 세계는 대화적이거나 상호 소통적이기보다는 혼자 말하는 독백의 형태를 지향한다. 그리고 복수를 설명할 때는 일반적으로 변명보다 정당화를 택한다(Scott & Lyman, 1968). 그래서 복수를 당하는 사람(수동적 입장의 피해자)은 (적극적으로 게시물을 올린) 가해자에게 가한 (적극적) 행동에 대해 비난받는 입장이 된다. 이것은 남성이 여성에게 폭력을 행사한 후 하는 해명과 비교할 만하다(Ptacek, 1988; Hearn, 1998).

동시에, 게시물 그리고 그 게시물을 올린 게시자의 다양한 성적 취향과 장르 사이에 분명한 차이가 있다. 리벤지 포르노가 각기 다르게 실행되고 정당화되는 데 사용되는 정확한 텍스트적 도구는 정보통신기술의 행동 유도성이라기보다는 지배적인 젠더/성적 질서 안에서 젠더화된/성적 위치와 가능성과 관련이 있다. 이 방식으로 틀을 잡을 때 젠더와 섹슈얼리티에 초점을 맞추는 것은 성적 취향에 따라 그런 관행을 정형화하기 위함이 아니다. 남성-여성 또는 남성-남성과 같이 각기 다른 섹슈얼리티 위치 선정은 각각 다양한 이성애자와 게이의 관례를 불러일으키는 데, 비슷한 게이 또는 이성애 남성으로 추정되고, 안면이 있거나 없는 독자와 관중들에게 호소할 때 선명하게 드러난다(Thomson, 1999; Heinskou, 2015). (게시자와) 비슷한 다른 사람들에게 호소하는 등의 장치들에서 남성-여성, 여성-남성, 남성-남성, 여성-여성의 온라인 게시물 사이의 차이점이 가장 극명하게 생겨난다.

이를 약간 다른 관점에 놓고 보면 이성애 남성과 게이 남성의 리벤지 포르노, 그리고 그 안팎에서 사용된 담화는 남성과 남성성에 대한 지배적 레퍼토리의 일부로 볼 수 있다. 이런 맥락에서 보면 이성애 남성의 리벤지 포르노는 처음 봤을 때보다 덜 새롭게 보인다. 리벤지 포르노는 새로운 행위라기보다 타인을 지배하고 학대하는 이미 잘 닦인 길을 더 확장하고 정교하게 만드는 행위라고 할 수 있으며, 이는 온라인에 광범위하게 퍼져 있는 성차별주의적이고 여성 혐오적인 텍스트라는 문화적 문맥 안에서 더 두드러진다. 반면 여성의 게시물은 이성애자건 레즈비언이건 다른 형태를 띠는 경향이 있다. 예를 들면 거절당한 데 대해 복수하는 게시자와, 불륜을 저지르거나 진짜 레즈비언이 아닌 피게시자의 형태를 띤다. 이런 젠더/섹스 위치 선정을 정당화할 때는 종종 외부 참조를 한다. 예를 들어 남자의 경우는 미흡한 성적 능력·성기, 불능 그리고 단순 보복, 레즈비언 여성의 경우는 성적 문란함 또는 지속적으로 '진짜' 레즈비언일 수 없어서 그런 척하는 프레테즈비언, '성전환자' 참조 사례도 있었다.

그렇기는 해도 우리는 온라인 리벤지 포르노가 얼마나 이원적이고 비非퀴어적인 젠더 위치선정에 기반하고 있는지, 또한 그런 점에서 가상 섹슈얼리티일 잠재성[1]에도 불구하고 리벤지 포르노가 어떻게 광범위한 젠더 헤게모니(지배적 계급이 피지배계급에게 자신들의 가치를 승인하게 하면서 주도권을 갖는 것. - 편집자 주)를 재생산하는지에 주목한다. 온라인 리벤지 포르노에서 다양한 성적 취향이 나타나고 표현되기는 하지만, 동시에 온라인 리벤지 포르노는 젠더 헤게모니의 장이다. 이원적 젠더/섹슈얼리티가 흐려질 가능성(Monro, 2005; Roseneil, 2005 참조)과 대조적으로 복수(리벤지 포르노)는 (아직) 그다지 퀴어적으로 보이지 않는다.

모호성과 위반: 폭력-친밀성, 온라인-오프라인, 공적-사적, 지역적-초국가적

이렇게 일반적으로 이원적 '논리'의 특성을 가진 젠더와 섹스의 역학은 사람들이 사용 가능한 기술의 행동 유도성에 의해 한층 더 복잡해진다. 이런 점에서 (온라인) 리벤지 포르노그래피가 시대의 산물이라는 말은 진부하게 들리지만 사실이다. 복수는 오

---

1 이런 온라인 잠재성은 다른 곳에서도 광범위하게 문서화되어 있다(예: Elund, 2015; O'Riordan & Philips, 2007) 그리고 최소한 현재 상황에서는 온라인 섹슈얼리티에서 분리 가능한 양상으로 보인다. 하지만 이것도 미래에는 바뀔 수 있다.

래된 개념이다. 그러나 온라인 리벤지 포르노그래피는 동시대의 광범위한 사회-기술적 조건의 맥락에 위치할 필요가 있다. 트위터, 페이스북, 링크드인, 왓츠앱WhatsApp, 레딧Reddit, 이크야크YikYak(익명 SNS), 그라인더, 틴더, 포켓몬GO(증강현실 게임), 플리커Flickr(이미지 공유 사이트), 인스타그램, 스냅챗Snapchat(이미지 공유 메신저), 구글 플러스Google+, 닷429Dot429(링크드인과 비슷한 LGBT 커뮤니티), 포챈4chan(이미지 게시판 형식의 웹사이트), 섹스 테이프는 물론, 사진을 찍고, 묘사하고, 보여주고, 받고, 보고, 조립하는 행위들, '모든' 사회적 발의에 응답하고자 하는 욕망, 정신 없는 사회적 관계 및 사람들과의 관계 확인, 계속해서 증가하는 예측 불가능하고 잠재적으로 퀴어적인 나머지가 존재하는 곳, 그리고 그 밖의 세계가 가진 모호성과 위반의 자리에 위치할 필요가 있다.

이런 맥락에서 리벤지 포르노가 가진 파괴력은 상당 부분 경계를 초월하는 모호성과 위반에 의해 만들어진다. 모호하며 관습을 위반한다는 리벤지 포르노의 특징은 무엇보다 근본적으로 복수와 친밀함의 역설, 좀 더 정확하게 표현하면 폭력 그리고 (과거의) 친밀함에서 복수가 비롯된다는 사실에서 생겨난다. 리벤지 포르노에서는 친밀함이 폭력을 앞서고 (또는) 폭력을 대신한다. 그리고 친밀함은 폭력 안에서, 심지어 폭력으로 발생한다. 친밀함 내에서의 폭력으로 보이는 복수는 과거, 현재 그리고 때로는 미래의 관계, 친밀함 그리고 사실상 일반적으로 동등하지 않은 친밀성과 관련이 있다. 친밀함은 폭력으로 표현되는 복수와 반대되는 것으로 보일 수 있지만, 그랜딘과 루프리(Grandin & Lupri 1997, p.440)가 친밀한 파트너의 폭력에 대해 논의하며 지적했듯 "파트너가 행사하는 폭력의 원인은 … 친밀함에 근거한다"(Hearn, 2013도 참조). 여기서 친밀함에서 파생되는 폭력은 리벤지 포르노그래피와 마찬가지로 (과거 또는 현재의) 친밀한 관계라는 맥락에서 발생하며, 신뢰, 취약성, 보호의 문제와 관련되어서 아동 보호, 가사, 육체적 근접성, 대화, 침묵, 성적인 활동과 가능성 그리고 종종 비슷한 사건을 경험했던 과거 그리고 미래에 있을 수 있는 접촉과 연관되어 있다.

사랑과 쾌락이 힘 안에서, 힘의 근원으로서 작동한다는 사실에도 불구하고 종종 자비로운 것으로 간주되듯(예를 들어, Jónasdóttir, 1994; Gunnarsson, 2014; Jónasdóttir & Ferguson, 2014), 친밀함도 이념적으로 종종 (과하게) 긍정적인 의미와 위치로 제시된다(예를 들어 Berlant, 1998; Berlant & Warner, 1998; Sandberg, 2011 등 참조). 리벤지 포르노그래피의 젠더/섹스적 힘의 관계는 가정폭력이나 파트너 폭력과 마찬가지로 폭력 그리고 친밀함으로 이루어져 있다. 복수는 어떤 사람에 대한 지식, 그들의 과거, 이전에 행사한 폭력, 강점과 약점이 연합되어 발생한다. 직접적이며 육체적이고 성적으로 친밀한 파트너 폭력이 친밀함과 폭력의 역설(구체적으로 표현하면, 가장 친밀하고, 가장 개방적이며, 취약성을 드러낸 사람이야말로 그만큼 가깝기 때문에 상처 입고, 피해 보고, 폭력에 희생

될 수 있다.)을 이용하는 것처럼, 리벤지 포르노도 그 원리가 동일하다. 상대를 이미 알고 있다는 사실이 그 힘, 즉 폭력을 행사하는 힘의 일부인 것이다.

이런 친밀함과 폭력이 주는 '친숙함'의 역설은 점점 더 복잡해지고 있다. 이는 가정 폭력 그리고 파트너 폭력에서도 마찬가지인데, 지역적/초국가적, 공적/사적, 오프라인/온라인 사이의 복잡한 왕래로 인해 그 경계가 흐려졌기 때문이다. 여기에 섹슈얼리티와 친밀성, 섹슈얼리티와 폭력 그리고 폭력과 학대 자체의 오랜 역학까지 결부된다.

온라인에서의 복수는 이전에는 경험하지 못한 소통적 친밀함, 공적 친밀함, 친밀한 파트너의 학대와 폭력, 가상의 친밀한 (이전) 파트너의 학대와 폭력, 그리고 가상의 친밀한 (이전) 파트너의 학대와 폭력이 대규모 리벤지 포르노 사이트에서처럼 한데 모이고 때로는 백과사전 방식으로 조직되는 현상을 나타내게 되었다.

리벤지 포르노그래피가 존재하고 유포되는 현상은 성적 학대를 정상적인 것으로 여기게 만드는 온라인 환경, 그리고 온라인에서의 좀 더 일반적인 폭력과 학대 역시도 정상적인 것으로 받아들이게 만든다. 중요한 점은 그런 폭력과 학대를 실행하는 이들은 이런 행위를 단순하고 분명하게 합당하다 여기며, 지지하고 후원한다는 사실이다. 이는 온라인 게시판에서 남성의 목소리와 게시물이 지배적 위치를 차지하는 것(Herring, Johnson, &

DiBenedetto, 1995)이 관행이 된 것으로 증명된다. 또한 비교적 짧은 시간 내에, 특히 직접 대면이 이루어지지 않는 상황에서 다른 대상을 모욕하고 학대하는 남성의 힘은 그 성향이 더욱 쉽게 짙어지면서 악화된다(Lapidot-Lefler & Barak, 2012). 웹에 성차별주의자, 인종차별주의자가 만연하고 학대를 조장하는 자료들이 대량으로 산재해 있다는 사실은 이미 잘 알려진 바이며 이에 대한 광범위한 목록이 작성되어 있다. 로리 캔달(Lori Kendall, 2002)의 동성들이 모이는 '가상 세계의 선술집' 연구, 팔미 올슨(Parmy Olson, 2012)의 해킹 네트워크, 어나니머스 그리고 다른 연관된 네트워크에 만연한 성차별주의와 인종차별주의에 대한 연구, 로리 페니(Laurie Penny, 2014)의 『말할 수 없는 것들Unspeakable Things』에 정리된 사이버 성차별주의 목록 등을 예로 들 수 있다. 네트워크화된 여성 혐오는 더 이상 새로운 뉴스가 아니다.

이런 확산과 유포 현상은 어느 정도는 진짜 또는 가상의 청중, 간단하게 표현하면 가상의 동성 집단 앞에서의 사회적 압력peer pressure, 모방, 전염, 다중 미디어 교차 현상과 결합된 '온라인 탈억제disinhibition 효과'(Suler, 2004) 때문이라고 할 수 있다. 어떤 면에서 보면 현재 벌어지고 있는 현상들은 지나치게 드러낸 사생활과 과한 소통으로 인해 자업자득한 것이다. 게시자와 그가 올린 게시물에 참여함으로써 이 현상이 페르소나에서 페르소나로 단계적으로 악화될 수 있고 그러면서 복수와 보복이 지속적으로 촉발된다. 이런 경향이 분명 리벤지 포르노에 들어맞기는 하지만 그 발전 과정의 자세한 설명에 적용하고자 한다면 조심스럽게 접근해야 한다.

일정한 종류의 사이버 폭력, 사이버 학대, 사이버 성차별주의와는 대조적으로 리벤지 포르노는 완전히 익명화된다는 점에서 좀 드문 사례다. 사실 그런 익명성이 몇몇 게시자, 그들의 비공식 연인, 그리고 관중들에게 매력적으로 다가올 수 있다. 그들은 온라인 페르소나의 좀 더 커다란 흐름의 일부로서 어떤 이미지, 메시지 그리고 피해를 인식하게 만든다. 여기에서 1차 피해자는 게시물에 올라온 인물인데, 이 게시물은 우연히 또는 의도적으로 친구, 가족, 방관자와 구경꾼 그리고 그 외 타인들에게 공개될 수 있다. 이는 피해자가 보게 하려고 만드는 게시물이 있는가 하면 게시자 또는 피해자의 친구, 지인들, 나아가 전혀 알지 못하는 사람들과 가상의 청중이 보게 하기 위해 만들어지는(그리고 전용되기도 하는) 게시물도 있기 때문에 발생한다. 사실 사진이 공개된 피해자는 어떤 이미지와 텍스트가 올라갔는지 모르고 올라갔다는 사실에 대해서도 모를 수 있다. 몇 주, 몇 달 심지어 몇 년 뒤에 알게 될 수 있고, 아예 모를 수도 있다.

리벤지 포르노는 오프라인과는 사뭇 다르게 보이는 게시자의 온라인 페르소나를 상술할 수 있다. 그런 점에서 이렇게 사회적 조정이 이루어진 자아는 온라인에서 신문이나 잡지 기사에 모욕적인 댓글을 달 때 표현되는 자아와는 다른 형태를 띨 것이다. 리벤지 포르노 안팎으로 자아의 사회적 조정이 이루어지는 과정은 비인격적이지 않으며, 상호관련적일 수밖에 없다. 이런 상황에서 우리는 다음과 같은 질문을 던질 수 있다. 리벤지 포르노 안에서 상호관련적이 된다는 것은 무엇을 의미하는가? 이를 이해하려면 폭력을 둘러싼 친밀함을 역설적으로 모호한 "거리감 있는 친밀함"으로 봐야 한다(Michalski, 2004; Hearn, 2013). 탈억제와 관객 서비스에 대한 사회심리적 과정은 당장의 직접적 심리적 과정을 넘어서 젠더 지배의 구조적 맥락 안에 둬야 한다. 게시자들은 그들 자신 그리고 피해자의 정체성 또는 페르소나를 암묵적으로 또는 아예 공개적으로 자신의 의도대로 만들어가려고 한다. 그리고 그런 시도는 대부분 성공한다.

온라인에서는 면식이 있는 타인을 성가시게 하고, 괴롭히고, 모욕감을 주고 학대하는 행위가 일상적이고 평범하게 이루어진다. 이제는 그게 전혀 모르는 상대를 대상으로 하는 트롤링으로 확장될 수 있다. 이렇게 모르는 타인에게 악의적 관심을 갖는 행위에는 언어폭력과 심리적 학대는 물론 육체적인 학대, 공격, 강간과 성폭행 위협이 포함된다. 가상 폭력에는 종종 글과 시각 자료, 사진, 영상이 들어간다. "오로지 말로 하는" 폭력과 폭행(MacKinnon, 1993)은 시각과 다른 감각을 통해 좀 더 자세히 서술된다.

온라인 또는 오프라인에서 모르는 상대에 가하는 공격은 정치인, 언론인, 스포츠인, 연예인, 영화배우처럼 세간의 주목을 받는 사람들 중에서도 주로 여성을 대상으로 자행될 수 있지만 사실상 지역 유명인사나 그들의 가족 또는 지인 등 세간의 주목을 받는 누구든지 그 대상이 될 수 있다. 공인의 사적이고, 개인적인 가정에서의 모습, 그들의 몸이나 성적 행위를 담은 사진이나 영상을 올리는 것도 이러한 공격에 포함될 수 있다. '스타' 공유화 개념에는 확실히 이런 이미지 유포를 용인하는 면이 포함되어 있다. 공인이란 어떤 관점에서는 결국 '공공의 재산'이라고 생각하기 때문이다.

그런데 수많은 리벤지 포르노그래피로 인해 역전 현상이 벌어지고 있다. 공공 영역의 '스타'라는 일상의 틀이 전복되어 사적 영역으로 이동한 것이다. 즉, 사적 영역의 상호 관계가 공공 영역에서 일반에 공개된다. 따라서 우리는 전에는 대개 사적이고 잠깐 동안 지속될 뿐이며 비밀스러웠던 복수의 개념이 공적 공간에서의 폭력으로 바뀌었다고 본다.

이제 복수는 겉으로 드러나며, 반영구적이고, 지워버리거나 지워지기 어렵고 자신이나 다른 사람들의 모습을 포스팅해서 언제라도 '즐기는' 것이 되었다. 단순한 소비consumption가 아니라 어떤 물건을 생산한 자가 그것을 소비하는 행태prosumption가 되었다. 이전에는 사적 관계였던 사람들(참여자, 관계자 그리고 우연한 열람자)이 자신을 엿보는 주체이자 스스로의 파파라치가 된 것이다. 온라인 리벤지 포르노그래피로 인해 역사적으로 상대적이며 사적 차원의(사적 차원에서 만들어지는) 문제였던 복수가 지금은 가상 세계의 공공의 영역 어딘가에서 보여지는 현상이 되었다. 직접 관련된 이용자와 지역 이용자들에게는 직접적이고 지역적이며, 낯선 타인과 알려지지 않은 이용자들에게는 우연성 또는 가상공간에서의 근접

성 덕분에 초국가적이고 세계적인 현상이 되었다.

이렇게 광범위하고 적대적이며 폭력적인 친밀함은 지역과 국가를 초월하는 탈영토적 혼합체가 되어 국경을 초월한 친밀함 내에서 벌어지는 다양한 형태와 과정을 가진 초국가적 폭력을 확장시킨다. 친밀함 안에서 벌어지는 초국가적인 가상의 폭력은 탈지역화된 폭력이 흩어져서 멀리 떨어진 곳에서 벌어지듯이 흩어진 상태에서 실행된다(Barge, Gordaliza, & Orte, 2014 참조). 친밀성, 복수 그리고 폭력에 초국가성이라는 또 하나의 특징이 추가되어 복수의 형태와 과정에 영향을 미친다. 국경을 초월해 이루어지는 복수에는 원거리 협박, 유괴, '명예 폭력', 강제 결혼과 겹치는 부분이 있을 수 있다. 구체적으로 복수, 폭력 그리고 친밀함은 다른 나라에 흩어져 사는 가족들, 이민, 가사, 가사 사슬(예를 들어, 가난한 여성이 부유한 나라에서 가사 노동으로 돈을 벌고, 그 돈으로 더 가난한 여성을 고용해 고향에서 자신의 가족을 대신 돌보게 하는 현상. - 편집자 주)의 국경을 초월하는 다양한 맥락 내에서 벌어지는데, 이들은 다중적으로 연결된 취약성을 지닌다.

미시 기술-남성성micro-techno-masculinities의 실행

이렇듯 광범위한 모호성과 위반의 맥락에서 폭력-친밀함, 온라인-오프라인, 공적-사적, 지역적-초국가적인 리벤지 포르노는 100퍼센트는 아니지만 가부장제하에서 기술을 이용해 (몇몇) 남성들이 젠더화된 힘을 행사하는 사례라고 볼 수 있다. 남성성과 기술의 공동 생산 개념(예를 들어 땜질, 손재주, 기술 등이 남성성으로 젠더화되는 현상이나 간단하게 말해 남성들이 기술에 매료되는 것)은 다양한 현장에서 여러 가지 형태로 연구되었다(Mellstrom, 1995, 2004; Faulkner, 2000; Lohan & Faulkner, 2004; Balkmar, 2012). 남성, 남성성 그리고 정보통신기술과 다른 신기술이 가상 현실에서 네트워크화된 남성 그리고 남성성과 광범위하게 연결되었음을 보여주는 문헌이 급증하고 있다(Poster, 2013; Hearn 외, 2013; Hearn, 2014, 2015; Zaidi and Poster, 2017 참고).

기술 기반의 남성성 분석은 종종 기술과, 남성성을 드러내는 젠더 권력 관계의 교차점이 사회적 단계에서 권력의 비교적 새로운 기반이라는 데 초점을 맞춰 이루어졌다. 기술주의에 대한 이러한 관점은 종종 노동에 기반한, 조직적이고 경제적으로 수익이 나는 맥락과 영역을 강조한다. 결론적으로 이것은 새로운 경제-젠더화된 계층화와, 정보와 디지털 지형의 분열을 가져온다. 예를 들어 창과 링(Chang & Ling, 2000, p.27)은 '기술-근육질 자본주의techno-muscular capitalism'라는 용어로 요약되는 남성적이고 "공격적인, 전 지구를 덮은 시장 경쟁"을 통해 "기술이 자본주의의 가장 최근의 단계를 추동시키고 있다."고 주장한다. 그러나 이와 대조적으로 리벤지 포르노는 (구체적으로는 개인적이고, 성적이며, 친밀한 폭력의 형태로 이어지는) 보다 직접적이고 겉보기에 개인적인 기술-남성성techno-masculinities으로 보일 수 있다.

따라서 한편으로는 남성, 남성성, 정보통신기술 그리고 기술과 관련된 수많은 문제들이 온라인 리벤지 포르노그래피에도 존재한다. 남성, 여성 그리고 기술을 정형화하는 현상과 그렇게 하는 데 따른 문제점, 거리감이 있으면서 역설적으로 침해적인 '친밀함', 온라인 동성사회성과 학대에 여러 가지 기술을 사용할 가능성이 존재한다는 것도 이러한 문제에 포함된다. 또 다른 면에서 온라인 리벤지 포르노는 친밀함의 전 세계화 또는 '너드nerd 또는 긱geek 섹슈얼리티(너드와 긱은 특정 분야에 파고드는 사람들을 뜻하며, 괴짜, 사회성이 떨어지는 사람 등의 의미로도 쓰인다. – 편집자 주)'로 표현되는 현상처럼 기술과 남성성이 결합되어 일어나는 새로운 현상을 만들어내는 문제로 부상할 수 있다. 그로 인해 지배적 남성성과 가부장적 형태의 기술-남성성의 동질성은 도전을 받을 수 있고, 재편성될 수도 있다. 이런 논점을 한 단계 더 발전시켜 우리는 이런 발전이 사회적, 기술적으로 조정된 미시적인 기술-남성성 그리고 남성적 자아의 미시-기술의 일부분으로 생각할 수 있다고 보며(Pooley, 2013 참조), 이는 세계화와 정보통신기술이 어떤 위치를 차지하는지에 대한 논쟁에서 강력한 양상을 보이는 거시-기술-남성성macro-techno-masculities과 대조할 때 다소 다른 형태와 과정을 보인다.

10장

향후 실현 가능한 개입

Future interventions

그렇다면 무엇을 해야 할까? 10장에서는 리벤지 포르노 발생을 줄이기 위해 어떤 일을 할 수 있을지에 대해 몇 가지 알아보고 마무리를 하겠다. 앞서 2장에서 이미 리벤지 포르노에 대한 법적, 정부적, 정치적, 기술적 차원의 대응 그리고 이들이 몇 차원씩 겹쳐지는 경우에 할 수 있는 주요 대응 방식을 제시했다. 계속해서 현재의 법제적 상황, 법의 약점, 정부와 비영리 단체, 의회, 상업 주체, 피해자와 가해자의 행동과 그 주체들간의 상호작용의 필요성에 대해 좀 더 구체적으로 영국의 상황에 초점을 맞춰 살펴보기로 하겠다. 여기에는 피해자 지원 프로그램, 가해자가 저지른 범죄에 대한 처벌과 재교육 프로그램 그리고 학교, 대학, 직장 기타 장소에서의 젠더·섹슈얼리티 교육 프로그램 등이 포함되지만, 이들 중에는 당장 실행 가능하지 않은 것도 있다. 마지막으로 변화 일로에 있는 실재/가상의 사이버 세상, 그리고 미래의 그곳에서 벌어지는 리벤지 포르노를 대처하는 정치적 관점에 대해 이야기한다.

입법 조치

영국 공공 기소국Crown Prosecution Services, CPS의 「2015–2016 여성 대상 폭력」 보고서에 의하면 영국의 리벤지 포르노 법이 발효된 2015년 4월 13일부터 2016년 3월 말까지 206명이 상대방에게 동의를 구하지 않고 성적 노출 이미지를 공유한 행위로 기소되었다. CPS는 이런 유형의 젠더/성 범죄를 저지르기 위한 소셜 미디어 플랫폼 사용이 늘어나는 추세이며, 이것이 전화 메시지, 이메일 그리고 GPS 추적 기구를 이용한 모니터링과도 연결되어 있다는 점에 주목했다. 이런 온라인 범죄는 지난 6년간 거의 9퍼센트 증가해 CPS 작업량의 19퍼센트를 차지하게 되었다.

영국 정부(HM Government, 2016a)는 젠더와 성 범죄 (성인 남성과 소년들도 포함한다) 증가 추세를 다루면서 「2016-2020 여성 대상 폭력 종식을 위한 전략」을 배포했다. 정부는 주요 서비스와 가장 시급한 최전방 작업을 위한 기금으로 8,000만 파운드(한화 약 1,179억 원)를 투입하기로 약속했다. 또한 "새로운 접근 방식을 장려하고, 피해자와 가족들을 돕는 최선의 방법을 만들어 뿌리내리고, 가해자의 재범 가능성을 방지하기 위해"(HM Government, 2016a, p.5) 2017년에는 전용 서비스 전환 기금Service Transformation Fund을 조성했다. 범죄를 예방하기 위한 이들의 전략은 「이것은 학대다This is Abuse」(영국 정부, 2015)와 같은 성인기 전前 단계 교육 프로그램, 관련 서비스 제공, 협업, 가해자 색출, 타 국가 그리고 유엔의 글로벌 서밋Global Summits을 통해 국제적으로 이 문제를 논의하고 "전 세계적 목표"를 설정하는 것이다(HM Government, 2016a, p.13).

이런 조치는 어떤 면에서 리벤지 포르노와 젠더 폭력 문제를 좀 더 일반적인 차원에서 다루는 활동이 될 수 있다. 하지만 리벤지 포르노와 젠더 폭력이 증가 일로에 있다는 보고를 감안하면(CPS, 2016) 좀 더 구체적으로 온라인 젠더/성 범죄에 초점을 맞춰야 한다고 생각한다. 앞서 소개한 몇 가지 긍정적인 발의안과는 대조적으로 온라인 리벤지 포르노 피해자를 위한 국가 전화 상담 센터를 위한 기금은 2017년 3월 중단될 예정이다(Laville, 2017). 다음 섹션에서는 리벤지 포르노를 막기 위해 그 밖에 구체적으로 무엇을 할 수 있을지에 대해 논의할 것이다. 이런 조치들은 사이버 폭력, 사이버 스토킹, 온라인 협박, '플레이밍flaming', '해피 슬래핑happy slapping', 스토킹, 트롤링 같은 다른 온라인 범죄에도 폭넓게 영향을 미칠 가능성이 높다(Hearn & Parking, 2001 참조).

2장에서 우리는 리벤지 포르노에 대응하는 방법을 논의하며 다양한 형태의 입법으로 이런 대응책을 마련할 수 있다고 보았다. 하지만 리벤지 포르노 가해자를 기소하는 보편적 법률은 존재하지 않는다. 현재, 영국(CPS, 2016), 미국(Goldberg PLLC, 2015), 오스트레일리아(Henry & Powell, 2016), 일본(*The Japan News*, 2015), 이스라엘(*Y Net News*, 2014), 필리핀(Franks, 2016), 스웨덴(*The Local*, 2014), 캐나다(Montgomery, 2015), 인도(Law Quest, 2016) 그리고 독일(Oltermann, 2014)의 경우 리벤지 포르노 범죄에 적용시킬 만한 법이 존재하나 일관성이 없는 편이라고 할 수 있다. 영국과 이스라엘은 본인의 동의 없이 사적 이미지를 악의적으로 유포하는 경우 형사상 범죄로 규정하는 구체적인 법률이 있다. 반면 미국의 몇 개 주와 오스트레일리아의 경우 다른 법률을 적용해 외설적인 자료를 공개하거나 범법 행위와 학대를 저지르고, 다른 사람을 위협하고, 침해적 이미지를 유포하고 사생활 법을 위반한 사람을 기소한 수 있다(Franks, 2016).

마이애미대학 법학대학원 교수 메리 앤 프랭크스(Franks, 2016)와 멜번 라 트로브 대학La Trobe University의 범죄학자 니콜라 헨리 박사(Henry & Powell, 2016; Powell & Henry, 2016) 같은 이들을 위시해 수많은 비영리 단체(예를 들어 사이버 시민 권리 구상[CCRI], 영국 인터넷 안전 센터)는 동의 없이 어떤 사람의 이미지를 유포하는 행위를 형사 범죄로 규정하는 지역, 국가, 전 세계 차원의 구체적인 리벤지 포르노 법률을 만들어야 한다고 주장한다(Franks, 2013; Cooper, 2016; Citron & Franks, 2014도 참조).

필리핀은 2009년 구체적인 리벤지 포르노 법을 도입했는데, 원본 이미지가 허락을 받고 제작되었는지 그렇지 않은지 여부와 상관없이 이 법을 적용시킬 수 있다(Franks, 2016). 그러나 미국 몇 개 주와 다른 곳은 '셀카'는 제외하고, 오직 찍힌 사람의 동의를 구하지 않은 이미지에만 관련법을 적용시킨다. 2장에서 살펴본 바와 같이 한 미국 조사에 의하면 리벤지 포르노 피해자의 80퍼센트가 셀카로 성적 노출 사진을 찍은 것으로 드러났다(Johnson 2013). 게다가 새로운 리벤지 포르노 법 시행 이전에 발생한 혐의에는 새로운 법을 적용시킬 수 없다. 예를 들어 크리시 체임버스의 전 남자 친구가 저질렀다고 알려진 리벤지 포르노 범죄는 영국 리벤지 포르노 법이 생기기 이전인 2015년에 일어났다. 따라서 크리시가 기소를 하려면 이전의 단편적 법률에 의지할 수밖에 없다(Henry & Powerll, 2016).

리벤지 포르노 피해자 크리시 체임버스(Finch, 2015)를 대변하는 법률회사 맥알리스터 올리바리우스McAllister Olivarius는 리벤지 포르노 이미지를 호스팅하는 웹사이트와 리벤지 포르노로 링크를 연결하는 인터넷 검색 엔진의 활동을 중지시키는 조치를 취해야 한다고 주장한다. 맥알리스터 올리바리우스의 앤 올리바리우스는 구글이 "어떤 사람의 이미지가 동의 없이 구글에 올라간 경우 본인 요청에 따라 검색 결과가 리벤지 포르노와 연결되지 않게 조치하겠다."고 한 선언을 환영했다(Olivarius, 2015, p.1). 마이크로소프트는 이미 피해자가 신고를 할 때 검색 결과에서 관련 링크를 없애겠다고 발표했고, 트위터, 페이스북, 레딧도 리벤지 포르노 업로드를 금지했다. 페이스북 관련 법적 소송이 현재 진행 중이고 비슷한 소셜 미디어 운영자들과 기업이 민사 소송에 걸려 있는 상태다.

2016년 10월의 페이스북 관련 소송은 14세 소녀에 의해 벨파스트에서 이루어졌다. 그녀는 거대 소셜 미디어 회사가 누드 이미지를 게재하게 내버려두었다며 손해 배상 청구 소송을 제기했다. 페이스북은 소송을 와해시키려 시도했지만 고등 법원 판사가 기각했다. 피해자의 담당 변호사에 따르면 이는 "다른 민사 소송의 물꼬를 튼" 사건이다(Topping, 2016).

마이엑스닷컴처럼 리벤지 포르노 업로드를 위한 플랫폼을

제공한 인터넷 매체들은 향후 민사 소송을 당할 수 있다. 크리시 체임버스의 경우 그녀가 취해 있는 동안 전 남자 친구가 그녀와 섹스하는 장면을 촬영해 이를 온라인에 올렸다. 체임버스는 영국 법원을 이용해 마이엑스닷컴을 고소한 최초의 인물이다. 그러나 법을 전혀 어기지 않으면서 파트너, 이전 파트너, 불륜 관계인 상대와의 은밀하고도 성적 노출이 심한 이미지를 올릴 수 있는 리벤지 포르노 사이트들이 있다.

예를 들어 미국 도시에 사는 한 엄마, 아리엘라 알렉산더 Ariella Alexander(가명)는 '쉬즈 어 홈레커'라는 웹사이트를 만들어 수많은 여성들의 은밀한 사진에 이름과 고향까지 밝혀서 올렸다. 그 이미지들은 많은 여성들이 자기 파트너의 '정부'라고 주장하는 여성들의 것이었다. 『알자지라』 보도에 따르면(Aljazeera, 2013년 5월, p.1) 알렉산더는 미국 내 그 어떤 법도 위반하지 않았다고 한다. 쌍방향 컴퓨터 서비스 공급자는 그들의 사용자가 하는 행동에 대한 책임을 지지 않는다는 통신 품위법Communication Decency Act(1996년 제정) 때문이다.

웹사이트의 사이트 소개란에서 알렉산더는 게시물과 그에 대한 코멘트는 모두 그것을 올린 게시자의 것이지, 쉬즈 어 홈레커 사이트나 그 소유자의 것이 아니라는 점을 명시한다. 구체적인 리벤지 포르노 법에 따르면 이는 범죄 행위에 해당되지만, 그럼에도 불구하고 일단 이미지가 올라가면 몇 시간 내에 유포될 수 있으며 다시 내리기는 거의 불가능하다(Tynan, 2016). 1장에서 소개한 24세 여성 피해자는 BBC《뉴스비트》와의 인터뷰에서 전 남자 친구가 그녀의 성적 노출 사진을 단 두 군데 웹사이트에 올렸지만 지금은 전 세계적으로 200개 이상의 사이트에 올라가 있다고 말했다.

맥알리스터 올리바리우스는 좀 더 강력한 민법이 시행되어 피해자들이 가해자에게 입은 피해에 대해 소송을 걸 수 있게 해야 한다고 주장한다. 앤 올리바리우스는『가디언』을 통해 (Kleeman, 2015) "리벤지 포르노 문제를 종식시키려면 민사소송에서 피해에 대한 금전적 손해 배상을 받을 수 있어야 한다."고 말했다. 실제로 크리시 체임버스는 이전 파트너를 상대로 형사소송을 제기했을 뿐 아니라 피해에 대한 민사소송도 시도한 최초의 인물이다(Griffiths, 2016).

또한 크리시 체임버스 사건은 전 세계적 차원의 리벤지 포르노 법의 부재와 다른 나라에서 저지른 범죄를 기소할 때의 어려움을 시사한다. 크리시 체임버스는 사건이 일어난 것으로 추정되는 미국에 살지만 그녀는 전 남자 친구가 이미지와 동영상을 영국에서 올렸다고 주장했고 그래서 영국에서 재판을 진행했다. 우리는 2장에서 마이엑스닷컴은 익명의 몇몇 미국인들이 필리핀에 있는 동료들과 공조해 운영하고 있으며, 소유주는 구체적인 리벤지 포르노 법률이 없는 네덜란드의 웹 솔루션스 B.V.로 전 세계를 대상으로 영업을 하고 있다고 언급한 바 있다 (Steinbaugh, 2014). 따라서 리벤지 포르노와 관련해 국경을 초월하는 국제법 없이는 피해자가 가해자와 이런 범죄를 조장하는 사람들을 고소하기가 매우 어려워질 가능성이 높다.

교육과 인식 높이기

룬드그렌과 아민(Lundgren & Amin, 2015)에 의하면 리벤지 포르노 같은 젠더/성 폭력은 청소년들 사이에 만연하다. 이는 피해자건 가해자건 상관없이 일생 동안 폭력의 궤적에서 벗어나지 못하게 만드는 경향이 있으므로 이에 대한 강력한 대응이 필요하다.

우리는 1장에서 섹스팅의 증가가 리벤지 포르노를 어떤 식으로 촉진시키는지에 주목했다(DoSomething.org, 2015; GuardChild. com, 2015; Hasinoff, 2015). 맥아피(McAfee, 2013)에 의하면 전 파트너 10명 중 1명은 선정적 이미지를 온라인에 노출시키겠다고 협박을 한 적이 있다. 성인 중 절반 이상이 성적 노출 이미지를 모바일 기기를 이용해 공유하고 온라인을 통해 이미지를 저장한다고 말한 것을 고려하면 분명 영국(그리고 다른 곳)에서 리벤지 포르노가 성장할 가능성이 확실하다(McAfee, 2013). 따라서 섹스팅을 통한 리벤지 포르노 유포의 잠재적 위험성을 일깨우는 노력이 필요하다. 이를 실현하기 위한 한 가지 방법은 리벤지 포르노를 〈성과 관계 교육sex and relationship education〉에 포함시키는 것이다 (Martellozzo 외, 2016 참조).

영국에서는 성과 관계 교육이 필수 과목(HM Government,

2000, 2016b)이지만 전 세계적으로는 그렇지 않다(United Nations Population Fund: UNPE[유엔 인구 기금]; 2015). 현재 영국의 성과 관계 교육에는 감정 관계와 책임감, 인간의 성 해부도, 성적 활동, 유성 생식, 동의 연령, 생식 건강, 안전한 성관계, 피임과 절제가 포함되어 있다. 그러나 자선과 교육 단체들은 아동 섹스팅과 리벤지 포르노가 불법임에도 불구하고(NSPCC, 2016) 수많은 10대들이 섹스팅, 온라인 포르노그래피, 동의와 건강한 관계에 대한 교육을 받지 못하는 현실을 우려한다(Taylor, BBC, 2014). 영국의 성과 관계 교육 과정은 성과 건강 그리고 건강한 관계를 구성하는 요소에 중점을 둔다. 주장컨대 사귀던 관계를 끝낼 때의 대처법과 적절한 행동 양식도 포함되어야 한다. 감정 조절 장애, 인지 왜곡과 대인관계 기술의 결핍 등이 문제가 될 수 있으므로 문제 해결, 관계 기술 훈련과 감정 조절 방식을 포함시킬 수도 있다(Eckhardt 외, 2013).

룬드그렌과 아민(Lundgren & Amin, 2015)이 미국, 탄자니아, 스페인, 인도 그리고 우간다의 고등학생과 대학생들을 대상으로 학교 기반 개입 활동을 조사한 결과 앞선 조치들이 젠더와 성 폭력을 줄이는 데 효과가 있었던 것으로 드러났다. 학교 기반 교육에서는 성폭력 저항성, 건강한 관계, 비폭력적인 갈등 해소, 소통 기술, 도움 찾기와 불평등한 젠더 기준, 관계에서의 힘과 통제의 문제 등을 다룬다. 영국의 교과 과정에 리벤지 포르노를 포함했을 때의 영향을 구체적으로 연구하지는 못했지만(Martellozzo 외,

2016), 룬드그렌과 아민(Lundgren & Amin, 2015)이 제시한 사례를 보면 미국 내 '데이트 폭력'(Wolfe 외, 2009)에 학교 기반 교육이 이루어졌을 때 효과가 있었다는 사실을 알 수 있다. 이 연구는 20개 공립학교에 재학 중인 14~15세 학생 1,722명을 대상으로 이루어졌는데, 건강한 관계와 성 건강 수업 중 물리적 데이트 폭력에 초점을 맞춘 쌍방향 교과 과정이 학생들에게 미친 영향을 조사했다. 울프 등(Wolfe 외, 2009)은 이 프로젝트를 실시했던 2년이 넘는 기간 동안 물리적 데이트 폭력을 자기 보고(자신을 스스로 관찰하여 기록·보고하는 것.-편집자 주)한 횟수가 적었다는 점을 알아냈다.

학교 기반 개입은 젊은이들이 피해자건 가해자건 상관없이 일생 동안 폭력의 굴레에 얽매이지 않도록 돕는 방법을 모색한다. 그러나 리벤지 포르노가 10대에서 30대 그리고 그 이상 연령대에도 연루되어 있다는 점을 감안하면 관련 정보와 도움, 정부와 비정부 기구의 전문가 지원, 기술 관련 인원, 입법 차원의 지원, 교육가 지원(좋은 관행 공유, 경험 공유, 네트워크 구축, 교육가 지침) 그리고 일반 대중 차원에서 얻을 수 있는 지원(온라인에서 벌어지는 젠더/섹슈얼리티 관련 폭력에 대한 인식 제고, 현존하는 기술 지원과 감정 지원 시스템, 피해자가 될 가능성을 낮추는 전략, 책임감 있게 인터넷을 사용하고 사생활을 지키는 방법에 대한 지식 습득 등)을 좀 더 폭넓은 차원에서 접근할 수 있게 조치해야 한다. 워싱턴 주립 대학 응용범죄학과의 앰버 모젝(Morczek, 2017)은 "(종종 '리벤지 포르노'

로 언급되는) 동의하지 않은 포르노그래피를 어떻게 정의해야 할지, 리벤지 포르노가 피해자에게 어떤 식으로 영향을 미치는지, 해결을 위해 취해진 조치는 무엇이었는지, 그것이 강간 문화와 어떤 식으로 연관되어 있는지"를 정리해 매우 우수하고 적용 가능한 훈련 자료를 만들어냈다.

그리고 관계가 무너졌을 때, 비폭력적인 대처를 장려하고 지원하는 방법이 있는데, 주로 특정 공동체 내에서 신임을 받는 사람이 이를 주도한다. 패프닝에 연루된 이들이 미디어를 통해 그들의 경험을 나누는 것도 한 가지 방법이 될 수 있다. 신문이나 대중 매체들도 어느 정도는 리벤지 포르노를 다룰 필요가 있다. 예를 들어, 영국의 ITV 드라마 《코로네이션 스트리트Coronation Street》는 2015년 11월 시작되는 방송부터 리벤지 포르노의 스토리라인을 따랐다. 이 드라마에 나오는 선술집 로버스 리턴Rovers Return에서 일하는 종업원 스텝 브리튼Steph Britton(배우 티샤 메리 Tisha Merry 분)은 전 남자 친구 제이미에게 매수를 당하는데, 제이미는 스텝의 동생 루크를 협박하기 위해 그녀의 은밀한 사진을 공개할 것이라고 위협한다. 2015년 8월 영국 채널4의 TV 진행자 애나 리처드슨Anna Richardson은 가장 유명한 사이트에 자신의 누드 사진을 직접 올려 리벤지 포르노 피해자가 겪는 경험이 어떤 것인지를 체험해보기도 했다. 그러나 『더 텔레그라프The Telegraph』의 이언 더글라스(Douglas, 2015, p.1)는 "용기 있는 일이기는 하나, TV 프로그램들이 저널리즘이라는 미명하에 성적인 화면과 자료를 보여줌으로써 본질에 집중하기보다 샛길로 새게 되고 그로 인해 잠재적인 통찰이 종종 무시된다."고 주장했다. 우리가 도입과 1장에서 살펴보았듯 다른 방송과 지면 매체들 또한 리벤지 포르노를 다루었다. 가장 눈에 띄는 사례는 BBC의 《뉴스비트》가 24세 피해자의 이야기를 보도한 경우다(*Newsbeat*, 2014). 이런 노력이 의미가 없지는 않겠지만 피해자가 받은 영향을 지적하고 예방 조치에 좀 더 초점을 맞춰야 할 것이다.

우리는 분석의 장에서 여성·남성 사용자가 '정당한 행동'이라는 개념 그리고 남성성과 여성성의 지표를 어떤 식으로 그리는지에 주목했다. 이러한 개념들은 해당 자료들 내에서 리벤지 포르노를 제지하기 위한 주장의 틀을 형성하는 데 영향력을 미치는 지렛대로 이용될 수 있다. 예를 들면 합리성이나 실용주의 개념을 이용하는 식이다. 이런 자료를 사용하기 전에 먼저 시험해 보는 것은 목표 그룹 내에 있는 이들이 그들에게 보내진 메시지를 적절하게 인지하고 신뢰할 만하다고 여기게 하는 데 필수적이다.

피해자 지원

젠더/섹슈얼리티 관련 범죄의 피해자들을 지원하는 수많은 프로그램(예: 사회적 지원과 안전한 행동 수칙)들은 재발의 위험을 줄이는 방법에 초점을 맞추는 경향이 있다(Eckhardt 외, 2013). 그러나 우리가 10장 초반과 다른 부분에서도 강조했듯 일단 이미지가 온라인에 올라가면 타인에 의해 유포되는 속도가 너무 빠르기 때문에 철회하기는 거의 불가능하다. 수치심, 평판의 파괴, 심지어 피해자가 자살을 하는 등 후유증이 심각할 수 있다(Lichter, 2013). 현재의 지원 프로그램은 기본적으로 디지털 밀레니엄 저작권법의 조항("구글 같은 검색 엔진에서 사진의 색인을 제거하고 해당 웹사이트가 스스로 문제의 사진을 삭제하라고 요청할 경우 그 모든 작업은 변호사를 고용하지 않은 상태에서 이루어져야 한다.") 내에서 이미지를 삭제하고 가해자를 재판으로 끌어내는 법적 과정에 초점을 맞춘다(Levendowski, 2014).

슬로베니아의 프리모르스카대학 과학 연구 센터가 이탈리아의 트리에스테대학, 스페인 이소노미아, 덴마크의 알보르그대학, 오스트리아의 비엔나대학 그리고 지역 활동 주체(경찰, 안전한 인터넷 사용 센터)와 더불어 실시한 연구(University of Primorska, 2015)는 현행 전문가 지원 서비스, 그리고 합의하지 않고 성적 노출 이미지를 온라인에서 공유하는 문제를 다루는 관련 기관들이 협력 조례와 절차 개발을 강화해야 할 필요가 있다고 주장한다. 현재 이루어지고 있는 전문가 지원 서비스 중 가장 효과 있는 방법을 공유하고, 주요 국가 당국, 비정부 기관과 안전한 인터넷 사용을 위해 노력하는 기관 사이의 협력과 종합적인 네트워킹을 장려하며, 온라인에서 합의하지 않은 성적 이미지 공유를 저지하는 작업 등을 예로 들 수 있다. 영국 내무성과 국가 스토킹 대처 훈련원National Stalking Training Academy 같은 관련 기관, 엔드리벤지포르노그래피, 서드 페어런트Third Parent, 노불링닷컴 nobullying.com과 같은 온라인 기반 리벤지 포르노 대처 웹사이트에서 보내는 최신 동향 보고서를 피해자들을 위한 온라인 상담과 합할 수 있다. 또한 교육자, 관련 기관과 미디어를 위한 학습과 지원 자료 유포에 사용될 웹페이지 개발도 할 수 있다.

가해자 재교육

리벤지 포르노를 범죄로 규정하면 어느 정도 억제책 역할을 할 수 있지만 모든 경우에 효과적이지는 않다. 법이 억제책 역할을 하지 못하는 경우에는 최신 기술을 이용한 조사를 할 수 있다. 예를 들면 수사관들은 엔케이스EnCase 같은 소프트웨어를 사용해 혐의가 있는 용의자의 하드 드라이브 이미지를 만들어내 캐시 파일, 교체 파일, 임시 파일, 배정되지 않은 공간이나 슬랙 공간(낭비 공간) 등 삭제한 컴퓨터 파일을 볼 수 있다(Widup, 2014). 또한 브라우저 히스토리, 주소록, 날짜와 시간 스탬프 등 남겨진 흔적 등을 법정에서 인정받을 수 있는 증거로 사용할 수도 있다.

　일단 기소되어 처벌받을 경우 일반적으로 남성인 범죄자들을 위한 재교육이 실시될 수 있다. 이때 소통 기술, 자기주장과 긴장 완화 훈련 등의 다양한 기술과 훈련을 통해 범죄자가 폭력을 쓰지 않는 법을 배우는 단체 인지 행동 치료CBT, cognitive behavioral treatment와 같은 개입이 이루어진다(Stover, Meadows & Kaufman, 2009). 이러한 교정적 개입에 성공하기 위해서는 상당히 조심스럽게 접근해야 한다. '가정 폭력'과 친밀한 관계의 파트너 폭력같이 서로 다른 맥락에서 발생하는 폭력과 위법 사항을 종식시키는 데 앞선 방식의 개입이 성공적인지에 대한 평가의 메타 분석이 혼재되어 있기 때문이다.[1]

리벤지 포르노는 젠더-섹슈얼리티 기반 폭력의 수많은 형태 중 하나이므로 범죄자 개입에서 얻을 수 있는 핵심 교훈, 예를 들어 (주로 남성의) 힘과 통제에 초점을 맞추는 페미니스트 재교육 그룹 치료가 계속되어야 한다(Eckhardt 외, 2013). 사실 폭력적인 범죄자 재교육을 성공한다는 것이 설득력 있게 들리지 않을 수 있다. 하지만 젠더 권력 관계를 좀 더 폭넓게 그리고 근본적으로 해결하는 예방 개입을 좀 더 긍정적으로 바라볼 이유가 있다. 또한 폭력에 대한 대항의 골자로 젠더 권력 문제와 평등적 남성성을 직접적으로 다루는 (남성 대상) 개입 프로그램이 좀 더 전도유망한 길이라는 증거가 점점 더 늘어나고 있다. 이런 접근 방

---

1 '가정폭력 치료 프로그램batterer intervention programmes, BIPs', '남성이 저지르는 폭력에 반대하는 프로그램'과 '가해자 프로그램' 등 다양하고 체계적인 메타 리뷰가 몇 가지 있다. 이런 메타 리뷰들은 이런 개입이 폭력과 범죄를 줄이는데 주목할 만한 효과가 있다는 증거가 거의 없다는 결론을 내렸다 (Jackson 외, 2003; Wathen & MacMillan, 2003; Smedslund 외, 2007; Feder 외, 2008; Arias 외, 2013).

식들은 리벤지 포르노 그 자체를 예방하는 것과 연계해서 적용되거나 수정될 수 있다.[2] 멘 어게인스트 포르노그래피Men Against Pornography와 같이 다양한 반反포르노그래피 워크샵과 캠페인에서 몇 가지 상당히 효과적인 방법이 개발되었는데, 범죄자이지만 리벤지 포르노에 반대하는 이들과 함께 작업을 하면서 필요한 부분을 수정할 수 있다. 이외에도 성폭력 범죄를 저지른 이들과 함께 작업할 수 있는 구체적인 방법과 기술이 광범위하게 존재한다.

리벤지 포르노를 척결하려면 다면적인 다중 기관과 다중 활동 주체, 지역 차원에서는 물론 국경을 초월해 온·오프라인 구분 없는 접근 방식이 필요하다. 또한 리벤지 포르노의 특정 측면에 대해 좀 더 활동 지향적이고 종합적으로 연구할 필요가 있다. 더불어 연구와 연결된 개입과 지원 작업을 위한 기금 확대도 이루어져야 한다.

---

2 좀 더 명확하게 젠더 권력과 남성성을 다루는 예방 개입은 BIPs보다 더욱 유망한 프로그램을 보고했는데, 흥미롭게도 '지구의 남쪽global South' 그리고 분쟁 지역과 분쟁이 끝난 지역의 것들을 포함하고 있다(예: Hossain 외, 2014).

정치적 발언하기 그리고 행동하기

리벤지 포르노, 동의하지 않은 포르노그래피 그리고 복수 목적으로 온라인에 올린 동의하지 않은 포르노그래피는 젠더·성 폭력적 시각 문화의 핵심이다. 이 현상은 세상의 수많은 곳에서 수많은 사람들을 에워싸며 사회적 관계에 침투해 있다. 로리 페니(Penny, 2014, p.158)는 "인터넷을 통해 알게 되는 섹스의 가장 큰 특징은 그것이 카메라 앞에서 벌어진다는 것이다."라고 확실하고 직접적으로 말한다. 성적 노출을 유발하는 셀카, 섹스팅, 성적 노출 게시물 올리기, 섹스·섹슈얼리티가 시각적이고 사회적으로 풍성해짐으로써 형성되는 사이버 공간에서의 모든 성적 친밀함은 특히 사이버 세상에서 합의하지 않은 성적 학대, 괴롭힘, 착취, 성폭력과 포르노그래피, 리벤지 포르노를 위한 자원을 공급한다. 성적 편집증으로 이어지는 경로와 그 근원은 매우 선명하다. 특히 젊은 여성은 인터넷에서 여성의 신체 특정 부위로 격하된다.

이런 모든 점을 직면한 상황에서도 법적이고 기술적인 조치, 성폭행 피해자 지원, 가해자 처벌과 재교육 등 여러 가지 방식의 대응을 할 수 있다. 또한 폭넓은 정치적 활동, 젠더-섹스-페미니스트적 정치 행위와 변화를 지속하는 행동주의가 시급하다. 이는 폭력, 성폭력 그리고 (대부분의 형태의) 포르노그래피를 재생산해내는 젠더-섹스 권력 관계는 물론 인터넷, 사이버 세상의 젠더-섹스 페미니스트의 변화를 의미한다. 오프라인과 마찬가지로 사람들을 지배하고 그들에게 굴욕감을 주는 온라인의 (이성애적) 성차별주의 행위는 용납되어서는 안 된다. 한마디로 웹은 투쟁의 현장이다.

정치 또한 새로운 형태를 띨 필요가 있으며 그렇게 될 것이다. 지금의 풍토에서는 리벤지 포르노 그리고 다른 형태의 온라인 학대가 계속될 가능성이 높으므로 정책, 정치, 연구, 행동의 장으로서 우리는 젠더와 섹슈얼리티의 미래에 좀 더 관심을 기울여야 한다. 예를 들어 다음과 같은 핵심 질문을 생각해볼 필요가 있다. 미래의 젠더와 섹슈얼리티에 정보통신기술 그리고 온라인·가상·증강 현실은 어떤 영향을 미칠까? 온라인 섹스와 가상섹스가 새로운 기준이 될까? 섹스 로봇이 일반화될까? 결국은 그런 발전의 결과가 젠더화되고, 젠더-섹스 권력에 내내 스며들게 될까?

마찬가지로 폭력, 성폭력, 학대와 성적 학대의 미래도 다른 형태, 즉 로봇을 이용한 가상현실을 채택하게 되지 않을까? 심지어 인공 지능을 이용해 위협, 정확하게는 복수를 할 수 있지 않을까라는 전망이 나오고 있다. 그런 가능성이 섹슈얼리티뿐 아니라 포르노그래피와 리벤지 또는 합의하지 않은 포르노그래피에 어떤 식의 영향을 미치게 될까?

과거 기술 발전과 군국주의의 공생 관계를 살펴보면 유사점을 알아내는 데 유용할 것이다. 일반적으로 군대와 군사 폭력에서 신기술이 이용되고 배치된다. 그런 맥락에서 군국주의는 지금까지 수많은 기술적 '진보'로 불리는 현상의 자극제가 되어왔다. 마찬가지로 그런 모든 기술 발전이 개인 간 성 폭력과 학대, 리벤지 포르노 그리고 그 계승자들에게 이용될 가능성이 높다. 상황이 더 악화될 수도 있으므로 인터넷, 웹 그리고 동류의 기술-가상 공간에 좀 더 정치적으로 전념하고, 경계하며 분투해야 할 것이다. 사실 모순되게도 인터넷에는 민주화와 반민주화를 동시에 지원하는 강력한 징후가 있다. 이는 주류(대중 영합적) 정치에서 확실하게 고착화되어가고 있으며, 몸의 정치학도 그렇게 될 가능성이 높다.

2장에서 우리는 리벤지 포르노에 대응해 여성 페미니스트들이 주도하며, 신체를 이용한 구체적이고 직접적인 행위 사례를 간단히 살펴보았다. 여성들, 몇몇 남성 그리고 이외 젠더들이 그들의 몸을 이용하고 때로는 신체 노출을 통해서 다양한 실제/가상의 폭력에 맞서려 할 때, 리벤지 포르노에 대항해 현재 진행되고 있는 정치학이 앞선 페미니스트들의 행위와 더불어 발전할 가능성이 높다. 이러한 창의적 개입은 젠더, 섹슈얼리티, 페미니즘, 몸, 육체를 이용한 분노의 표현 등 보다 폭넓은 정치의 일부분이 되어, 기술 발전과 가상공간의 행동 유도성을 통해 여성과 몸을 연합시키는 기존의 관행을 복잡하게 만든다. 따라서 리벤지 포르노에 대항한 몇 가지 형태의 창의적 정치란 현실의 육체와 힘을 이용한 활동, 가상현실 그리고 가상의 신체의 힘을 이용한 활동은 물론, 현실과 가상에서 일어나는 상호작용을 이용하는 것이 될 것이다. 마찬가지로 리벤지 포르노를 반대하고 제지하기 위해서는 좀 더 최신 기술에 정통한 정치적 기술과 페미니스트적 헌신이 필요하다. 소수 집단, 전문가, 너드nerds, 기술 전문가techies와 긱geeks만을 위한 일이 아닌, 우리 모두를 위해 가상공간을 다루는 정치와 관행을 탈바꿈하여 가상공간을 안전한 공간으로 만들어야 한다.

참고문헌

감사의 말

· Danica Johnson, (2013). 4 Ways to Take a Stand against Revenge Porn. *Everydayfeminism.com*. December 3. https://everydayfeminism.com/2013/12/revenge-porn-and-internet-exploitation/.

· Emily Baker, (2016). An Egyptian woman posted a video of her dancing to own her "shame": Ghadeer Ahmed's boyfriend tried to shame her by posting a video of her dancing online, but she wasn't going to let that happen. *The Pool*. October 27. https://everydahttps//www.the-pool.com/news-views/latest-news/2016/43/an-egyptian-woman-posted-a-video-of-her-dancing-to-own-her-shame.yfeminism.com/2013/12/revenge-porn-and-internet-exploitation/.

· *Iceland Monitor*, (2015). Women gather in the sunshine for #FreeTheNipple. June 13. https://icelandmonitor.mbl.is/news/news/2015/06/13/women_gather_in_the_sunshine_for_freethenipple/.

· Mary Anne Franks, (2015). Drafting an Effective "Revenge Porn" Law: A Guide for Legislators. Cyber Civil Rights Initiative. *Cyber Civil Rights Initiative*. https://www.cybercivilrights.org/guide-to-legislation/.

· Sam Dylan Finch, (2015). 6 Reasons Why Revenge Porn Is Really F*cked Up (And How One Woman Is Pushing Back). *Everydayfeminism.com*. June 16. https://everydayfeminism.com/2015/06/6-reasons-why-revenge-porn-is-actually-really-fcked-up-and-how-one-woman-is-pushing-back/.

· *Scientific American*: Elizabeth Svoboda, (2014). Virtual Assault. *Scientific American Mind*, 25(6), 46–53.

· *Taylor & Francis*: Jonathon W. Penney, (2013). Deleting revenge porn. *Policy Options Politiques*, August 21. https://policyoptions.irpp.org/fr/issues/vive-montreal-libre/penney/.

도입

· Attwood, F. (Ed.) (2009). *Mainstreaming sex: The sexualization of Western sex*. London: I.B. Tauris.

· Ayas, T., & Horzum, M. B. (2013). Relation between depression, loneliness, self-esteem and internet addiction. *Education, 133*(3), 283–290.

· Aydin B., & Sari, S. V. (2011). Internet addiction among adolescents: The role of self- esteem. *Procedia Social & Behavioral Sciences, 15*(1), 3500–3505.

· Blumenstein, L., & Jasinski, J. L. (2015). Intimate partner assault and structural-level correlates of crime: Exploring the relationship between contextual factors and intimate partner violence. *Criminal Justice Studies*,

28(2), 186–210.

· Brown, C. (1981). Mothers, fathers, and children: from private to public patriarchy. In L. Sargent (Ed.) *Women and revolution: The unhappy marriage of marxism and feminism* (pp. 239–267). New York/London: Maple/Pluto.

· Cooper, A., Månsson, S-A., Daneback, K., Tikkanen, R., & Ross, M. W. (2003). Predicting the future of Internet sex: Online sexual activities in Sweden. *Sexual and Relationship Therapy, 18*(3), 277–291.

· Cooper, A., Morahan-Martin, J., Mathy, R., & Maheu, M. (2002). Toward an increased understanding of user demographics in online sexual activities. *Journal of Sex & Marital Therapy*, 28(2), 105–129.

· Cooper, A., Scherer, C. R., Boles, S. C., & Gordon, B. L. (1999). Sexuality on the Internet: From sexual exploration to pathological expression. *Professional Psychological Research, 30*(2), 154–164.

· Daneback, K., & Ross, W. M. (2011). The complexity of internet sexuality. In R. Balon (Ed.), Sexual dysfunction II: Beyond the brain-body connection. *Advances in Psychosomatic Medicine, 31,* 1–14.

· Döring, N. (2009). The Internet's impact on sexuality: A critical review of 15 years of research. *Computers & Human Behavior, 25*(5), 1089–1101.

· Döring, N., Daneback, K., Shaughnessy, K., Grov, C., & Byers, E. B. (2015). Online sexual activity experiences among college students: A four-country comparison. *Archives of Sexual Behavior*, Online December 10, doi:10.1007/s10508-015-0656-4.

· Eckhardt, C. I., Murphy, C. M., Whitaker, D. J., Sprunger, J., Dykstra, R., & Woodard, K. (2013). The effectiveness of intervention programs for perpetrators and victims of intimate partner violence. *Partner Abuse*, 4(2), 196–231.

· Empel, E. (2011). (XXX) potential impact: The future of the commercial sex industry in 2030. *Manoa: Journal for Fried and Half Fried Ideas (About the Future)*. December. Retrieved November 27, 2014 from www.friedjournal. com/xxxpotential-impact- the-future-of-the-commercial-sex-industry-in-2030.

· Findahl, O. (2010). *Svenskarna och internet 2010. [Swedes and the interrnet 2010]*. Stockholm: Stiftelsen för Internetinfrastruktur.

· FRA (Fundamental Rights Agency). (2014). *Violence against women: An EU-wide survey*. Vienna: FRA.

· Garfinkel, H. (1967). *Studies in ethnomethodology*. Cambridge: Polity Press.

· Garfinkel, H. (1991). Respecification: Evidence for locally produced, naturally accountable phenomena of order, logic, reason, meaning, method, etc. in and as of the essential haecceity of immortal ordinary society (I) an announcement of studies. In G. Button, (Ed.), *Ethnomethodology and the human sciences* (pp. 10–19). Cambridge: Cambridge University Press.

· Hasinoff, A. A. (2015). *Sexting panic: Rethinking criminalization, privacy, and consent*. Champaign, IL: University of Illinois Press.

· Hearn, J. (2006). The implications of information and communication technologies for sexualities and sexualized violences: Contradictions of sexual citizenships. *Political Geography, 25*(8), 944–963.

· Hearn, J., & Parkin, W. (2001). *Gender, sexuality and violence in organizations: The unspoken forces of organization violations.* London: Sage.

Holehouse, M. (2014). Cameron backs curbs on revenge pornography. *The Daily Telegraph.* 14 July. Retrieved November 27, 2014 from https://www.telegraph.co.uk/news/politics/david-cameron/10956790/David-Cameron-backs-crackdown-on-revenge-pornography.html.

· Johnson, P. (1996). Pornography drives technology: Why not to censor the Internet, *Federal Communications Law Journal, 49*(1), 217–227.

· Johnson, D. (2013). 4 Ways to take a stand against revenge porn. Everydayfeminism. com. December 3. Retrieved August 1 from https://everydayfeminism.com/2013/12/revenge-porn-and-internet-exploitation.

· Kelly, L., Burton, S., & Regan, L. (1996). Beyond victim or survivor: Sexual violence, identity and feminist theory and practice. In L. Adkins & V. Merchant (Eds.), *Sexualizing the social: Power and the organization of sexuality* (pp. 77–101). Basingstoke: Palgrave.

· Lichter, S. (2013). Unwanted exposure: Civil and criminal liability for revenge porn hosts and posters. JOLT Digest: *Harvard Journal of Law and Technology.* May 28. Retrieved April 4, 2015 from https://jolt.law.harvard.edu/digest/unwanted-exposure-civil-and-criminal-liability-for-revenge-porn-hosts-and-posters.

· Martellozzo, E., Monaghan, A., Adler, J. R., Davidson, J., Leyva, R., & Horvath, M. A. H. (2016). *"I wasn't sure it was normal to watch it": A quantitative and qualitative examination of the impact of online pornography on the values, attitudes, beliefs and behaviours of children and young people.* London: Middlesex University. Retrieved November 22 from https://www.mdx.ac.uk/__data/assets/pdf_file/0021/223266/MDX-NSPCC-OCC-pornography-report.pdf.

· Match.com. (2012). More on sexting and texting from SIA 3. *UpToDate.* February 5. Retrieved February 15, 2016 from http://blog.match.com/2013/02/05/more-on-sexting-and-texting-from-sia-3.

· McAfee. (2013). Love, relationships, and technology: How we expose ourselves today. December. Retrieved April 3, 2015 from https://promos.mcafee.com/offer.aspx?id=605366.

· Moloney, M. E., & Love, T. P. (2017). # The fappening: Virtual manhood acts in (homo) social media. *Men and Masculinities*, doi:1097184X17696170.

· Parker, I. (2014). *Young people, sex and relationships: The new norms.* London: Institute for Public Policy Research.

· Parliament.UK. (2015). Criminal Justice and Courts Act 2015. Lords Amendments. November 12. Retrieved April 3, 2015 from https://publications.parliament.uk/pa/bills/cbill/2014-2015/0120/15120.pdf.

· Penney, J. (2013). Deleting revenge porn. *Policy Options Politiques.* November. Retrieved August 21, 2015 from http://policyoptions.irpp.org/fr/issues/vive-montreal-libre/penney.

· Penny, L. (2014). *Unspeakable things: Sex, lies and revolution.* London: Bloomsbury.

· Perraudin, F. (2017). Boy of five among nearly 400 sexting cases dealt with by police. *The Guardian.* 12 July. Retrieved 12 July, 2017 from www.theguardian.com/society/2017/jul/12/sexting-boy-five-400-police-childrenexplicit-pictures

· Potter, J. (1996). *Representing reality: Discourse, rhetoric and social construction*. London: Sage.

· Puccio, D., & Havey, A. (2016). *Sex, likes and social media: Talking to our teens in the digital age*. London: Vermilion.

· Radhika, S. (2014). Jennifer Lawrence photo leak: Let's stop calling this hacking 'The Fappening'. *The Telegraph*. September 2. Retrieved April 20, 2015 from https://www.telegraph.co.uk/women/womens-life/11069829/Jennifer-Lawrence-photo-leak-Lets-stop-calling-this-hacking-The-Fappening.html.

· Ringrose, J., Gill, R., Livingstone, S., and & Harvey, L. (2012). *A qualitative study of children, young people and sexting*. London: NSPCC.

· Ringrose, J., Harvey, L., Gill, R., and Livingstone, S. (2013). Teen girls, sexual double standards and sexting: Gendered value in digital image exchange. *Feminist Theory, 14*(3), 305–323.

· Rosen, R. (2010). *Beaver street: A history of modern pornography: From the birth of phone sex to the skin mag in cyberspace: An investigative memoir*. London: Headpress.

· Shaughnessy, K., Byers, S. E., & Walsh, L. (2011). Online sexual activity experience of heterosexual students: Gender similarities and differences. *Archives of Sexual Behavior, 40*(2), 419–427.

· Slonje, R., Smith, P. K., & Frisén, A. (2013). The nature of cyberbullying, and strategies for prevention. *Computers in Human Behavior, 29*(1), 26–32.

· Strang, F. (2014). Celebrity 4chan shock naked picture scandal: Full list of star victims preyed upon by hackers. *The Mirror*. September 22. Retrieved May 4, 2015 from https://www.mirror.co.uk/3am/celebrity-news/celebrity-4chan-shock-naked-picture-4395155.

· Sussman, S., Lisha, N., & Griffiths, M. (2011). Prevalence of the addictions: A problem of the majority or the minority? *Evaluation and the Health Professions, 34*(1): 3–56.

· Tyler, J. M., & Feldman, R. S. (2005). Deflecting threat to one's image: Dissembling personal information as a self-presentation strategy. *Basic & Applied Social Psychology, 27*(4), 371–378.

· Tyler, M. (2016). All porn is revenge porn. *Feminist Current*, February 24. Retrieved August 20, 2016 from: http://www.feministcurrent.com/2016/02/24/all-porn-is-revenge-porn/

· UK Safer Internet Centre (2015). Revenge Porn Helpline, March 19, Retrieved April 11, 2016 from: http://www.saferinternet.org.uk/news/revenge-porn-helpline.

· Wiederhold, B. K. (2016). Low self-esteem and teens' internet addiction: What have we learned in the last 20 years? *Cyberpsychology, Behavior, and Social Networking, 19*(6), 359.

· Yoshimura, S. (2007). Goals and emotional outcomes of revenge activities in interpersonal relationships. *Journal of Social and Personal Relationships, 24*(1), 87–98.

· Young, K. S. (1996). Internet addiction: The emergence of a new clinical disorder. *CyberPsychology & Behavior, 1*(3), 237–244.

1장

· Alexa. (2016). How popular is myex.com? August 30. Retrieved September 1 from www.alexa.com/siteinfo/myex. com

· Associated Press in San Diego. (2015). Revenge porn website operator jailed. *The Guardian*. April 4. Retrieved April 7, 2015 from www.theguardian.com/us-news/2015/apr/04/revenge-porn-website-operator-jailed.

· BBC. (2014a). Is revenge porn already illegal in England? December 28. Retrieved April 10, 2015 from www.bbc. co.uk/news/uk-england-30308942.

· BBC. (2014b). Revenge porn victim: I trusted him, now I'm on 200 sites. *Newsbeat*. April 3. Retrieved April 2, 2015 from www.bbc.co.uk/newsbeat/26852254.

· BBC. (2014c). Revenge porn victim speaks out. April 3. Retrieved April 7, 2015 from www.youtube.com/watch?v=z6zAWWvwE5I.

· BBC. (2015). 'Revenge porn' illegal under new law in England and Wales. February 15. Retrieved April 7, 2015 from www.bbc.co.uk/news/uk-31429026.

· Berger, M. (2013). Brazilian 17-year-old commits suicide after revenge porn posted online. *BuzzFeed News*. November 20. Retrieved April 7, 2015 from www.buzzfeed.com/miriamberger/brazilian-17-year-old-commits-suicide-after-revenge-porn-pos#.ub79oaJLZ.

· Britton, K. (2014). Woman left suicidal after 'revenge porn' style attack. *Macclesfield Express*. December 17. Retrieved September 1, 2016 from www.macclesfield-express.co.uk/news/local-news/woman-left-suicidal-after-revenge-8299561.

· CBS Chicago. (2014). Suit: Former NFL player published explicit images of ex-wife without permission. March 4. Retrieved April 8, 2015 from https://chicago.cbslocal.com/2014/03/04/suit-former-nfl-player-published-explicit-images-of-ex-wife-without-permission/.

· Chen, A. (2012). Did a *Twilight* star's penis pic shut down is anyone up? *Gawker*. April 23. Retrieved April 7, 2015 from http://gawker.com/5904343/did-a-twilight-stars-penis-pic-shut-down-is-anyone-up.

· Citron, D. K., & Franks, M. A. (2014). Criminalizing revenge porn. *Wake Forest Law Review, 2014*(1), 345–391.

· Collier, K. (2015). California man faces 20 years in historic revenge-porn conviction. *The Daily Dot*. February 3. Retrieved September 1 from www.dailydot.com/layer8/you-got-posted-revenge-porn-bust-felony-extortion/.

· Cyber Civil Rights Initiative. (2014). Victims' stories. January 27. Retrieved September 1, 2016 from www. cybercivilrights.org/page/5/?s=revenge+porn.

· *Daily Mail*. (2014). 'Most hated man on the Internet' busted on federal identity theft charges after 'paying hacker to steal naked photos' for his 'revenge porn' website. January 23. Retrieved April 7, 2015 from www.dailymail. co.uk/news/article-2544968/Most-hated-man-Internet-busted-federal-identity-theft-charges-paying-hacker-steal-naked-photos-revenge-porn-website.html#ixzz3WczW8oUl.

· Dictionary.com. (2015). Revenge porn. Retrieved April 4, 2015 from www. dictionary.com/browse/revenge-porn?s=t.

· Dodero, C. (2012). Bullyville has taken over Hunter Moore's is anyone up? *Village Voice*. April 19. Retrieved April 8, 2015 from http://blogs.villagevoice.com/runninscared/2012/04/bullyville_isanyoneup.php.

· DoSomething.org. (2015). 11 facts about sexting. Retrieved April 5, 2015 from www. dosomething.org/facts/11-facts-about-sexting.

· Examiner.com. (2015). Mich. man sentenced for revenge porn photos of ex, wanted her to commit suicide. January 14. Retrieved April 7, 2015 from www.examiner.com/article/mich-man-sentenced-for-revenge-porn-photos-of-ex-wanted-her-to-commit-suicide.

· Franks, M. A. (2013). Adventures in victim blaming: Revenge porn edition. *Concurring Opinions* February 1. https://concurringopinions.com/archives/2013/02/adventures-in-victim-blaming-revenge-porn-edition.html.

· Franks, M. A. (2016). Drafting an effective 'revenge porn' law: A guide for legislators. *Cyber Civil Rights Initiative*. Retrieved March 19, 2017 from www.cybercivilrights.org/guide-to-legislation/.

· Glenza, J. (2014). Jennifer Lawrence denounces nude photos hack as 'sex crime'. *The Guardian*. October 7. Retrieved November 27, 2014 from www.theguardian.com/film/2014/oct/07/jennifer-lawrence-nude-photo-hack-sex-crime.

· Goldberg, M. (2014). Revenge porn is malicious and reprehensible: But should it be a crime? *The Nation*. October 1. Retrieved April 5, 2015 from www.thenation.com/article/181829/war-against-revenge-porn.

· GuardChild.com. (2015). Teenage sexting statistics. Retrieved April 5, 2015 from www.guardchild.com/teenage-sexting-statistics/.

· Hamill, J. (2015). Twitter bans revenge porn and vows to stop pervert stalkers publishing their victims' home addresses. *Mirror*. March 12. Retrieved April 5, 2015 from www.mirror.co.uk/news/technology-science/technology/twitter-bans-revenge-porn-vows-5318025.

· Hasinoff, A. A. (2015). *Sexting panic: Rethinking criminalization, privacy, and consent*. Champaign, IL: University of Illinois Press.

· Hill, K. (2012). Why we find Hunter Moore and his "identity porn" site, is anyone up, so fascinating. *Forbes*. April 5. Retrieved April 8, 2015 from www.forbes.com/sites/kashmirhill/2012/04/05/hunter-moore-of-isanyoneup-wouldntmind-making-some-money-off-of-a-suicide/

· Hillyer, M. (2004). Sex in the suburban: Porn, home movies and the live action performance of love in *Pam and Tommy Lee: Hardcore and Uncensored*. In L. Williams (Ed.) Porn studies. (pp. 50–77). Durham: Duke University Press.

· Honeywood, N. (2014). Revenge porn. *The Current*. May 12. Retrieved April 7, 2015 from www.arcurrent.com/top-stories/2014/05/12/revenge-porn.

· Hype Stat. (2016). Myex.Com–Info. Retrieved September 1 from http://myex.com.hypestat.com.

· Keneally, M. (2012). Tragedy as girl, 15, kills herself just one month after posting desperate YouTube plea begging bullies to stop tormenting her. *Daily Mail*. October 12. Retrieved September 1, 2016 from www.dailymail.co.uk/news/article-2216543/Amanda-Todd-Canadian-teen-kills-desperate-video-plea-begging-bullies-stop.html.

· Levendowski, A. (2014). Our best weapon against revenge porn: Copyright law? *The Atlantic*. February 4. Retrieved September 1 from www.theatlantic.com/technology/archive/2014/02/our-best-weapon-against-revenge-porn-copyright-law/283564/.

· Lichter, S. (2013). Unwanted exposure: Civil and criminal liability for revenge porn hosts and posters. *JOLT Digest: Harvard Journal of Law and Technology*. May 28. Retrieved April 4, 2015 from http://jolt.law.harvard.edu/digest/privacy/unwanted-exposure-civil-and-criminal-liability-for-revenge-porn-hosts-and-posters.

· Lyons, K., Phillips, T., Walker, S., Henley, J., Farrell, P., & Carpentier, M. (2016). Online abuse: How different countries deal with it. *The Guardian*. April 12. Retrieved October 15 from www.theguardian.com/technology/2016/apr/12/online-abuse-how-harrassment-revenge-pornography-different-countries-deal-with-it?CMP=share_btn_link.

· Mazza, E. (2014). Facebook sued for $123 million over 'revenge porn'. *Huffington Post*. July 30. Retrieved April 20, 2016 from www.huffingtonpost.com/2014/07/30/facebook-sued-over-revenge-porn_n_5632865.html.

· McAfee. (2013). Love, relationships, and technology: How we expose ourselves today. Retrieved April 3, 2015 from http://promos.mcafee.com/offer.aspx?id=605366.

· Miller, M. E. (2013). Revenge porn victim Holly Jacobs "Ruined My Life," Ex Says. *Miami New Times*. October 17. Retrieved April 5, 2015 from www.miaminewtimes.com/news/revenge-porn-victim-holly-jacobs-ruined-my-life-ex-says-6393654.

· Moore, S. (2012). A princess's breasts are NOT for leering at (and neither are anybody else's). *The Daily Mail*. September 16. Retrieved April 5, 2015 from www.dailymail.co.uk/debate/article-2203949/Kate-Middleton-topless-photos-The-Duchess-Cambridges-breasts-NOT-leering-at.html#ixzz3WqdZdZeb.

· Morgan, R. (2008). Jilted lovers are posting sex tapes on the Web—And their exes want justice. *Dossier, 96*(27), 96.

· my_ex_is_a_dick. (2014). Those who have naked pictures on the internet; how did they get there and how has it affected your life? *AskReddit*. Retrieved March 28, 2017 from www.reddit.com/r/AskReddit/comments/1upmim/those_who_have_naked_pictures_on_the_internet_how/ceknbt0/.

· Nianias, H. (2015). 50 Cent given court date for allegedly uploading a revenge porn video of Rick Ross' ex-girlfriend to YouTube. *The Independent*. March 17. Retrieved April 8, 2015 from www.independent.co.uk/news/people/50-cent-given-court-date-for-allegedly-uploading-a-revenge-porn-video-of-rick-ross-ex-girlfriend-to-youtube-10114018.html.

· Parliament.UK. (2015). Criminal Justice and Courts Act 2015. *Lords Amendments*. November 12. Retrieved April 3, 2015 from www.publications.parliament.uk/pa/bills/cbill/2014-2015/0120/15120.pdf.

· Plank, E. (2013). Audrie Pott rape: Viral rape is trending, and we should all be very worried. *Huffington Post*. April

13. Retrieved September 1, 2016 from www.huffingtonpost.co.uk/elizabeth-plank/rape-viral_b_3076545.html.

·Ridely, L. (2015). Revenge porn victims are children as young as 11, new figures reveal. *Huffington Post*. September 30. Retrieved April 5, 2015 from www.huffingtonpost.co.uk/2014/09/30/revenge-porn-children_n_5905554.html.

·Rosen, R. (2010). *Beaver street: A history of modern pornography: From the birth of phone sex to the skin mag in cyberspace: An investigative memoir*. London: Headpress.

·Speech Project (2016). Online abuse 101. Retrieved September 1 from http://wmcspeechproject.com/online-abuse-101/#cyber_exploitation.

·Stroud, S. R. (2014). The dark side of the online self: A pragmatist critique of the growing plague of revenge porn. *Journal of Mass Media Ethics: Exploring Questions of Media Morality, 9*(3), 168–183.

·Thanh Ha, T., & Taber, J. (2013). Bullying blamed in death of Nova Scotia teen. *The Globe and Mail*. April 9. Retrieved April 3, 2015 from www.theglobeandmail.com/news/national/bullying-blamed-in-death-of-nova-scotia-teen/article10940600/.

·*The Mirror*. (2012). Naked Harry photos. August. Retrieved April 5, 2015 from www.mirror.co.uk/all-about/prince-harry-naked-pictures.

·Tsoulis-Reay, A. (2013). Brief history of revenge porn. *New York Magazine*. Retrieved August 23, 2015 from http://nymag.com/news/features/sex/revenge-porn-2013-7/.

·Tungate, A. (2014). Bare necessities: The argument for a 'revenge porn' exception in Section 230 immunity. *Information & Communications Technology Law*, 23(2), 172–188.

·Tyler, M. (2016). All porn is revenge porn. *Feminist Current*, February 24. Retrieved August 20, 2016 from www.feministcurrent.com/2016/02/24/all-porn-is-revenge-porn.

·Tynan, D. (2016). Revenge porn: The industry profiting from online abuse: Sites charge $100 a year to access private photos and videos of non-porn stars in the nude, usually posted by spurned ex-lovers – but it doesn't end there. *The Guardian*. April 26. Retrieved September 1 from www.theguardian.com/technology/2016/apr/26/revenge-porn-nude-photos-online-abuse.

·UK Safer Internet Centre. (2015). Revenge porn helpline. March 19. Retrieved April 11, 2016 from www.saferinternet.org.uk/news/revenge-porn-helpline

·Urban Dictionary. (2007). Revenge porn. September 25. Retrieved April 4, 2015 from www.urbandictionary.com/define.php?term=revenge%20porn&utm_ source=search-action.

·US National Conference of State Legislature. (2014). Revenge porn. Retrieved April 4, 2015 from www.ncsl.org/research/telecommunications-and-information-technology/state-revenge-porn-legislation.

·Weisskirch, R. S., & Delevi, R. (2011). 'Sexting' and adult romantic attachment. *Computers in Human Behavior*, 27(5), 1697–1701.

2장

· Alexander, L. (2016). Online abuse: How women are fighting back. *The Guardian*. April 13. Retrieved September 1 from www.theguardian.com/technology/2016/apr/13/online-abuse-how-women-are-fighting-back.

· Arnarsdóttir, E. S. (2015). 'Free the Nipple' Day's success disputed in Iceland. *Iceland Review Online*. Retrieved from http://icelandreview.com/news/2015/03/27/free-nipple-days-success-disputed-iceland.

· Arnstein, S. R. (1969). A ladder of citizen participation. *Journal of the American Institute of planners, 35*(4), 216–224.

· Baker, E. (2016). An Egyptian woman posted a video of her dancing to own her "shame": Ghadeer Ahmed's boyfriend tried to shame her by posting a video of her dancing online, but she wasn't going to let that happen. *The Pool*. October 27. Retrieved March 24, 2017 from www.the-pool.com/news-views/latest-news/2016/43/an-egyptian-woman-posted-a-video-of-her-dancing-to-own-her-shame.

· Barrett, D. (2015). What is the law on revenge porn? *The Telegraph*. April 13. Retrieved September 1, 2016.

· BBC. (2014). Is revenge porn already illegal in England? December 28. Retrieved April 10, 2015 from www.bbc.co.uk/news/uk-england-30308942.

· Cooper, P. W. (2016). The right to be virtually clothed. *Washington Law Review, 91*, 817–846.

· *Daily Mail*. (2013). 'Scrolling through the comments, my heart imploded': One woman's shock when an embarrassing photo of her went viral - and how she got back at hateful critics. October 4. Retrieved September 1, 2016 from www.dailymail.co.uk/femail/article-2444252/Caitlin-Seida-shock-embarrassing-photo-went-viral-got-critics.html

· Finch, S. D. (2015). 6 reasons Why revenge porn is really f*cked up (And how one woman is pushing back). 16 June. http://everydayfeminism.com/2015/06/6-reasons-why- revenge-porn-is-actually-really-fcked-up-and-how-one-woman-is-pushing-back.

· Franks, M. A. (2016). Drafting an effective "revenge porn" law: A guide for legislators. *Cyber Civil Rights Initiative*. Retrieved March 19, 2017 from www.cybercivilrights.org/guide-to-legislation/.

· Goldberg PLLC, C. A. (2015). States with revenge porn criminal laws. March 3. Retrieved April 3, 2015 from www.cagoldberglaw.com/states-with-revenge-porn-laws.

· Hopkins, N. (2017). Facebook moderators: A quick guide to their job and its challenges. *The Guardian*, May 21. Retrieved May 21, 2017 from www.theguardian.com/news/2017/may/21/facebook-moderators-quick-guide-job-challenges.

· Hopkins, N., & Solon, O. (2017). Facebook flooded with 'sextortion' and revenge porn, files reveal. *The Guardian*. May 22. Retrieved May 22, 2017 from https://www.theguardian.com/news/2017/may/22/facebook-flooded-with-sextortion-and-revenge-porn-files-reveal.

· Hussen, T. S. (forthcoming). ICTs, social media and feminist activism: #RapeMustFall, #NakedProtest, and #RUReferenceList Movement in South Africa. In T. Shefer, J. Hearn, K. Ratele, & F. Boonzaier (Eds.), *Engaging youth in activist research and pedagogical praxis: Transnational and intersectional perspectives on gender, sex, and race*. New York: Routledge.

· Hutchinson, E. (2014). Preventing revenge porn – why here? Why now? *Scottish Women's Aid*. October 20. Retrieved April 8, 2015 from www.scottishwomensaid.org.uk/node/4592.

· Hype Stat (2016). Myex.Com – Info. Retrieved September 1 from http://myex.com.hypestat.com.

· *Iceland Monitor*. (2015). Women gather in the sunshine for #FreeTheNipple. 13 June. http://icelandmonitor.mbl. is/news/news/2015/06/13/women_gather_in_the_sunshine_for_freethenipple.

· Is It Normal. (2015). Post naked pictures of my wife for guys to masturbate. Retrieved September1,2016 from http://isitnormal.com/story/post-naked-pictures-of-my-wife-for-guys-to-masturbate-141111.

· Johnson, D. (2013). 4 ways to take a stand against revenge porn. Everydayfeminism.com. 3 December. Retrieved August 1 from http://everydayfeminism.com/2013/12/revenge-porn-and-internet-exploitation.

· Kelsey, R. (2015). Revenge porn is being made a specific criminal offence. *BBC Newsbeat*. February 12. Retrieved April 8, 2015 from www.bbc.co.uk/newsbeat/31020831.

· Laville, S., Wong, J. C., & Hunt, E. (2016). The women abandoned to their online abusers. *The Guardian*. April 11. Retrieved September 1 from www.theguardian.com/technology/2016/apr/11/women-online-abuse-threat-racist.

· Lyons, K., Phillips, T., Walker, S., Henley, J., Farrell, P., & Carpentier, M. (2016). Online abuse: How different countries deal with it. *The Guardian*. April 12. Retrieved October 15 from www.theguardian.com/technology/2016/apr/12/online-abuse-how-harrassment-revenge-pornography-different-countries-deal-with-it?CMP=share_btn_link.

· Matharu, H. (2015). First woman jailed for 'revenge porn' after posting sexually explicit photos of ex-girlfriend on Facebook. *The Independent*. November 26. Retrieved September 1, 2016 from www.independent.co.uk/news/uk/crime/first-woman-in-the-uk-jailed-for-revenge-porn-a6749941.html.

· Msimang, S. (2016). South Africa's topless protesters are fighting shame on their own terms. *The Guardian*. Retrieved from www.theguardian.com/world/2016/may/05/ south-africas-topless-protesters-are-fighting-shame-on-their-own-terms.

· MyFx.com. (2015). MyFx.com! Naked Pics of Your Fx; FAQs. Retrieved from www. myex.com/faq/.

· *Nottingham Post*. (2014). Revenge porn: Dad jailed for putting intimate photo of ex-lover on the internet. November 12. Retrieved April 3, 2015 from www.nottinghampost.com/Revenge-porn-Dad-jailed-putting-intimate-photo-ex/story-24527836-detail/story.html.

· Parliament.UK. (2015). Criminal Justice and Courts Act 2015. Lords Amendments. November 12. Retrieved April 3, 2015 from www.publications.parliament.uk/pa/bills/cbill/2014-2015/0120/15120.pdf.

· Penny, L. (2014). *Unspeakable things: Sex, lies and revolution*. London: Bloomsbury.

· Rentschler, A. C. (2014). Rape culture and the feminist politics of social media. *Girlhood Studies, 7*(1), 65–82.

· Ridley, L. (2015). Revenge porn victims are children as young as 11, new figures reveal. *Huffington Post*. September 30. Retrieved April 5, 2015 from www.huffingtonpost.co.uk/2014/09/30/revenge-porn-children_ n_5905554.html.

· Rúdólfsdóttir, A. G., & Jóhannedóttir, Á. (forthcoming). Fuck Patriarchy!: An analysis of digital mainstream media discussion of the #FreetheNipple activities in Iceland in March 2015. *Feminism and Psychology*.

· Steinbaugh, A. (2014). Revenge porn site MyEx.com Sued for copyright infringement. March 7. Retrieved April 3, 2015 from http://adamsteinbaugh.com/2014/03/07/revenge-porn-site-myex-com-sued-for-copyright-infringement.

· Svoboda, E. (2014). Virtual assault. *Scientific American Mind, 25*(6), 46–53.

· Swedish National Council for Crime Prevention. (2015). The Swedish Crime Survey. Retrieved November 12, 2016 from www.bra.se/bra/bra-in-english/home/crime-and-statistics/swedish-crime-survey.html.

· *The Guardian*. (2014). 'Revenge porn' laws must be clearer, say Lords. July 29. Retrieved August 12, 2014 from www.theguardian.com/law/2014/jul/29/revenge-porn-laws-must-be-clearer-say-lords.

· *The Japan News*. (2015). Police flooded with queries over revenge porn. April 2. Retrieved April 3, 2015 from http://the-japan-news.com/news/article/0002054600.

· Topping, A. (2016). Facebook revenge pornography trial 'could open floodgates'. *The Guardian*. October 9. Retrieved October 15 from www.theguardian.com/technology/2016/oct/09/facebook-revenge-pornography-case-could-open-floodgates?CMP=share_btn_link.

· Tynan, D. (2016). Revenge porn: The industry profiting from online abuse: Sites charge $100 a year to access private photos and videos of non-porn stars in the nude, usually posted by spurned ex-lovers – but it doesn't end there. *The Guardian*. April 26. Retrieved September 1 from www.theguardian.com/technology/2016/apr/26/revenge-porn-nude-photos-online-abuse.

· United Kingdom Intellectual Property Office. (2014). Copyright notice: Digital images, photographs and the internet: Copyright Notice Number: 1/2014. March. Retrieved April 7, 2015 from www.gov.uk/government/uploads/system/uploads/attachment_data/file/305165/c-notice-201401.pdf.

· United States Copyright Office. (2011). Copyright law of the United States and related laws contained in title 17 of the United States code. Circular 92. Washington: Library of Congress. Retrieved April 7, 2015 from www.copyright.gov/title17/circ92.pdf.

· Women against Revenge Porn. (2015). 3 ways to remove photos. Retrieved April 8, 2015 from www.womenagainstrevengeporn.com/#!photo-removal/c9fv.

· Y Net News. (2014). Knesset outlaws revenge porn. January 6. Retrieved April 3, 2015 from www.ynetnews.com/articles/0,7340,L-4473849,00.html.

3장

· Attwood, F. (Ed.). (2009). *Mainstreaming sex: The sexualization of Western sex*. London: I.B. Tauris.

· Benokraitis, N. J. (1998). *Subtle sexism*. Thousand Oaks, CA: Sage.

· Berkowitza, R., & Cornell, D. (2005). Parables of revenge and masculinity in Clint Eastwood's Mystic River. *Law, Culture and the Humanities, 1*(3), 316–332.

· Bies, R. J., & Tripp, T. M. (1996). Beyond distrust: "Getting even" and the need for revenge. In R. M. Kramer & M. A. Neale. (Eds.), *Trust and organizations: Frontiers of theory and research* (pp. 203–219). Thousand Oaks, CA: Sage.

· Blumenstein, L., & Jasinski, J. L. (2015). Intimate partner assault and structural-level correlates of crime: Exploring the relationship between contextual factors and intimate partner violence. *Criminal Justice Studies, 28*(2), 186–210.

· Boyle, K. (Ed.). (2010). *Everyday pornography*. London: Routledge.

· Bradshaw, J. (1995). *Family secrets*. London: Piatkus.

· Brown, C. (1981). Mothers, fathers, and children: from private to public patriarchy. In K. Sargent (Ed.), *Women and revolution: The unhappy marriage of marxism and feminism* (pp. 239–267). New York/London: Maple/Pluto.

· Cohen, S. (1972). *Folk devils and moral panics*. London: Paladin.

· Connell, R. (1995). *Masculinities*. Cambridge: Polity.

· Cyber Civil Rights Initiative. (2014). Victims' stories. January 27. Retrieved September 1, 2016 from www.cybercivilrights.org/page/5/?s=revenge+porn.

· Delphy, C. (1976). Continuities and discontinuities in marriage and divorce. In D. Leonard Barker & S. Allen (Eds.), *Sexual divisions and society: Process and change* (pp. 76–89). London: Tavistock.

· Dines, G. (2010). Pornland: How porn has hijacked our sexuality. Boston: Beacon.

· Durham, M. G. (2009). *The lolita effect: The media sexualization of young girls and what we can do about it*. London and New York: Duckworth Overlook.

· Empel, E. (2011). (XXX) potential impact: The future of the commercial sex industry in 2030. *Manoa: Journal for Fried and Half Fried Ideas (About the Future)*. December. Retrieved 27 November, 2014 from www.friedjournal.com/xxxpotential-impact-the-future-of-the-commercial-sex-industry in 2030.

· Franks, M. A. (2016). Drafting an effective "revenge porn" law: A guide for legislators. *Cyber Civil Rights Initiative*. Retrieved March 19, 2017 from www.cybercivilrights.org/guide-to-legislation.

· Gilbert, J. (2013). Materialities of text: Between the codex and the net. *New Formations: A Journal of Culture/Theory/Politics, 78*(1), 5–6.

· Glenza, J. (2014). Jennifer Lawrence denounces nude photos hack as 'sex crime'. *The Guardian*. 7 October. Retrieved November 27, 2014 from www.theguardian.com/film/2014/oct/07/jennifer-lawrence-nude-photo-hack-sex-crime.

· Gordon-Messer, D., Bauermeister, J. A., Grodzinski, A., & Zimmerman, M. (2013). Sexting among young adults. *Journal of Adolescent Health, 52*(3), 301–306.

· Hagemann-White, C., et al. (2008). *Gendering human rights violations: The case of interpersonal violence.* Brussels: European Commission.

· Hanmer, J., & Itzin, C. (Eds.). (2000). *Home truths about domestic violence: Feminist influences on policy and practice: A reader.* London: Routledge.

· Hasinoff, A. A. (2015). *Sexting panic: Rethinking criminalization, privacy, and consent.* Champaign, IL: University of Illinois Press.

· Hearn, J. (1998). *The violences of men.* London: Sage.

· Hearn, J. (2006). The implications of information and communication technologies for sexualities and sexualized violences: Contradictions of sexual citizenships. *Political Geography, 25*(8), 944–963.

· Hearn, J., & Jyrkinen, M. (2007). "I could be talking about a porn flick": Television-Internet Media Companies' Policies and Practices, Young People and Pornographisation. In *Unge, kjoenn og pornografi i Norden – Mediestudier [Young people, gender and pornography in the Nordic region – media studies],* (pp. 11–155). Copenhagen: Nordic Council of Ministers. TemaNord 2006, 544. Retrieved from www.norden.org/da/publikationer/publikationer/2006-544.

· Hearn, J., & Parkin, W. (2001). *Gender, sexuality and violence in organizations: The unspoken forces of organization violations.* London: Sage.

· Hoff, J. (1989). Why is there no history of pornography? In S. Gubar and J. Hoff (Eds.), *For adult users only: The dilemma of violent pornography,* (pp. 17–46). Bloomington: Indiana University Press.

· Holehouse, M. (2014). Cameron backs curbs on revenge pornography. *The Daily Telegraph.* 14 July. Retrieved 27 November, 2014 from www.telegraph.co.uk/news/politics/david-cameron/10956790/David-Cameron-backs-crackdown-on-revenge-pornography.html.

· Hughes, D. (2002). The use of new communication and information technologies for the sexual exploitation of women and children. *Hastings Women's Law Journal, 13*(1), 127–146.

· Hunter, M. (2011). Shake it baby, shake it: Consumption and the new gender relation in hip-hop. *Sociological Perspectives, 54*(1), 15–36.

· Itzin, C. (Ed.) (1993). *Pornography: Women, violence and civil liberties: A radical new view.* Oxford: Oxford University Press.

· Jeffreys, S. (2013). The 'agency' of men: Male buyers in the global sex industry. In J. Hearn, M. Blagojević, & K. Harrison (Eds.), *Rethinking transnational men: Beyond, between and within nations* (pp. 59–75). New York: Routledge.

· Johansson, T., & Hammarén, N. (2007). Hegemonic masculinity and pornography: Young people's attitudes toward and relations to pornography. *Journal of Men's Studies, 15*(1), 57–71.

· Kaufman, G. (1996). *The psychology of shame* (2nd ed.). New York: Springer.

· Lacey, B. (2007). Social aggression: A study of internet harassment. Unpublished Doctoral Dissertation, Long Island University.

· Levin, D. E., & Kilbourne, J. (2009). *So sexy so soon: The new sexualized childhood and what parents can do to protect their kids*. New York: Ballantine Books.

· Paasanen, S. (2011). *Carnal resonance: Affect and online pornography*. Cambridge, MA: MIT Press.

· Paasanen, S., Nikunen, K., & Saarenmaa, L. (Eds.). (2007). *Pornification: Sex and sexuality in media culture*. Oxford and New York: Berg.

· Rahman, M., & Jackson, S. (2010). *Gender & sexuality: Sociological approaches*. Cambridge: Polity.

· Ringrose, J., Gill, R., Livingston, S., & Harvey, L. (2012). A qualitative study of children, young people and sexting. NSPCC. Retrieved April 26, 2015 from www.nspcc.org.uk/globalassets/documents/research-reports/qualitative-study-children-young-people-sexting-report.pdf.

· Salter, M. (2013) 'Responding to revenge porn: Gender, justice and online legal impunity'. Paper delivered at: Whose justice? Conflicted approaches to crime and conflict, University of Western Sydney, Sydney, September 27.

· Sanghani, R. (2014). Jennifer Lawrence photo leak: Let's stop calling this hacking 'the fappening'. *The Telegraph*. September 2. Retrieved August 13, 2015 from www.telegraph.co.uk/women/womens-life/11069829/Jennifer-Lawrence-photo-leak-Lets-stop-calling-this-hacking-The-Fappening.html.

· Schwalbe, M. (2013). *Manhood acts*. Boulder, CO: Paradigm.

· Segal, L., & McIntosh, M. (1993). *Sex exposed: Sexuality and the pornography debate*. New Brunswick, NJ: Rutgers University Press.

· Slonje, R., Smith, P. K., & Frisén, A. (2013). The nature of cyberbullying, and strategies for prevention. *Computers in Human Behavior, 29*(1), 26–32.

· Stark, E. (2009). *Coercive control: How men entrap women in personal life*. New York: Oxford University Press.

· Svoboda, E. (2014). Virtual assault. *Scientific American Mind, 25*(6), 46–53.

· Thomson, R. (1999). 'It was the way we were watching it': Young men negotiate pornography. In J. Hearn & S. Roseneil (Eds.), *Consuming cultures: Power and resistance*. (pp. 178–198). London: Palgrave Macmillan.

· Weitzer, R. (2011). Review essay: Pornography's effects: The need for solid evidence: A review essay of everyday pornography, edited by K. Boyle (New York: Routledge, 2010) and Pornland: How porn has Hijacked our sexuality, by G. Dines (Boston: Beacon, 2010). *Violence Against Women, 17*(5), 666–675.

· Wellman, B. (2001). Physical space and cyberspace: the rise of personalized networking. *International Journal of Urban and Regional Research, 25*(2), 227–252.

· Whisnant, R. (2010). From Jekyll to Hyde: The grooming of male pornography consumers. In K. Boyle (Ed.), *Everyday pornography* (pp. 114–133). London: Routledge.

· World Health Organisation. (2014). Violence against women: Intimate partner and sexual violence against women.

November. Retrieved August 11, 2015 from www.who.int/mediacentre/factsheets/fs239/en.

· Yoshimura, S. (2007). Goals and emotional outcomes of revenge activities in interpersonal relationships. *Journal of Social and Personal Relationships, 24*, 87-98.

4장

· Ba, S. (2001). Establishing online trust through a community responsibility system. *Decision Support Systems, 31*(3), 323-336.

· Bargh, J. A., & McKenna, K. Y. A. (2004). The internet and social life. *Annual Review Psychology, 55*, 573-590.

· BBC. (2014). Revenge porn victim: I trusted him, now I'm on 200 sites. *Newsbeat*. April 3. Retrieved April 2, 2015, from www.bbc.co.uk/newsbeat/26852254.

· BBC. (2016). Girl groomed online 'had gut feeling it was wrong'. August 19. Retrieved September 12 from www. bbc.co.uk/news/uk-wales-37120572.

· Buchanan, T., Paine, C., Joinson, A. N., & Reips, U. D. (2007). Development of measures of online privacy concern and protection for use on the Internet. *Journal of the American Society for Information Science and Technology, 58*(2), 157-165.

· Coyle, J., & MacWhannell, D. (2002). The importance of 'morality' in the social construction of suicide in Scottish newspapers. *Sociology of Health & Illness, 24*(6), 689-713.

· Elise, A. (2015). Facebook clarifies rules on cyberbullying, revenge porn, nudity and more. *International Business Times*. March 16. Retrieved September 13, 2016 from www.ibtimes.com/facebook-clarifies-rules-cyberbullying-revenge-porn-nudity-more-1848210.

· Epstein, R. (2007). The truth about online dating. *Scientific American Mind*. Retrieved June 19, 2010 from http://drrobertepstein.com/pdf/Epstein-TheTruthAboutOnlineDating-2-07.pdf.

· Gibbs, J. L., Ellison, N. B., & Heino, R. D. (2006). Self-presentation in online personals: The role of anticipated future interaction, self-disclosure, and perceived success in Internet dating. *Communication Research, 33*(2), 152-176.

· Gibbs, S. (2013). Growth of 3,000%? Meet Britain's top tech startups. *The Guardian*. November 17. Retrieved January 13, 2016 from: http://www.theguardian.com/technology/2013/nov/17/britain-top-10-tech-startups.

· Goffman, E. (1959). *The presentation of self in everyday life*. Garden City, NY: Doubleday.

· Greenfield, P. M., & Subrahmanyam, K. (2003). Online discourse in a teen chatroom: New codes and new modes of coherence in a visual medium. *Applied Developmental Psychology, 24*(6), 713-738.

· Greer, G. (2012). *Online communities of practice: Current information systems research*. Create Space Independent Publishing Platform.

· Guadagno, E. R., Okdie, B. M., & Kruse, S. A. (2012). Dating deception: Gender, online dating, and exaggerated self-presentation. *Computers in Human Behavior, 28*(2), 642-647.

· Guillory, J., & Hancock, J. T. (2012). The effect of Linkedin on deception in resumes. *Cyberpsychology, Behavior, and Social Networking, 15*(3), 135–140.

· Hall, M., Grogan, S., & Gough, B. (2015). Bodybuilders' accounts of synthol use: The construction of lay expertise. *The Journal of Health Psychology, 21*(9), 1939–1948.

· Hollingshead, A. B. (2001). Communication technologies, the internet and group re- search. In M. A. Hogg & R. S. Tindale (Eds.), *Blackwell handbook of social psychology: Group processes* (pp. 221–235). London: Sage Publications.

· Horne, J. & Wiggins, S. (2009). Doing being 'on the edge': Managing the dilemma of being authentically suicidal in an online forum. *Sociology of Health & Illness, 31*(2), 170–184.

· Internet World Stats. (2016). Internet usage statistics. *Miniwatts Marketing Group*. June 20. Retrieved September 12 from www.internetworldstats.com/stats.htm.

· Jiang, Z., Heng, C. S., & Choi, B. C. (2013). Research note–Privacy concerns and privacy-protective behavior in synchronous online social interactions. *Information Systems Research, 24*(3), 579–595.

· Laurillard, D. (2002). *Rethinking university teaching: A conversational framework for the effective use of learning technologies.* New York: Routledge Falmer.

· Madden, M., & Smith, A. (2010). Reputation management and social media. Retrieved 3 August 2017 from http://www.pewinternet.org/2010/05/26/reputation-management-and-social-media/.

· Mazza, E. (2014). Facebook sued for $123 million over 'revenge porn'. *The Huffington Post.* July 30. Retrieved September 13, 2016 from www.huffingtonpost.com/2014/07/30/facebook-sued-over-revenge-porn_ n_5632865.html.

· McKenna, K. Y. A., & Bargh, J. A. (2000). Plan 9 from cyberspace: The implications of the internet for the personality and social psychology. *Personality and Social Psychology Review, 4*, 57–75.

· McKenna, K. Y. A., Green, A. S., & Gleason, M. E. J. (2002). Relationship formation on the Internet: What's the big attraction? *Journal of Social Issues, 58*(1), 9–31.

· Moursand, J. (1997). Sanctuary: Social support on the Internet. In J. E. Behar (Ed.), *Mapping cyber-space: Social research on the electronic frontier* (pp. 121–123). Oakdale, NY: Dowling College Press.

· NoBullying.com. (2016). Stories of 7 teen suicides because of Ask.fm bullying. August 14. Retrieved September 12 from https://nobullying.com/stories-of-7-teen-suicides-because-of-ask-fm-bullying.

· Office of Communications. (2016). The communications market report: United Kingdom. August 4. Retrieved September 12 from: http://stakeholders.ofcom.org.uk/binaries/ research/cmr/cmr16/uk/CMR_UK_2016.pdf.

· Schmitt, D. P. (2002). A meta-analysis of sex differences in romantic attraction: Do rating contexts moderate tactic effectiveness judgments? *British Journal of Social Psychology, 41*(3), 387–402.

· Shildrick, M. (2007). Dangerous discourses: Anxiety, desire, and disability. *Studies in Gender & Sexuality, 8*(3), 221–244.

· Stewart, K. (2016). Vile internet trolls brand Glaswegian 'trans' woman as 'that' and 'man in a dress' after she posts photo online of prom outfit for sale. *The Daily Record*. September 7. Retrieved September 12 from www.dailyrecord.co.uk/news/scottish-news/vile-internet-trolls-brand-glaswegian-8785355.

· Tanis, M. (2010). Online social support groups. In A. Joinson, K. McKenna, T. Posters, & U. Reips (Eds.), *The Oxford handbook of internet psychology* (pp. 139–154). Oxford: Ox- ford University Press.

· Thelwall, M., & Vaughn, L. (2004). Webometrics. *Journal of the Association for Information Science and Technology, 55*(14), 1213–1215.

· Toma, C. L., Hancock, J. T., & Ellison, N. B. (2008). Separating fact from fiction: An examination of deceptive self-presentation in online dating profiles. *Personality & Social Psychology Bulletin, 34*(8), 1023–1036.

· Turkle, S. (2013). *Alone together: Why we expect more from technology and less from each other*. New York: Basic Books.

· Tyler, J. M., & Feldman, R. S. (2005). Deflecting threat to one's image: Dissembling personal information as a self-presentation strategy. *Basic & Applied Social Psychology, 27*(4), 371–378.

· Wenger, E. (1998). *Communities of practice: Learning, meaning, and identity*. Cambridge: Cambridge University Press.

· Wilkinson, S., & Weatherall, A. (2011). Insertion repair. *Research on Language & Social Interaction, 44*(1), 65–91.

· Winzelburg, A. (1997). The analysis of an electronic support group for individuals with eating disorders. *Computers in Human Behaviour, 13*(3), 393–407.

· Wiszniewski, D., & Coyne, R. (2002). Mask and identity: The hermeneutics of self-construction in the information age. In K. A. Renninger & W. Shumar (Eds.), *Building virtual communities* (pp. 191–214). New York: Cambridge Press.

5장

· Antaki, C., & Widdicombe, S. (Eds.). (1998). *Identities in talk*. London: Sage.

· Baker, C. (1997). Membership categorization and interview accounts. In D. Silverman (Ed.), *Qualitative research: Theory, method and practice*. London: Sage.

· BBC. (2014). Bang goes the theory: Big data. *Series 8*. March 24. Retrieved March 24 from www.bbc.co.uk/programmes/b03zjwqw

· Blom-Cooper, L. (1997). *The Birmingham Six and other cases: Victims of circumstance*. London: Duckworth.

· Bologh, R. W. (1992). The promise and failure of ethnomethodology from a feminist perspective: Comment on Rogers. *Gender & Society, 6*(2), 199–206.

· British Psychological Society. (2013). Guidelines for Internet-mediated research. Retrieved December 13, 2013 from www.bps.org.uk/system/files/Public%20files/inf206-guidelines-for-internet-mediated-research.pdf

· Denzin, N. K. (1990). Harold and agnes: A feminist narrative undoing. *Sociological Theory, 8,* 198-216.

· Edwards, D. (2000). Extreme case formulations: Softeners, investment, and doing non- literal. *Research on Language & Social Interaction, 33*(4), 347-373.

· Edwards, D., & Potter, J. (1992). *Discursive psychology: Inquiries in social construction.* London: Sage.

· Fairclough, N. (2001). The discourse of new labour: Critical discourse analysis. In M. Wetherell, S. Taylor, & S. Yates. (Eds.), *Discourse as data: A guide for analysis.* London: Sage.

· Foucault, M. (1978). *The history of sexuality, Volume 1: An introduction.* Trans. R. Hurley. New York: Vintage Books.

· Foucault, M. (1980). *Power/knowledge.* Brighton: Harvester.

· Francis, D., & Hester, S. (2004). *An invitation to ethnomethodology.* London: Sage.

· Garfinkel, H. (1967). *Studies in ethnomethodology.* Cambridge: Polity Press.

· Goldthorpe, J. H. (1973). Book review: A revolution in sociology? *Sociology, 3,* 449-462.

· GOV.UK. (2013). Domestic and violent abuse. March 26. Retrieved April 18, 2016 from www.gov.uk/guidance/domestic-violence-and-abuse.

· GOV.UK. (2014). Copyright notice: Digital images, photographs and the internet. Retrieved November 26, 2015 from www.gov.uk/government/publications/copyright-notice-digital-images-photographs-and-the-internet.

· Hester, S., & Eglin, P. (Eds.). (1997). *Culture and action: Studies in membership categorization analysis.* Washington: University Press of America.

· Hookway, N. (2008). Entering the blogosphere. Some strategies for using blogs in social research. *Qualitative Research, 8*(1), 91.

· Jayyusi, L. (1984). *Categorization and the moral order.* Boston: Routledge & Kegan.

· Jefferson, G. (1984). Transcription notation. In J. Atkinson & J. Heritage (Eds.), *Structures of social interaction.* New York: Cambridge University Press.

· Jefferson, G. (1991). List construction as a task and a resource. In G. Psathas (Ed.), *Interactional competence.* New York: Irvington Publications.

· Kessler, S. J., & McKenna, W. (1978). *Gender: An ethnomethodological approach.* London: University of Chicago Press.

· McHoul, A., & Watson, D. R. (1984). Two axes for the analyses of 'commonsense' and 'formal' geographical knowledge in classroom talk. *The British Journal of the Sociology of Education, 5*(3), 281-302.

· MyEx.com. (2014). Terms of use. Retrieved August 8 from www.myex.com/terms-of-use.

· Pomerantz, A. (1986). Extreme case formulations: A way of legitimizing claims. *Human Studies, 9,* 219-229.

· Potter, J. (1996). *Representing reality: Discourse, rhetoric and social construction.* London: Sage.

· Robb, A. (2014). How capital letters became internet code for yelling. *New Republic.* April 17. Retrieved August 3, 2017 from: https://newrepublic.com/article/117390/netiquette-capitalization-how-caps-became-code-yelling.

· Rodham, K., & Gavin, J. (2006). The ethics of using the Internet to collect qualitative research data. *Research Ethics Review, 2*(3), 92-97.

· Sacks, H. (1967). The search for help: No one to turn to. In E. S. Shneidman (Ed.), *Essays in self-destruction* (pp. 203-223). New York: Science House.

· Sacks, H. (1972a). An initial investigation of the usability of conversational data for doing sociology. In D. Sudnow (Ed.), *Studies in social interaction* (pp. 31-74). New York: Free Press.

· Sacks, H. (1972b). On the analyzability of stories by children. In J. J. Gumperz & D. Hymes (Ed.), *Directions in sociolinguistics: The ethnography of communication* (pp. 325-345). New York: Rinehart & Winston.

· Sacks, H. (1974). On the analysability of stories by children. In R. Turner (Ed.), *Ethnomethodology*. Middlesex: Penguin.

· Sacks, H. (1979). Hotrodder: A revolutionary category'. In G. Psathas (Ed.), *Everyday language: Studies in ethnomethodology* (pp. 7-14). New York: Irvington.

· Sacks, H. (1992). *Lectures on conversation*. Oxford: Blackwell.

· Schegloff, E. A. (1997). Whose text? Whose context? *Discourse & Society, 8*(2), 165-187.

· Schegloff, E. A. (1998). Reflections on studying prosody in talk-in-interaction. *Language & Speech, 41*, 235-263.

· Schegloff, E. A. (2007). A tutorial on membership categorization. *Journal of Pragmatics, 39*, 462-482.

· Schütz, A. (1967). *The phenomenology of the social world*. Evanston: Northwestern University Press.

· Sharrock, W. W. (1974). On owning knowledge. In R. Turner (Ed.), *Ethnomethodology* (pp. 45-53). Harmondsworth: Penguin.

· Speer, S. (2005). *Gender talk: Feminism, discourse and conversation analysis*. Hove: Routledge.

· Walther, J. B., & Boyd, S. (2002). Attraction to computer-mediated social support. In C. Lin & D. Atkin (Eds.), *Communication technology and society. Audience adoption and uses* (pp. 153-188). Cresskill, NJ: Hampton Press.

· West, C., & Zimmerman, D. H. (2009). Accounting for doing gender. *Gender & Society, 23*(1), 112-122.

· Wowk, M. T. (1984). Blame allocation, sex and gender in a murder interrogation. *Women's Studies International Forum, 7*(1), 75-82.

6장

· Anderson, K. L., & Umberson, D. (2001). Gendering violence: Masculinity and power in men's accounts of domestic abuse. Gender & Society, 15(3), 358-380.

· Antaki, C., & Widdicombe, S. (Eds.). (1998). *Identities in talk*. London: Sage.

· Benwell, B. (2004). Ironic discourse: Evasive masculinity in British men's lifestyle magazines. *Men and Masculinities, 7*(1), 3-21.

· Connell, R. (2014). *Gender and power: Society, the person and sexual politics*. New York: John Wiley & Sons.

· Connell, R., & Messerschmidt, J. W. (2005). Hegemonic masculinity: Rethinking the concept. *Gender & Society, 19*(60), 829–859.

· Dines, G. (2010). *Pornland: How porn has hijacked our sexuality*. Boston, MA: Beacon.

· Dutton, D. G. (2007). *The abusive personality: Violence and control in intimate relationships* (2nd ed.). New York: Guilford Press.

· Edwards, D. (1998). The relevant thing about her: Social identity categories in use. In C. Antaki & S. Widdicombe (Eds.), *Identities in talk*. London: Sage.

· Edwards, D. (2008). Intentionality and mens rea in police interrogations: The production of actions as crimes. *Intercultural Pragmatics, 5*(2), 177–199.

· Edwards, D., & Potter, J. (1992). *Discursive psychology: Inquiries in social construction*. London: Sage.

· Franklin, C. A., & Menaker, T. A. (2014). Feminism, status inconsistency, and women's intimate partner victimization in heterosexual relationships. *Violence Against Women*, Online July, 16, 1–21.

· Hearn, J. (1998). *The violences of men: How men talk about and how agencies respond to men's violence to women*. London: Sage.

· Hearn, J. (2006). The implications of information and communication technologies for sexualities and sexualized violences: Contradictions of sexual citizenships. *Political Geography, 25*(8), 944–963.

· Hearn, J., & Parkin, W. (2001). *Gender, sexuality and violence in organizations: The unspoken forces of organization violations*. London: Sage.

· Herek, G. M. (2000). Sexual prejudice and gender: Do heterosexuals' attitudes toward lesbians and gay men differ? *Journal of Social Issues, 56*(2), 251–266.

· Hester, S., & Eglin, P. (Eds.). (1997). *Culture and action: Studies in membership categorization analysis*. Washington, DC: University Press of America.

· Hughes, D. (2002). The use of new communication and information technologies for the sexual exploitation of women and children. *Hastings Women's Law Journal, 13*(1), 127–146.

· Jefferson, G. (1991). List construction as a task and a resource. In G. Psathas (Ed.), *Interactional competence*. New York: Irvington Publications.

· Jeffreys, S. (2013). The 'agency' of men: Male buyers in the global sex industry. In J. Hearn, M. Blagojević, & K. Harrison (Eds.), *Rethinking transnational men: Beyond, between and within nations* (pp. 59–75). New York: Routledge.

· Johansson, T., & Hammarén, N. (2007). Hegemonic masculinity and pornography: Young people's attitudes toward and relations to pornography. *Journal of Men's Studies, 15*(1), 57–71.

· Lapidot-Lefler, N., & Barak, A. (2012). Effects of anonymity, invisibility, and lack of ey contact on toxic online disinhibition. *Computers in Human Behavior, 28*, 434–443.

· Murnen, S. K., Wright, C., & Kaluzny, G. (2002). If "boys will be boys," then girls will be victims? A meta-analytic review of the research that relates masculine ideology to sexual aggression. *Sex Roles, 46*(11-12), 359-375.

· Newitz, A., & Wray, M. (2013). *White trash: Race and class in America.* Abingdon: Routledge.

· Pichastor, F., Manuel, M., & Gabriel, M. (2009). "I'm not gay... I'm a real man!": Plague of revenge porn. *Journal of Mass Media Ethics: Exploring Questions of Media Morality, 9,* 168-183.

· Pomerantz, A. (1986). Extreme case formulations: A way of legitimizing claims. *Human Studies, 9,* 219-229.

· Potter, J. (1996). *Representing reality: Discourse, rhetoric and social construction.* London: Sage.

· Sacks, H. (1992). *Lectures on conversation.* Oxford: Blackwell.

· Schulz, M. (1975). The semantic derogation of women. *Language and Sex: Difference and Dominance, 64*(75), 134-147.

· Slonje, R., Smith, P. K., & Frisén, A. (2013). The nature of cyberbullying, and strategies for prevention. *Computers in Human Behavior, 29*(1), 26-32.

· Stark, E. (2009). *Coercive control: How men entrap women in personal life.* New York: Oxford University Press.

· Stokoe, E. H. (2003). Mothers, single women and sluts: Gender, morality and membership categorization in neighbour disputes. *Feminism & Psychology, 13*(3), 317-344.

· Tyler, I. (2008). "Chav mum, chav scum" Class disgust in contemporary Britain. *Feminist Media Studies, 8*(1), 17-34.

· Webber, V. (2013). Shades of gay: Performance of girl-on-girl pornography and mobile authenticities. *Sexualities, 16*(1-2), 217-235.

· Weitzer, R. (2011). Review essay: Pornography's effects: The need for solid evidence: A review essay of everyday pornography, edited by K. Boyle (New York: Routledge, 2010) and Pornland: How porn has hijacked our sexuality, by G. Dines (Boston: Beacon, 2010). *Violence Against Women, 17*(5), 666-675.

· Whisnant, R. (2010). From Jekyll to Hyde: The grooming of male pornography consumers. In K. Boyle (Ed.), *Everyday pornography* (pp. 114-133). London: Routledge.

· Winkler Reid, S. (2014). 'She's not a slag because she only had sex once': Sexual ethics in a London secondary school. *Journal of Moral Education, 43*(2), 183-197.

7장

· Anderson, K. L., & Umberson, D. (2001). Gendering violence: Masculinity and power in men's accounts of domestic violence. *Gender & Society, 15*(3), 358-380.

· Antaki, C., & Widdicombe, S. (Eds.). (1998). *Identities in talk.* London: Sage.

· Barrett, M. (2012). The efficacy of interviewing young drug users through online chat. *Drug and Alcohol Review, 31*(4), 566-572.

· Benwell, B. (2004). Ironic discourse: Evasive masculinity in British men's lifestyle magazines. *Men &*

Masculinities, 7(1), 3-21.

· Brown, S. (2012). Young men, sexual health and responsibility for contraception: A qualitative pilot study. *Journal of Family Planning & Reproductive Healthcare, 38*(1), 44-47.

· Brunner Huber, L. R., & Ersek, J. L. (2011). Perceptions of contraceptive responsibility among female college students: An exploratory study. *Annals of Epidemiology, 21*(3), 197.

· Chesler, P. (2011). *Mothers on trial: The battle for children and custody.* Chicago: Chicago Review Press.

· Citron, D. K., & Franks, M. A. (2014). Criminalising revenge porn. *Wake Forest Law Review, 49,* 345-391.

· Dickerson, P. (2000). "But I"m different to them": Constructing contrasts between self and others in talk-in-interaction. *British Journal of Social Psychology, 39*(3), 381-398.

· Edwards, D. (1998). The relevant thing about her: Social identity categories in use. In C. Antaki & S. Widdicombe (Eds.), *Identities in talk.* London: Sage.

· Edwards, T. (2006). *Cultures of masculinity.* London: Routledge.

· Edwards, D., & Potter, J. (1992). *Discursive psychology: Inquiries in social construction.* London: Sage.

· Foley, L., & Faircloth, C. A. (2003). Medicine as discursive resource: Legitimation in the work narratives of midwives. *Sociology of Health & Illness, 25*(2), 165-184.

· Hall, M. (2015). 'When there's no underbrush the tree looks taller': A discourse analytical examination of how men account for genital grooming. *Sexualities, 18*(8), 997-1017.

· Heidensohn, F., & Gelsthorpe, L. (2012). *Gender and crime.* Oxford: Oxford University Press.

· Hester, S., & Eglin, P. (Eds.). (1997). *Culture and action: Studies in membership categorization analysis.* Washington: University Press of America.

· Jayyusi, L. (1984). *Categorization and the moral order.* Boston: Routledge & Kegan Paul.

· Jefferson, G. (1991). List construction as a task and a resource. In G. Psathas (Ed.), *Interactional competence.* New York: Irvington Publications.

· Johansson, T., & Hammarén, N. (2007). Hegemonic masculinity and pornography: Young people's attitudes toward and relations to pornography. *Journal of Men's Studies, 15*(1), 57-71.

· Larson, C. M., Haselton, M. G., Gildersleeve, K. A., & Pillsworth, E. G. (2013). Changes in women's feelings about their romantic relationships across the ovulatory cycle. *Hormones and Behavior, 63*(1), 128-135.

· Lefkowitz, E. S., Shearer, C. L., Gillen, M. M., & Espinosa-Hernandez, G. (2014). How gendered attitudes relate to women's and men's sexual behaviors and beliefs. *Sexuality & Culture, 18*(4), 833-846.

· MacDonald, K. (2002). What makes Western culture unique? *The Occidental Quarterly, 2*(2), 8-38.

· Migliaccio, T. A. (2001). Marginalizing the battered male. *Journal of Men's Studies, 9*(2), 205-226.

· Miller, K. (2008). Wired: Energy drinks, jock identity, masculine norms, and risk taking. *Journal of American College Health, 56*(5), 481-490.

· Nettleton, S., Neale, J., & Pickering, L. (2013). 'I just want to be normal': An analysis of discourses of normality among recovering heroin users. *Health, 17*(2), 174–190.

· Nylund, D. (2007). *Beer, babes, and balls: Masculinity and sports talk radio*. Albany: State University Press New York.

· Pomerantz, A. (1986). Extreme case formulations: A way of legitimizing claims. *Human Studies, 9*, 219–229.

· Potter, J. (1996). *Representing reality: Discourse, rhetoric and social construction*. London: Sage.

· Ringrose, J., Gill, R., Livingstone, S., & Harvey, L. (2012). *A qualitative study of children, young people and sexting*. London: NSPCC.

· Sacks, H. (1992). *Lectures on conversation*. Oxford: Blackwell.

· Salter, M. (2013). Responding to revenge porn: Gender, justice and online legal impunity. Paper delivered at: *Whose justice? Conflicted approaches to crime and conflict*, University of Western Sydney, Sydney, 27 September.

· Schegloff, E. A. (2007). A tutorial on membership categorization. *Journal of Pragmatics*, 39, 462–482.

· Schulz, M. R. (1975). The semantic derogation of woman. In B. Thorne & N. Henley (Eds.), *Language and sex: Difference and dominance* (pp. 64–75). Rowley: Newbury House Publishers Inc.

· Sharrock, W. W. (1974). On owning knowledge. In R. Turner (Ed.), *Ethnomethodology* (pp. 45–53). Harmondsworth: Penguin.

· Silverman, D. (1998). *Harvey sacks: Social science and conversation analysis*. Cambridge: Polity Press.

· Silverman, D., & Peräkylä, A. (2008). AIDS counselling: The interactional organisation of talk about 'delicate' issues. *Sociology of Health & Illness, 12*(3), 293–318.

· Stokoe, E. (2010). 'I'm not gonna hit a lady': Conversation analysis, membership categorization and men's denials of violence towards women. *Discourse & Society, 21*(1), 59–82.

· Stokoe, E. H. (2003). Mothers, single women and sluts: Gender, morality and membership categorization in neighbour disputes. *Feminism & Psychology, 13*(3), 317–344.

· Wolf, N. (2013). *Fire with fire: New female power and how it will change the twenty-first century*. London: Random House.

· Wylie, R. R., & Eardley, I. (2007). Penile size and the 'small penis syndrome'. *BJU Inter- national, 99*(6), 1449–1455.

· Yoshimura, S. (2007). Goals and emotional outcomes of revenge activities in interpersonal relationships. *Journal of Social and Personal Relationships, 24*(1), 87–98.

· Zaider, T., Manne, S., Nelson, C., Mulhall, J., & Kissane, D. (2012). Loss of masculine identity, marital affection, and sexual bother in men with localized prostate cancer. *Journal of Sexual Medicine, 9*(10), 2724–2732.

8장

· Anderson, E. (2009). Inclusive masculinity: The changing nature of masculinities. London: Routledge.

· Anderson, K. L., & Umberson, D. (2001). Gendering violence: Masculinity and power in men's accounts of domestic abuse. *Gender & Society, 15*(3), 358–380.

· Ávila, R. (2015). Bareback sex: Breaking the rules of sexual health and the assumption of risks. *Sexualities, 18*(5-6), 523–547.

· Barrett, M. (2012). The efficacy of interviewing young drug users through online chat. *Drug and Alcohol Review, 31*(4), 566–572.

· Berkowitza, R., & Cornell, D. (2005). Parables of revenge and masculinity in Clint Eastwood's Mystic River. *Law, Culture and the Humanities, 1*, 316–332.

· Blackwell, C. W. (2008). Men who have sex with men and recruit bareback sex partners on the internet: Implications for STI and HIV prevention and client education. *American Journal of Men's Health, 2*(4), 306–313.

· Carpenter, L. M. (2015). Gender and the meaning and experience of virginity loss in the contemporary United States. *Gender & Society, 16*(3), 345–365.

· Chan, L. S. (2016). The role of gay identity confusion and outness in sex-seeking on mobile dating apps among men who have sex with men: A conditional process analysis. *Journal of Homosexuality, 64*(5), 622–637.

· Cooper, A. (Ed.). (2013). *Cybersex: The dark side of the force: A special issue of the Journal Sexual Addiction and Compulsion.* Abingdon: Routledge.

· Davies, P. M., Hickson, F. C., Weatherburn, P., & Hunt, A. J. (2013). *Sex gay men & aids.* Abingdon: Routledge.

· Edwards, D. (1998). The relevant thing about her: Social identity categories in use. In C. Antaki & S. Widdicombe (Eds.), *Identities in talk*. London: Sage.

· Edwards, D. (2000). Extreme case formulations: Softeners, investment, and doing nonliteral. *Research on Language & Social Interaction, 33*(4), 347–373.

· Edwards, T. (2006). *Cultures of masculinity*. London: Routledge.

· Epstein, S. (1995). Expertise: AIDS activism and the forging of credibility in the reform of clinical trials. *Science Technology Human Values, 20*(4), 408–437.

· Guiley, R. (2010). *The encyclopedia of witches, witchcraft and Wicca*. New York: Infobase Publishing.

· Hall, M. (2014). *Metrosexual masculinities*. London: Palgrave Macmillan.

· Hall, M. (2015). 'When there's no underbrush the tree looks taller': A discourse analytical examination of how men account for genital grooming. *Sexualities, 18*(8), 997–1017.

· Hasinoff, A. A. (2015). *Sexting panic: Rethinking criminalization, privacy, and consent*. Champaign: University of Illinois Press.

· Hester, S., & Eglin, P. (Eds.). (1997). *Culture and action: Studies in membership categorization analysis*. Washington, DC: University Press of America.

· Hunter, A. (1993). Same door, different closet: A heterosexual sissy's coming-out party. In S. Wilkinson & C.

Kitzinger (Eds.), *Heterosexuality: A feminism and psychology reader* (pp. 150–168). Beverley Hills, CA: Sage.

· Jayyusi, L. (1984). *Categorization and the moral order.* Boston, MA: Routledge & Kegan.

· Jefferson, G. (1991). List construction as a task and a resource. In G. Psathas (Ed.), *Interactional competence.* New York: Irvington Publications.

· Kurdek, L. A. (2005). What do we know about gay and lesbian couples? *Current Directions in Psychological Science, 14*(5), 251–254.

· McDonald, R. I., and Crandall, C. S. (2015). Social norms and social influence. *Current Opinion in Behavioral Sciences, 3*, 147–151.

· Mowlabocus, S., Harbottle, J., & Witzel, C. (2013). Porn laid bare: Gay men, pornography and bareback sex. *Sexualities, 16*(5–6), 523–547.

· Online Slang Dictionary. (2016). Con. Retrieved September 29 from http://onlineslangdictionary.com/meaning-definition-of/con.

· *Oxford English Dictionary* Online. (2016). Bitch. Retrieved September 16 from https://en.oxforddictionaries.com/definition/bitch.

· Pomerantz, A. (1986). Extreme case formulations: A way of legitimizing claims. *Human Studies, 9*, 219–229.

· Race, K. (2015). 'Party and Play': Online hook-up devices and the emergence of PNP practices among gay men. *Sexualities, 18*(3), 253–275.

· Sacks, H. (1974). On the analyzability of stories by children. In R. Turner (Ed.), *Ethnomethodology* (pp. 216–232). Middlesex: Penguin.

· Sacks, H. (1992). *Lectures on conversation.* Oxford: Blackwell.

· Schafer, A. (2014). Quiet sabotage of the queer child: Why the law must be reframed to appreciate the dangers of outing gay youth. *Howard Law Journal, 58*, 597.

· Schegloff, E. A. (2007). A tutorial on membership categorization. *Journal of Pragmatics, 39*, 462–482.

· Silverman, D., & Peräkylä, A. (2008). AIDS counselling: The interactional organization of talk about 'delicate' issues'. *Sociology of Health & Illness, 12*(3), 293–318.

· Smith, D. (1978). K is Mentally Ill: The anatomy of a factual account. Sociology, 12, 23–53.

· Stokoe, E. H. (2003). Mothers, single women and sluts: Gender, morality and membership categorization in neighbour disputes. *Feminism & Psychology, 13*(3), 317–344.

· Tiggemann, M., Martins, Y., & Churchett, L. (2008). Beyond muscles: Unexplored parts of men's body image. *Journal of Health Psychology, 13*, 1163–1172.

· Urban Dictionary. (2008). Pretesbian. Retrieved September 16, 2016 from http://www.urbandictionary.com/define.php?term=Pretesbian.

· Veale, D., Eshkevari, E., Read, J., Miles, S., Troglia, A., Phillips, R., ... Muir, G. (2013). Beliefs about penis size: Validation of a scale for men ashamed about their penis size. *Journal of Sexual Medicine, 10*(9). doi:10.1111/

jsm.12294.

·Walkington, L. (2016). *Sex, gender, and power: Cunnilingus and Fellacio in casual sex.* Thesis. University of California. June. Retrieved September 8 from: http://escholarship.org/uc/item/7kn8s8j9.

·Whisnant, R. (2010). From Jekyll to Hyde: The grooming of male pornography consum- ers. In K. Boyle (Ed.), *Everyday pornography* (pp. 114-133). London: Routledge.

·Widdicombe, S., & Woofitt, R. (1990). 'Being' versus 'doing' punk: On achieving authenticity as a member. *Journal of Language & Social Psychology, 9*(4), 257-277.

·Wylie R. R., & Eardley, I. (2007). Penile size and the 'small penis syndrome'. *BJU Inter- national, 99*(6), 1449-1455.

9장

· Balkmar, D. (2012). *On men and cars: An ethnographic study of gendered, risky and dangerous relations.* Linköping: Linköping University Electronic Press.

· Berlant, L. (1998). Intimacy. *Critical Inquiry, 24*(2), 281-288.

· Berlant, L., & Warner, M. (1998). Sex in public. *Critical Inquiry, 24,* 547-566.

· Brage, L. B., Gordaliza, R. P., & Orte, C. (2014). Delocalized prostitution: Occultation of the new modalities of violence. *Procedia – Social and Behavioural Sciences, 161*(19), 90-95.

· Chang, K. A., & Ling, L. H. M. (2000). Globalization and its intimate other: Filipina domestic workers in Hong Kong. In M. Marchand & A. S. Runyan (Eds.), *Gender restructuring: Sightings, sites, and resistances* (pp. 27-43). London: Routledge.

· Delphy, C. (1976). Continuities and discontinuities in marriage and divorce. In C. L. Barker & S. Allen (Eds.), *Sexual divisions and society: Process and change* (pp. 76-89). London: Tavistock.

· Edwards, D., & Potter, J. (1992). *Discursive psychology: Inquiries in social construction.* London: Sage.

· Elund, J. (2015). *Subversion, sexuality and the virtual self.* Houndmills: Palgrave Macmillan.

· Faulkner, W. (2000). Dualisms, hierarchies, and gender in engineering. *Social Studies of Science, 30*(5), 759-792.

· Grandin E. & Lupri E. (1997). Intimate violence in Canada and the United States: A cross-cultural comparison *Journal of Family Violence, 12*(4), 417-443.

· Gunnarsson, L. (2014). *The contradictions of love: Towards a feminist-realist ontology of socio- sexuality.* Abingdon: Routledge.

· Hearn, J. (1998). *The violences of men: How men talk about and how agencies respond to men's violence to women.* London: Sage.

· Hearn, J. (2013). The sociological significance of domestic violence: Tensions, paradoxes, and implications. *Current Sociology, 16*(2), 152-170.

· Hearn, J. (2014). Sexualities, organizations and organization sexualities: Future scenarios and the impact of socio-technologies (a transnational perspective from the global 'North'). *Organization, 21*(3), 397–441.

· Hearn, J. (2015). *Men of the world: Genders, globalizations, transnational times*. London: Sage.

· Hearn, J., Biricik, A., Sadowski, H., & Harrison, K. (2013). Hegemony, transpatriarchies, ICTs and virtualization. In J. Hearn, M. Blagojević & K. Harrison (Eds.), *Rethinking transnational men: Beyond, between and within nations* (pp. 91–108). New York: Routledge.

· Heinskou, M. B. (2015). Sexuality in transit – Gender gaming and spaces of sexuality in late modernity. *Sexualities, 18*(7), 885–899.

· Herring, S., Johnson, D. A., & DiBenedetto, T. (1995). 'This discussion is going too far!' Male resistance to female participation on the internet. In K. Hall & M. Bucholtz (Eds.), *Gender articulated: Language and the socially constructed self* (pp. 67–98). New York: Routledge.

· Jónasdóttir, A. G. (1994). *Why women are oppressed*. Philadelphia: Temple University Press.

· Jónasdóttir, A. G., & Ferguson, A. (Eds.). (2014). *Love: A question for feminism in the twenty-first century*. New York: Routledge.

· Kendall, L. (2002). *Hanging out in the virtual pub: Masculinities and relationships online*. Berkeley, CA: University of California Press.

· Lapidot-Lefler, N., & Barak, A. (2012). Effects of anonymity, invisibility, and lack of ey contact on toxic online disinhibition. *Computers in Human Behavior, 28*(2), 434–443.

· Lohan, M., & Faulkner, W. (2004). Masculinities and technology: Some introductory remarks. *Men and Masculinities, 6*(4), 319–329.

· MacKinnon, C. A. (1993). *Only words*. Harvard: Harvard University Press.

· Mellström, U. (1995). *Engineering lives, technology, time and space in a male-centred World*. Linköping: Linköping Studies in Art and Science.

· Michalski, J. (2004). Making sociological sense out of trends in intimate partner violence: The social structure of violence against women. *Violence Against Women, 10*(6), 652–675.

· Monro, S. (2005). *Gender politics: Activism, citizenship and sexual diversity*. London: Pluto.

· Olson, P. (2012). *We are anonymous*. New York: Little, Brown.

· O'Riordan, K., & Phillips, D. J. (Eds.). (2007). *Queer online: Media technology and sexuality*. New York: Peter Lang.

· Penny, L. (2014). *Unspeakable things: Sex, lies and revolution*. London: Bloomsbury.

· Pooley, J. (2013). Sociology and the socially mediated self. In S. Waisbord (Ed.), *Media sociology: A reappraisal* (pp. 224–247). Cambridge: Polity.

· Poster, W. (2013). Subversions of techno-masculinity: Indian ICT professionals in the global economy. In J. Hearn, M. Blagojević, & K. Harrison (Eds.), *Rethinking transnational men: Beyond, between and within nations* (pp.

123-135). London: Routledge.

· Potter, J. (1996). *Representing reality: Discourse, rhetoric and social construction*. London: Sage.

· Ptacek, J. (1988). Why do men batter their wives? In K. Yllö & M. Bograd (Eds.), *Feminist persepctives on wife abuse* (pp. 133-157). Newbury Park, CA: Sage.

· Roseneil, S. (2005). Living and loving beyond the boundaries of the heteronorm: Personal relationships in the 21st Century. In L. Mackie, S. Cunningham-Burley, & J. McKendrick (Eds.), *Families in society: Boundaries and relationships* (pp. 241-258). Bristol: Policy.

· Sacks, H. (1992). *Lectures on conversation*. Oxford: Blackwell.

· Sandberg, L. (2011). *Getting intimate: A feminist analysis of old age, sexuality and masculinity*. Linköping: Linköping University Press.

· Scott, M. B., & Lyman, S. M. (1968). Accounts. *American Sociological Review, 33*(1), 46-62.

· Suler, J. (2004). The online disinhibition effect. *CyberPsychology & Behavior, 7*(3), 321-326.

· Thomson, R. (1999). 'It was the way we were watching it': Young men negotiate pornography. In J. Hearn & S. Roseneil (Eds.), *Consuming cultures: Power and resistance* (pp. 178-198). London: Palgrave Macmillan.

· Zaidi, Y., & Poster, W. (2017). Shifting masculinities in the South Asian outsourcing industry: Hyper, techno or fusion? In H. Peterson (Ed.), *Gender in transnational knowledge work* (pp. 119-140). Berlin: Springer.

10장

· Arias, E., Arce, R., & Vilariño, M. (2013). Batterer intervention programmes: A meta-analytic review of effectiveness. *Psychosocial Intervention, 22*(2), 153-160.

· BBC. (2014). Revenge porn victim: I trusted him, now I'm on 200 sites. April 3. Retrieved April 2, 2015, from www. bbc.co.uk/newsbeat/26852254.

· Bell, R. E. (2002). The prosecution of computer crime. *Journal of Financial Crime, 9*(4), 308-325.

· Cooper, P. W. (2016). The right to be virtually clothed. *Washington Law Review, 91*, 817-846.

· Citron, D. K., & Franks, M. A. (2014). Criminalizing revenge porn. *Wake Forest Law Review, 2014*(1), 345-391.

· Coronation Street. (2015). Steph's revenge porn shock. November 16. Retrieved October 4, 2016, from www.itv. com/coronationstreet/extras/stephs-revenge-porn-shock-tisha-merry-interview.

· Crown Prosecution Service. (2016). Violence against women and girls 2015-2016. Retrieved September 6, from www.cps.gov.uk/publications/equality/vaw/#a02.

· DoSomething.org. (2015). 11 facts about sexting. Retrieved April 5, 2015, from www.dosomething.org/facts/11-facts-about-sexting.

· Douglas, I. (2015). Revenge porn, review: 'Unconvincing'. *The Telegraph*. August 18. Retrieved October 4, 2016, from www.telegraph.co.uk/culture/tvandradio/tv-and-radio-reviews/11807963/Revenge-Porn-review-unconvincing.html.

· Eckhardt, C. I., Murphy, C. M., Whitaker, D. J., Sprunger, J., Dykstra, R., & Woodard, K. (2013). The effectiveness of intervention programs for perpetrators and victims of intimate partner violence. *Partner Abuse, 4*(2), 196–231.

· Feder, L., Austin S., & Wilson, D. (2008). Court-mandated interventions for individuals convicted of domestic violence. *Campbell Systematic Reviews, 12*(4), 1–46.

· Finch, S. D. (2015). 6 Reasons why revenge porn is really f*cked Up (and how one woman is pushing back). June 16. http://everydayfeminism.com/2015/06/6-reasons-why-revenge-porn-is-actually-really-fcked-up-and-how-one-woman-is-pushing-back/.

· Franks, M. A. (2013). Adventures in victim blaming: Revenge porn edition. *Concurring Opinions*, February 1. https://concurringopinions.com/archives/2013/02/adventures- in-victim-blaming-revenge-porn-edition.html.

· Franks, M. A. (2016). Drafting an effective "revenge porn" law: A guide for legislators. *Cyber Civil Rights Initiative*. Retrieved March 19, 2017, from www.cybercivilrights.org/guide-to-legislation/.

· Goldberg PLLC, C. A. (2015). States with revenge porn criminal laws. March 3. Retrieved April 3, 2015, from www.cagoldberglaw.com/states-with-revenge-porn-laws/.

· Griffiths, S. (2016). YouTube star sues website over revenge porn. *The Sunday Times*. June 10. Retrieved September 7, 2016, from www.thetimes.co.uk/article/youtube-star-sues-website-over-revenge-porn-hs875lt2n.

· GuardChild.com. (2015). Teenage sexting statistics. Retrieved April 5, 2015, from www.guardchild.com/teenage-sexting-statistics/.

· Hasinoff, A. A. (2015). *Sexting panic: Rethinking criminalization, privacy, and consent*. Champaign, IL: University of Illinois Press.

· Hearn, J., & Parkin, W. (2001). *Gender, sexuality and violence in organizations: The unspoken forces of organization violations*. London: Sage.

· Henry, N., & Powell, A. (2016). Sexual violence in the digital age the scope and limits of criminal law. *Social & Legal Studies*, January 12. Retrieved September 7, from http://sls.sagepub.com/content/early/2016/01/11/0964663915624273.abstract.

· HM Government. (2000). Sex and relationship education. *Department for Education*. Retrieved September 5, from www.gov.uk/government/publications/sex-and-relationship-education.

· HM Government. (2015). This Is Abuse campaign: Summary report. *Home Office*. March. Retrieved from https://www.gov.uk/government/uploads/system/uploads/attachment_data/file/410010/2015-03-08_This_is_Abuse_campaign_summary_ report__2_.pdf.

· HM Government. (2016a). Ending violence against women and girls strategy 2016. *Home Office*. March. Retrieved September 6, from www.gov.uk/government/uploads/system/uploads/attachment_data/file/522166/VAWG_Strategy_FINAL_ PUBLICATION_MASTER_vRB.PDF.

· HM Government. (2016b). The national curriculum. *Department for Education*. Retrieved September 5, from www.gov.uk/national-curriculum/other-compulsory-subjects.

· Hossain, M., Zimmerman, C., Kiss, L., Abramsky, T., Kone, D., Bakayoko-Topolska, M., ... Watts, C. (2014). Working with men to prevent intimate partner violence in a conflict- affected setting: A pilot cluster randomized controlled trial in rural Cote d'Ivoire. *BMC Public Health, 14*(1), 339–351.

· Jackson, S., Feder, L., Forde, D. R., Davis, R. C., Maxwell, C. D., & Taylor, B. G. (2003). Batterer intervention programs: Where do we go from here? National Institute of Justice, Washington, DC. Retrieved from www.ncjrs. org/txtfiles1/nij/195079.txt.

· Jewkes, R., Flood, M., & Lang, J. (2015). From work with men and boys to changes of social norms and reduction of inequities in gender relations: A conceptual shift in prevention of violence against women and girls. *The Lancet, 385*(9977), 1580–1588.

· Johnson, D. (2013). 4 ways to take a stand against revenge porn. Everydayfeminism.com. December 3. Retrieved August 1, from http://everydayfeminism.com/2013/12/revenge-porn-and-internet-exploitation/.

· Kleeman, J. (2015). US woman pursues ex-boyfriend in landmark UK revenge- porn action. *The Guardian*. June 3. Retrieved September 7, from www.theguardian.com/uk-news/2015/jun/03/us-woman-pursues-ex-boyfriend-in-landmark-uk-revenge-porn-action.

· Laville, S. (2017). Revenge porn helpline 'to close' as government cuts funding. *The Guardian*. February 2. Retrieved February 2, from www.theguardian.com/society/2017/feb/02/revenge-porn-helpline-close-government-cuts-funding.

· Law Quest. (2016). Revenge porn and the efficacy of Indian laws. Retrieved September 7, from http://lawquestinternational.com/article/revenge-porn-and-the-efficacy-of-indian-laws.

· Levendowski, A. (2014). Our best weapon against revenge porn: Copyright law? *The Atlantic*. February 4. Retrieved September 8, from www.theatlantic.com/technology/archive/2014/02/our-best-weapon-against-revenge-porn-copyright-law/283564/.

· Lichter, S. (2013). Unwanted exposure: Civil and criminal liability for revenge porn hosts and posters. JOLT Digest: *Harvard Journal of Law and Technology*. May 28. Retrieved April 4, 2015, from http://jolt.law.harvard.edu/digest/privacy/unwanted-exposure-civil-and-criminal-liability-for-revenge-porn-hosts-and-posters.

· Lundgren, R., & Amin, A. (2015). Addressing intimate partner violence and sexual violence among adolescents: Emerging evidence of effectiveness. *Journal of Adolescent Health, 56*(1), S42–S50.

· Martellozzo, E., Monaghan, A., Adler, J. R., Davidson, J., Leyva, R., & Horvath, M. A. H. (2016). *"...I wasn't sure it was normal to watch it...": A quantitative and qualitative examination of the impact of online pornography on the values, attitudes, beliefs and behaviours of children and young people.* London: Middlesex University. Retrieved November 22, from www.mdx.ac.uk/ data/assets/pdf_file/0021/223266/MDX-NSPCC-OCC-pornography-report.pdf.

· May, A. (2013). Meet the suburban mom who runs a revenge porn site. *Aljazeera*. December 12. http://america.aljazeera.com/watch/shows/america-tonight/americatonight-blog/2013/12/12/meet-the-suburbanmomwhoru nsarevengepornsite.html.

· McAfee. (2013). Love, relationships, and technology: How we expose ourselves today. December. Retrieved April 3, 2015, from http://promos.mcafee.com/offer.aspx?id=605366.

· Montgomery, M. (2015). Canada's cyber bullying and revenge porn law applies to adults too. *Radio Canada International*. April 30. Retrieved September 7, from www.rcinet.ca/en/2015/04/30/canadas-cyberbullying-and-revenge-porn-law-applies-to-adults-too/.

· Morczek, A. (2017). Nonconsensual pornography: Circulating sexual violence online. Hosted by Battered Women's Justice Project. Retrieved March 27, from www.bwjp.org/training/webinar-nonconsensual-pornography-circulating-sexual-violence-online.html.

· NSPCC. (2016). Sexting. Retrieved September 5, from www.nspcc.org.uk/preventing-abuse/keeping-children-safe/sexting/.

· Olivarius, A. (2015). Google will remove revenge porn images from search results. *McAllister Olivarius*. June 20. Retrieved September 7, 2016, from www.mcolaw.com/blog/2015/6/20/google-will-remove-revenge-porn-images-from-search- results?rq=chambers#.V8_b6IWcHIV.

· Oltermann, P. (2014, May 22). 'Revenge porn' victims receive boost from German court ruling. *The Guardian*. Retrieved April 3, 2015, from www.theguardian.com/technology/2014/may/22/revenge-porn-victims-boost-german-court-ruling.

· Penny, L. (2014). *Unspeakable things: Sex, lies and revolution*. London: Bloomsbury.

· Powell, A., & Henry, N. (2016). Policing technology-facilitated sexual violence against adult victims: Police and service sector perspectives. *Policing and Society*, doi:10.1080/10439463.2016.1154964.

· Smedslund, G., Dalsbø, T. K., Steiro, A., Winsvold, A., & Clench-Aas, J. (2007). Cognitive behavioural therapy for men who physically abuse their female partner (Review). *Cochrane Database Systematic Review, 3*, CD006048.

· Steinbaugh, A. (2014). Revenge porn site myex.com sued for copyright infringement. March 7. Retrieved April 3, 2015, from http://adamsteinbaugh.com/2014/03/07/revenge-porn-site-myex-com-sued-for-copyright-infringement/.

· Stover, C. S., Meadows, A. L., & Kaufman, J. (2009). Interventions for intimate partner violence: Review and implications for evidence-based practice. *Professional Psychology: Research and Practice, 40*(3), 223–233.

· Taylor, J. (2014). New calls to change sex and relationship education. *BBC*. January 28. Retrieved September 5, 2016 from www.bbc.co.uk/newsbeat/article/25921487/ new-calls-to-change-sex-and-relationship-education.

· *The Japan News*. (2015). Police flooded with queries over revenge porn. April 2. Retrieved April 3, 2015 from http://the-japan-news.com/news/article/0002054600.

· *The Local*. (2014). Sweden moves to close revenge porn loophole. May 28. Retrieved September 7, 2016 from www.thelocal.se/20140528/sweden-moves-to-close-revenge-porn-loophole.

· Topping, A.(2016). Facebook revenge pornography trial 'could open floodgates'. *The Guardian*. October 9.

Retrieved October 9 from www.theguardian.com/technology/2016/oct/09/facebook-revenge-pornography-case-could-open-floodgates.

· Tynan, D. (2016). Revenge porn: The industry profiting from online abuse: Sites charge $100 a year to access private photos and videos of non-porn stars in the nude, usually posted by spurned ex-lovers – but it doesn't end there. *The Guardian*. April 26. Retrieved September 1 from www.theguardian.com/technology/2016/apr/26/revenge-porn-nude-photos-online-abuse.

· United Nations Population Fund. (2015). Annual report: For people, planet & prosperity. Retrieved September 5, 2016 from www.unfpa.org/annual-report.

· University of Primorska, Science and Research Centre, Slovenia. (2016). *Revenge porn: Tackling non-consensual sharing of sexually explicit images in cyber space*. Unpublished proposal to the European Parliament and the Council Daphne as part of the General Programme "Fundamental Rights and Justice".

· Wathen, C. N., & MacMillan, H. L. (2003). Interventions for violence against women: Scientific review. *Journal of the American Medical Association, 289*(5), 589–600.

· Widup, S. (2014). *Computer forensics and digital investigation with EnCase Forensic v7*. New York: McGraw-Hill Education Group.

· Wolfe, D. A., Crooks, C., Jaffe, P., Chiodo, D., Hughes, R., Ellis, W., Stitt, L. A., & Donner, A. (2009). A school-based program to prevent adolescent dating violence: A cluster randomized trial. *Archives of Pediatrics & Adolescent Medicine, 163*(8), 692–699.

· Y Net News. (2014). Knesset outlaws revenge porn. January 6. Retrieved April 3, 2015 from www.ynetnews.com/articles/0,7340,L-4473849,00.html.

옮긴이 **조은경**

성균관대학교 번역/TESOL 대학원 번역학 석사과정을 졸업했다. 전문 번역가로 활동하며, 좋은 책을 기획·발굴하는 일에도 관심이 많다. 옮긴 책으로『생명전쟁』,『사람이 사람에게』,『가끔 보는 그가 친구보다 더 중요한 이유』,『정의가 곧 법이라는 그럴듯한 착각』,『뜨는 도시 지는 국가』,『경이의 땅』,『위스키의 지구사』,『신의 죽음 그리고 문화』,『엄마는 누가 돌보지?』,『습관의 감옥』,『정치적 올바름에 대하여』 등이 있다.

리벤지 포르노

1판 1쇄 발행 2019년 12월 5일

발행인 박명곤
사업총괄 박지성
기획편집 신안나, 임여진, 이은빈
디자인 구경표, 한승주
마케팅 김민지, 유진선
재무 김영은
펴낸곳 (주)현대지성
출판등록 제406-2014-000124호
전화 070-7538-9864 **팩스** 031-944-9820
주소 경기도 파주시 회동길 37-20
홈페이지 www.hdjisung.com **이메일** main@hdjisung.com
페이스북 | 인스타그램 | 네이버 밴드 @hdjsbooks

"지성과 감성을 채워주는 책"
현대지성은 여러분의 의견 하나하나를 소중히 받고 있습니다.
원고 투고, 오탈자 제보, 제휴 제안은 main@hdjisung.com으로 보내 주세요.